Nie wegsehen!
Vom Mut, menschlich zu bleiben

Herausgegeben von Harald Roth

Bibliografische Information der Deutschen Nationalbibliothek

Die Deutsche Nationalbibliothek verzeichnet
diese Publikation in der Deutschen Nationalbibliografie;
detaillierte bibliografische Daten sind im Internet
über http://dnb.dnb.de abrufbar.

ISBN 978-3-8012-0584-3
Copyright © 2020 by
Verlag J.H.W. Dietz Nachf. GmbH
Dreizehnmorgenweg 24, 53175 Bonn
[außer s. Verzeichnis der Rechte, S. 287]

Umschlag: Petra Bähner, Köln
Satz: Rohtext, Bonn
Druck und Verarbeitung: CPI books, Leck
Alle Rechte vorbehalten
Printed in Germany 2020

Besuchen Sie uns im Internet: www.dietz-verlag.de

Nie Wegsehen!

Inhalt

Harald Roth
Vorwort — 9

Aleida Assmann
Hinschauen und Wegschauen im Zeitalter sozialer Medien — 15

Tanjev Schultz
Nicht als Gaffer enden – Warum »Hinsehen« manchmal bedeutet, den Blick abzuwenden — 27

Susan Sontag
Das Leid anderer betrachten — 33

Sibylle Thelen
Hinschauer statt Zuschauer — 37

Michael Butter
Impfen hilft: Wann Verschwörungstheorien gefährlich sind und was man gegen sie tun kann — 43

Svenja Flaßpöhler
Corona-Tagebuch — 49

Florian Roth
Die Zivilgesellschaft in der Risikovorsorge: Leitbild »Resilienz« und die Auswirkungen der Corona-Krise — 55

Lukas Bärfuss
Mit wachen Sinnen und empfindsamen Herzen können wir die Gewalt erkennen — 63

Norbert Frei
Immer noch? — 69

Frank Biess
Vom Hinsehen und Wegsehen: Das Denkmal im Bayerischen Viertel und die Holocaust-Erinnerung heute — 73

Heinrich Bedford-Strohm
Nicht wegsehen! Das darf nie wieder passieren! — 83

Michael Parak
»Demokratie braucht engagierte Bürgerinnen und Bürger«
Zur Arbeit von Gegen Vergessen – Für Demokratie e. V. 93

Hannah Arendt
Flucht vor der Wirklichkeit – Leugnung von Tatsachen 105

Doğan Akhanlı
»Fidelio« oder eine Liebeserklärung an eine Oper –
Inszenierung in Bonn 109

Angela Borgstedt
Couragiert und erhobenen Hauptes handeln 115

Peter Steinbach
Von der Fähigkeit, geschockt zu sein 121

Mo Asumang
Die Angst ist auf der anderen Seite 131

Walter Sittler
Natürlich, die Leute mussten uns sehen 137

Micha Brumlik
Moralische Globalisierung und die Erklärung
von Stockholm 141

Michael Blume
In »die dunklen Seiten des Herzens« schauen –
Intellektuelle und emotionale Bildung gegen Antisemitismus 147

Lena Gorelik
Ohne Donner 157

Romani Rose
Nie wegsehen – Antiziganismus ächten 163

Konstantin Wecker
Willy 169

Matthias Quent
Stets weggesehen: Der verlogene Diskurs der
»Mitte« zum neuen Rechtsradikalismus in Deutschland 173

Matthias Heine
Aus dem Lexikon der Mörder 179

Heidrun Deborah Kämper
Sprachkritik als gesellschaftliche Aufgabe –
Demokratiefeindlicher und menschenverachtender Sprachgebrauch 185

Karl Braun
Unbehausbare, Unbewirtbare:
Zu Botho Strauß' »Anschwellender Bocksgesang« — 195

Günter Burkhardt
Flüchtlingsrechte, Menschenrechte und wir –
70 Jahre Europäische Menschenrechtskonvention — 207

Heribert Prantl
Aus der Tiefe – Was die Geschichte von Jona und dem Walfisch
zumeinen mit Ostern und zum anderen mit uns zu tun hat — 213

Ingo Schulze
Unsere Heilige — 217

Hans-Otto Pörtner
Klimaschutz: Wir haben keine Zeit mehr zu verlieren — 223

Alexander Repenning
Wir sehen nur das, was wir uns vorstellen können — 231

Tanja Busse
Wie die biologische Vielfalt vor unseren Augen verschwindet –
und warum das auch für uns gefährlich wird — 237

Tanja von Bodelschwingh
Rufen Sie uns an – auch im Zweifelsfall:
Hilfetelefon Sexueller Missbrauch — 245

Dierk Borstel
Wie sieht man die »Unsichtbaren«?
Versteckte Not mitten unter uns — 251

Robert Lüdecke
Marginalisiert in Leben und Tod –
Wohnungslose als Opfer rechter Gewalt — 259

Ulrich Schneider
Nichts sehen wollen ist auch keine Lösung –
Über interessengeleitete Ignoranz in der Armutsdebatte — 265

Ulrich Lilie
Augen auf! — 271

Über die Autor*innen — 279
Verzeichnis der Rechte — 287

Vorwort

Harald Roth

Im Zentrum des Sammelbandes steht die Beobachtung, dass Menschen soziale und politische Probleme und Fragen von »anderen« lösen lassen, sich wegdrehen, sich entpolitisieren, das Feld den Lautesten überlassen und Angst haben vor der eigenen Zivilcourage. Im Alltag schauen wir zu oft weg. Wegsehen ist jedoch Gift für die Demokratie und das gesellschaftliche Leben.

Der Bogen der Ignoranz und Passivität ist weit gespannt: Das geht vom Umgang mit flüchtenden Menschen und Emigranten, der Gewalt gegenüber Minderheiten, über Rechtsextremismus, Antisemitismus, Rassismus, der Verrohung der Sprache, der Hetze im Netz, sexuellem Missbrauch hin zu Fragen der Armut und sozialen Ungleichheit und – nicht zuletzt – des Klimawandels und der Zerstörung der natürlichen Ressourcen.

Die Autoren und Autorinnen analysieren in ihren Beiträgen diese besorgniserregenden Phänome, zeigen aber auch Gegenstrategien auf und nennen Beispiele für das beherzte Eingreifen von Einzelnen, vom Mut menschlich zu bleiben. Das Hinsehen ist nämlich nur der erste Schritt, dem das Tun folgen muss. Eine weltoffene Gesellschaft lebt vom zivilgesellschaftlichen Engagement ihrer Bürger*innen. Organisationen, die sich auf vielfältige und vorbildliche Weise einmischen, stellen sich in dem Sammelband vor und fordern zur Mitarbeit auf. Auffallend ist, dass immer mehr Menschen bereit sind zu helfen, sich auf einer niedrigschwelligen Ebene selbstlos einbringen, ohne sich auf Dauer an eine der etablierten Organisationen zu binden. Risikoerfahrungen schüren nicht nur Egoismen, sondern können auch generationenübergreifende Akte der Solidarität mobilisieren und einer sozialen Polarisierung entgegenwirken. Die Not stärkt den Gemeinsinn und Zusammenhalt.

Aufbau von digitalen Netzwerken, temporäre Nachbarschaftshilfe: die Corona-Pandemie bietet hierzu eine Fülle von beeindruckenden Beispielen. Ohne die freiwillige Beteiligung der Bürger*innen lassen sich Krisen und Katastrophen, die die Verwundbarkeit von komplexen Systemen offenbaren, nicht bewältigen.

Erforderlich ist vielmehr ein effektives Zusammenspiel von staatlichen Eingriffen und zivilgesellschaftlichem Engagement. Nicht übersehen werden darf, dass die Sensibilität und Solidarität nach innen mit einer Teilnahmslosigkeit, ja sogar aggressiven Abwehr nach außen einhergehen kann. Empathie und Fürsorge erfahren dann nur Menschen, die uns nahestehen, Angehörige der eigenen Gruppe; mein Kollektiv zuerst. Der Blick auf menschenunwürdige Zustände außerhalb des meist national definierten Territoriums stört nicht und fordert nicht zu einem Eingreifen auf. Die Solidarität Europas oder der Weltgemeinschaft – viel zu oft ein Appell ohne praktische Auswirkungen. Wobei gerade die Corona-Krise lehrt, dass rein nationalstaatliche Lösungen sich als unzureichend oder gar kontraproduktiv erweisen.

Im Internet verbreiten sich die Fotos und Videos der Augenzeugen, die menschenfeindliche Übergriffe dokumentieren, »viral« und können, wie im Fall der rassistischen Polizeigewalt, die zum Tod des Afroamerikaners George Floyd führte, zu einem Fanal des weltweiten Protestes und der Gegenwehr werden. Die Konfrontation mit immer drastischeren visuellen Eindrücken führt jedoch keineswegs automatisch zu einer mitfühlenden Teilnahme am Leid der anderen; im Gegenteil: Die Bilderflut, die den Einzelnen überfordert, hat häufig Gewöhnung und Abstumpfung zur Folge. Apathie statt Empathie. Die Dosis muss erhöht werden, um den Betrachter für einen Moment zu erreichen, bevor der nächste optische Kick erfolgt. Zusehen, wenn Unrecht geschieht, zusehen, wenn Menschen diffamiert werden: Wenn der Kontext ausgeblendet wird und ein moralischer Kompass fehlt, bleibt das Hinsehen folgenlos – kein Aufschrei der Teilnahmslosen. Das Hinsehen – und das Hinhören, die Aufmerksamkeit für fremdes Leid fordert eine humane Grundhaltung, fordert den ganzen Menschen, um den »Mantel der Gleichgültigkeit zu zerreißen« (Weiße Rose, 5. Flugblatt).

Viele Beiträge beziehen sich – explizit oder implizit – auf die Menschheitsverbrechen der Nationalsozialisten und das folgenschwere Versagen der Mehrheitsgesellschaft: Die selbstkritische Auseinandersetzung mit dem mörderischen Krieg führte zu dem Appell: »Nie wieder Krieg!« Der Holocaust ist nach wie vor der zentrale Referenzrahmen der politischen Identität Deutschlands: »Nie wieder Auschwitz!« Der Zivilisationsbruch führte dazu, dass universale Menschenrechte im Grundgesetz verankert wurden: »Die Würde des Menschen ist unantastbar«. Die Schutzmechanismen der wehrhaften Demokratie sollen den Rückfall in die Barbarei verhindern. Die Appelle zu erhöhter Wachsamkeit vor autoritären Strukturen und demokratiefeindlichen Tendenzen wurzeln in der historischen Erfahrung, dass viel zu lange weggeschaut wurde, Alarmzeichen nicht wahrgenommen wurden. »Nie wieder Diktatur!«

> »Die Gewalttätigkeit, ob ›sinnvoll‹ oder ›sinnlos‹, ereignet sich vor unseren Augen. Sie geistert, in einzelnen und privaten Begebenheiten oder auch als vom Staat getragene Illegalität. (...) Sie wartet nur auf den neuen Hanswurst (an Kandidaten fehlt es nicht), der die Gewalttätigkeit organisiert, sie legalisiert, sie als notwendig und geboten erklärt und die Welt vergiftet. (...) Daher müssen wir unsere Sinne schärfen, den Propheten, den Zauberern und all denen misstrauen, die ›schöne Worte‹ sprechen und schreiben, die durch keine guten Gründe gestützt sind.«
> (Primo Levi, Die Untergegangenen und die Geretteten, 1986)

Genau hinhören, auf die Zwischentöne achten: Sprachkritik ist ein unerlässliche gesellschaftliche Aufgabe; im digitalen Zeitalter ist Medienkompetenz notwendiger denn je. Eine zukunftsorientiere Erinnerungskultur sollte junge Menschen sensibilisieren, frühzeitig Gefahren für die Demokratie und den Rechtsstaat zu erkennen und Gegenkräfte zu mobilisieren.

Für die Anthologie haben wir bewusst den Titel »Nie wegsehen« gewählt. Warum der Verzicht auf das historisierende »Wieder«? Die Globalisierung bringt anders geartete Gefahren und Herausforderungen mit sich. Die Verflechtung und damit die Verwundbarkeit scheinbar stabiler Systeme führt uns auf existenzielle Weise die Corona-Pandemie vor Augen. Die herkömmlichen Wahrnehmungs- und Handlungsmuster greifen hier nur bedingt; neue Frühwarnsysteme müssen folglich installiert werden. So hat die grenzüberschreitende Digitalisierung massive Beschränkungen von Bürgerrechten zur Folge. Moderne Kommunikationsstrukturen beeinflussen tradierte Formen der Partizipation bis hin zur manipulativen Wahlfälschung. Populistische Strömungen spielen geschickt auf der Klaviatur der sozialen Netzwerke; über das Smartphone lassen sich »alternative« Fakten und Verschwörungsmythen in einem rasanten Tempo grenzenlos verbreiten.

Der Klimawandel und der Verlust der Artenvielfalt sind Phänomene, die erst in den letzten Jahren ins Zentrum der Wahrnehmung und des politischen Handelns gerückt sind. Doch auch hier gilt die Beobachtung: Allzu lange machten wir es uns bequem, die Zeichen der Veränderung in Umwelt und Natur wollten wir nicht wahrnehmen, obwohl von wissenschaftlicher Seite eindeutige Belege für eine dramatische Entwicklung im erdumspannenden Ausmaß vorlagen und auf die Dringlichkeit der Bedrohungen hingewiesen wurde. Die verheerenden Folgen der von Menschen verursachten Katastrophen sind nicht mehr zu übersehen. Junge Leute fordern, unterstützt von renommierten Wissenschaftler*innen, radikale Transformationsprozesse, um eine irreversible Zerstörung des ökologischen Gleichgewichts zu stoppen.

Die junge Generation erprobt neue Formen des Protests und des Widerstands, um eine grundlegende Kurskorrektur von Staat, Wirtschaft und Gesellschaft zu erzwingen. Sie will sich nicht mehr mit kleinen Schritten abspeisen lassen.

Die Zukunft stehe auf dem Spiel. Um der Bewohnbarkeit des Planeten willen sei eine radikale Umkehr – auf individueller und kollektiver Ebene – erforderlich. Zwischen der Klima- und Biodiversitätskrise und der Corona-Pandemie bestehe ein direkter Zusammenhang, verstärkte und nachhaltige Anstrengungen zum Schutz des Klimas und der Arten seien daher erforderlich.

Mobbing am Arbeitsplatz, sexuelle Belästigung von Frauen, Kinderarbeit, Ausbeutung von Textilarbeiterinnen in Niedriglohnländern, menschenunwürdige Bedingungen in der Fleischindustrie, Bedrohung der indigenen Bevölkerung Amazoniens, Verfolgung kritischer Journalist*innen weltweit, Hunger, Krankheit und Elend in den von Kriegen zerstörten Regionen. Die wenigen Stichworte genügen, um aufzuzeigen, dass es noch viele Facetten gibt, die in dem Sammelband leider nicht beleuchtet werden konnten.

Die blinden Flecken von heute sind die drängende Realität von morgen – im schlimmsten Fall die Katastrophen, die wir nicht kommen sahen oder nicht kommen sehen wollten. Wachsam sein ist daher eine immerwährende Aufgabe. Genau hinsehen und -hören, Ereignisse verstehen und bewerten und die eigenen Interventionsmöglichkeiten ausloten – dazu ist ein Kompass erforderlich. Essenziell für die Aufklärung der Bürger*innen in der Demokratie sind eine werteorientierte Allgemeinbildung und eine vielfältige, unabhängige und kritische Medienlandschaft.

> Yes 'n' how many times can a man turn his head,
> Pretending he just doesn't see?
> The answer, my friend, is blowing in the wind,
> The answer is blowin' in the wind.
> Bob Dylan

Wenn die Menschen des 21. Jahrhunderts existenzielle Herausforderungen wie den drohenden ökologischen Kollaps bewältigen wollen, dürfen sie nicht wegschauen und die Antworten dem freien Spiel der Kräfte überlassen. Da die Grundlagen der menschlichen Zivilisation gefährdet sind, reichen nationale Lösungen nicht aus. Einzig eine globale Perspektive wird den drängenden Problemen gerecht.

Hinschauen und Wegschauen im Zeitalter sozialer Medien

Aleida Assmann

Digitales Hinschauen

Heute ist der 30. Mai 2020. Soeben habe ich den Aufruf der Internet Plattform *Avaaz* unterschrieben, die sich gegen den latenten Rassismus in den USA und für die Rechte und Würde der Schwarzen in dieser Gesellschaft einsetzt. Die Ereignisse der letzten Tage überstürzten sich: Am 25. Mai hatte der 46-jährige Afroamerikaner George Floyd, Vater zweier Kinder, der in der Corona-Zeit arbeitslos geworden ist, mit einem gefälschten Scheck über 20 Dollar Nahrungsmittel zu erwerben versucht. Das Lokal alarmierte die Polizei, vier Beamte verfolgten ihn, holten ihn aus seinem Auto heraus und legten ihm Handschellen an. Vor dem Auto hielten die vier ihn fest und warteten auf einen Abtransport. Währenddessen lag Floyd mit dem Kopf auf der Straße, während einer der Polizisten mit seinem Knie auf seinen Hals drückte. Das waren die letzten Minuten seines Lebens. Es geschah nicht auf einer Polizeistation wie bei Eric Garner, dem asthmakranken Afroamerikaner, der am 17. Juli 2014 auf Staten Island von Polizisten erstickt wurde und über den Carolin Emcke so bewegend in ihrem Buch *Gegen den Hass* geschrieben hat. Es geschah auf einer belebten Straße in Minneapolis vor den Augen der Öffentlichkeit. Drei haben dabei weggeschaut. Das waren die beteiligten Polizisten, die von den Passanten wiederholt aufgefordert wurden, einzugreifen. Keiner kam dem Sterbenden zu Hilfe.

Hinschauen und Wegschauen haben im Zeitalter der digitalen Medien eine ganz neue Dimension gewonnen. Zunächst waren es die vorbeikommenden Passanten, die hingeschaut haben und zu Augenzeugen am Tatort wurden. Eine von ihnen hat den Vorfall mit ihrem Smartphone gefilmt und weitergeleitet. Dadurch hat sie nicht nur eine juristische Quelle der Evidenz produziert, die bei einem Gerichtsverfahren eine Rolle spielen kann, sondern auch im Handumdrehen die Zahl der sekundären Augenzeugen vervielfacht. Das Internet ist ein Multiplikator, dessen Potenz nur mit dem Corona-Virus verglichen werden kann, weshalb wir diese rapide Form der digitalen Verbreitung auch metaphorisch als ›viral‹ bezeichnen.

Während ich dieses auf meinem Mac schreibe, werden mir oben rechts auf dem Bildschirm ungefragt Flash Infos mit eingehenden Nachrichten angezeigt. Darunter sind auch Verkehrsunfälle, Gewaltverbrechen und Katastrophenmitteilungen aus aller Welt. Die Informationen blitzen auf und verschwinden gleich wieder. Ähnliches passiert beim Zeitunglesen: man blättert weiter, im Fernsehen wechselt man den Kanal oder schaltet das Gerät ab. Wegschauen ist der alltägliche Modus des über die Runden Kommens, denn unsere eng begrenzte Aufmerksamkeits-Ökonomie lässt es nicht zu, dass wir uns auf alles einlassen und uns alles zu Herzen nehmen, geschweige denn aktiv eingreifen. Wann ist also das Wegschauen eine Überlebenstechnik im Informationszeitalter und wann ist es ein moralischer Skandal?

Öffentliches Wegschauen

Eine mögliche Antwort auf die Frage lautet: wenn Wegschauen nicht nur privat praktiziert wird, was ja jedem freisteht, sondern den historischen Kern der deutschen Identität betrifft und öffentlich propagiert wird. Das einschlägige Beispiel dafür ist die Friedenspreisrede Martin Walsers 1998 in der Frankfurter Paulskirche. Die öffentlichen Medien wie Zeitungen, Rundfunk und Fernsehen hatten nach dem Historikerstreit 1986 die Erinnerung an den Holocaust erneuert und dabei die Zahl der Sendungen über die damit verbundenen Gewaltereignisse erheblich erhöht. Auf diese Bilder und Berichte reagierte Martin Walser ähnlich wie die deutsche Bevölkerung, als die Alliierten sie im Mai 1945 zwangen, die befreiten Konzentrationslager mit ihren Leichenbergen zu besichtigen. Die, die lange weggeschaut hatten, wurden nun zum Hinschauen genötigt. Walser leugnete nicht das Menschheitsverbrechen, aber er reklamierte mit einer Stimme, die vor Kühnheit zitterte, das Recht, wegschauen zu dürfen und sich nicht immer wieder dieser tief beschämenden »Präsentation unserer Schande« aussetzen zu müssen.

Hätte Walser zuhause einfach den Fernseher abgedreht oder in den Zeitungen entsprechende Artikel überschlagen, wäre nichts passiert. Zu einem moralischen Problem wurde erst der öffentlich von ihm proklamierte Zumutungscharakter dieses Hinschauen-Müssens und als Antwort darauf sein trotziger Anspruch auf ein Recht des Wegschauens und seine Forderung nach Entlassung aus dem »grausamen Erinnerungsdienst«. Dass er damals einem erheblichen Teil der Bevölkerung aus der Seele gesprochen hat, zeigten die mehr als 1.000 Bestätigungsbriefe, die anschließend bei ihm eingingen. Heute ist die Gruppe derer, die sich öffentlich dem verweigern, was inzwischen als ›deutsche Erinnerungskultur‹ bezeichnet wird, nicht mehr latent, sondern ist sichtbar geworden und sitzt im Parlament. Walsers Weg war ein ganz anderer. Die Aufhebung seiner Empathie-Blockade und die damit verbundene Bereitschaft zum Hinschauen kam für ihn 15 Jahre später, als er seinen Nationalstolz überwand und durch Vermittlung einer Bekannten einen Einblick in die jiddische Literatur erhielt. Daraus entstand sein Essay Shmekendikeblumen: Ein Denkmal / A dermonung für Sholem Yankev Abramovitsh (2014), in dem er sich der jiddischen Kultur annäherte und innerlich gegenüber den jüdischen Opfern öffnete.

Eine neue Form digitaler Öffentlichkeit

Die technischen Medien spielen bei der Frage des Hin- oder Wegschauens eine immer größere Rolle. Acht Jahre nach Walsers Friedenspreisrede entstand das soziale Netzwerk Facebook, mit dem eine neue Form von Öffentlichkeit entstand. Die alte Opposition von ›privat versus öffentlich‹ wurde durch neue Kommunikationskanäle aufgelöst, die einzelne private Nutzer global miteinander verbinden und diese damit zu einer neuen Form von Öffentlichkeit beitragen. Die Medienphilosophin Mercedes Bunz hat die besondere Rolle, die die sozialen Medien beim Hinschauen spielen, genauer herausgearbeitet und dabei auf ihre wichtige politische Funktion bei der Herstellung von Evidenz und Zeugenschaft hingewiesen. Sie schreibt, dass »mit der Verbreitung hochauflösender Digitalkameras in Mobiltelefonen« zur Normalität geworden ist, was sie als das *verteilte Aufzeichnen eines Ereignisses* bezeichnet.[1] »Die digitalen Medien treten dabei als eine Art von zweiten Zeugen neben die unmittelbare Anschauung«. (96) Aus unterschiedlichen Positionen aufgenommene Ereignisse können auf diese Weise ihre faktische Wahrheit bekräftigen. Die sich »wiederholenden Berichte aus unterschiedlichen Quellen sind das Kriterium für die Wahrheit digitaler Inhalte.« (125) Bei politischen Bewegungen wie der arabischen Revolution war es »die Vielstimmigkeit, die den unsicheren Wahrheitsanspruch digitaler Inhalte« bekräftigte. (132) Gerade dort, wo die staatliche Zensur der Meinungsfreiheit enge Fesseln auferlegt, kann sich mithilfe dieser Technologie eine »ehedem dumme Masse« in eine »clevere Meute« verwandeln. (146) Denn wo »ein politischer Wille entstanden ist, erleichtert es das Internet, ihm Ausdruck zu verleihen«. (145)

Alle diese Einsichten sind von größter Bedeutung für die Frage des Hinschauens und Wegschauens. Um noch einmal auf George Floyd zurückzukommen: nicht allein die Zeugenschaft, sondern erst die digitale Aufzeichnung und Weiterleitung der Gewaltszene auf der Straße durch die Passantin XY hat die Qualität dieses Ereignisses vollständig verändert. Sie war die Voraussetzung dafür, dass das Ereignis viral wurde, eine wachsende globale Masse von weiteren Zeugen erreichte und die anonyme Masse vor Ort in eine ›intelligente Meute‹ mit einem politischen Willen verwandelte. Ohne diesen massiven Druck hätte unter den vorhandenen staatlichen Rahmenbedingungen zwar eine Entlassung der Polizisten, aber kaum eine ernsthafte Strafverfolgung stattgefunden. Das Video stützt nun die Zeugenschaft als materielle Evidenz und gerichtliche Quelle für eine Strafverfolgung.

Der Alltags-Rassismus

Der Tumult und die Unruhen, die die Vereinigten Staaten gerade tiefgreifend erschüttern, rühren an das Problem des Alltags-Rassismus, das besonders in den Institutionen wie der Polizei und der Justiz tief verankert ist. Als eine Parallele wäre hier der latente Nationalsozialismus in der frühen Bundesrepublik zu nennen, der sich ebenfalls in den Institutionen der Polizei und der Justiz gut konserviert hat und heute auch in der Bundeswehr zeigt. Mein Beispiel für die *Polizei* ist das sogenannte Hotel Silber, ein Gebäude aus dem 19. Jahrhundert in Stuttgart, das während der NS-Zeit als Gestapo-Zentrale gedient hat und in das nach dem Krieg die Polizei einzog – ohne dabei die Räume, in die sie hineinzog, einschließlich der Folterkeller irgendwie historisch zu kennzeichnen.

Mein Beispiel für die *Justiz* ist der einsame Staatsanwalt Fritz Bauer, eine unbequeme Figur in den 1960er-Jahren, der seit Kurzem von den Medien zurecht als Held der Demokratie wiederentdeckt wurde. Er hat die Auschwitzprozesse in Frankfurt organisiert und wollte weitere NS-Prozesse auf den Weg bringen, wobei er von der Zentralen Stelle der Landesjustizverwaltungen zur Aufklärung nationalsozialistischer Verbrechen in Ludwigsburg tatkräftig unterstützt wurde. Diese Sammlungsstelle hatte allerdings keine juristische Vollmacht. Sie musste mit Gerichten zusammenarbeiten, die diese Informationen nur sehr zögerlich und widerwillig in wirkliche Prozesse verwandelten.

Den Rassismus in den USA hat der Schriftsteller James Baldwin immer wieder mit klaren Worten zum Thema gemacht. In einem Vortrag im Jahr 1969 hat er drei beeindruckende Thesen vertreten. 1. Die Bürgerrechtsbewegung war keine Bürgerrechtsbewegung. Denn warum sollten Bürger überhaupt genötigt sein, für ihre Rechte zu kämpfen? Jeder Staat garantiert seinen Bürgern ja Bürgerrechte. Da er das in den USA nicht für die Schwarzen tut, müssen diese in diesem Staat für ihre Menschenrechte kämpfen. 2. In den USA gibt es einen festen übergreifenden Konsens, der lautet: keiner möchte als Schwarzer oder Schwarze geboren sein. 3. Die Schwarzen sind von den Weißen als Sklaven auf den amerikanischen Kontinent verschleppt worden. Nun sind sie da und werden nicht verschwinden. All das bedeutet: der Rassismus muss überwunden werden, wenn er nicht noch weiter Gewalt schüren soll.

Systemische Gewalt gegen Afroamerikaner

In diesem Licht hat auch die Professorin Keeanga-Yamahtta Taylor von der Universität Princeton in der *New York Times* den Mord an George Floyd kommentiert. Sie sieht in dem Mord an einem unbewaffneten Schwarzen durch einen Weißen eine »Rückkehr zum Normalzustand« des amerikanischen Alltagsrassismus inmitten des Ausnahmezustands der Corona-Pandemie. Die afroamerikanische Bevölkerung hat unter der Krankheit besonders zu leiden und beklagt besonders hohe Opferzahlen, die viel mit der mangelhaften sozialen Sicherung zu tun haben. Da der Staat, der Gewalt gegen Schwarze duldet und ausübt, nicht fähig ist, einen Wandel einzuleiten, müssen die Menschen auf die Straße gehen. Sie müssen dabei die Sicherheitsmaßnahmen der Pandemie ignorieren und ihr Leben riskieren, um für ihre Freiheit und gegen die Schikanen und Gewalt der Polizei zu demonstrieren.

»Als Schwarzer in den Vereinigten Staaten zu leben sollte kein Todesurteil sein«, kommentierte der weiße Bürgermeister Jacob Frey. Dass bei diesem Mord vor aller Augen die Afroamerikaner besonders hinschauen, ist klar. Sie fühlen sich nach Eric Garner in New York und Michael Brown in Ferguson mit jedem weiteren Polizistenmord selbst getroffen und unmittelbar bedroht. Für die Rechte der Schwarzen engagieren sich aber auch mehr und mehr Weiße. Sie schauen nicht mehr weg, sondern hin. Der Protest ist dabei nicht mehr wie in den 1960er-Jahren der einer Bürgerrechtsbewegung, noch der einer Menschenrechtsbewegung. Jetzt geht es explizit um den Rassismus in der eigenen Gesellschaft. Das ist nicht mehr nur das Problem der Schwarzen, sondern auch das Problem der Weißen. Die Frage dabei ist nur: wie artikuliert sich dieses Hinschauen auch grade der Weißen und was kann es bewirken?

Bei den Inszenierungen der Identitätspolitik ist es stets die Gruppe der Diskriminierten und Marginalisierten, die sich in ihren Protesten und Selbstdarstellungen äußert. Nach dieser Logik ist es sogar illegitim, im Namen der anderen zu sprechen, weil diese Geste als eine Form der Aneignung und Unterdrückung angesehen wird. Identitätspolitik bedeutet deshalb, dass nur die Stimmen der Betroffenen selbst zählen, weil nur sie existenziell authentisch sind und damit Gewicht und Legitimität haben. Diese Ermächtigung zum Selbersprechen war politisch dringend geboten, aber sie hat auch ihre Probleme. Die Praxis, dass jeder und jede nur für sich selbst und die eigene Gruppe sprechen kann, hat zu einer Fragmentierung der Gesellschaft geführt. Diese Fragmentierung hat die Spaltung der Gesellschaft weiter vorangetrieben, die ja bereits durch wirtschaftliche und politische Lobbies gespalten ist und nun gänzlich den Blick auf allgemeine Missstände und Probleme zu verlieren droht. Wie kann man in einer solchen Gesellschaft Solidarität wiederherstellen? Ich möchte hier ein paar Beispiele anfügen, die die Geschichte des Wegschauens und Hinschauens grundlegend verändert haben.

Solidarität statt Identität. Vier Beispiele

Am 19. Januar 2007 fiel der 53-jährige türkisch-armenische Schriftsteller, Journalist und Menschenrechtsaktivist Hrant Dink in Istanbul einem rassistisch motivierten Mord zum Opfer. Dink hatte die Massaker an den Armeniern als »Völkermord« bezeichnet. In der türkischen Verfassung gibt es einen Paragrafen, der die Beleidigung des Türkentums unter Strafe stellt. Das war Grund für den 16-jährigen Nationalisten Ogün Samast, drei Schüsse auf Dink vor dem Verlagshaus seiner türkisch-armenischen Zeitung *Agos* abzugeben, die für Versöhnung zwischen Türken und Armeneiern eintritt. Präsident Erdogan verurteilte zwar die Tat, nahm aber nicht an der Beerdigung teil. Bilder zeigten indessen, wie der Täter auf der Polizeistation als Held gefeiert wurde.

Eine Aufklärung der Umstände des Mordes hat es nie gegeben. Einige vermuten, dass die Tat von der Regierung in Auftrag gegeben war. Am Tag seiner Beerdigung am 23. Januar geschah ein Wunder. Tausende Türken reihten sich in den Trauerzug ein. Sie trugen Plakate mit der Aufschrift: »Wir sind alle Hrant Dink!« beziehungsweise »Wir sind alle Armenier!« Diese ungekannte Solidaritätsbekundung ist in der Türkei inzwischen regelmäßig wiederholt und erneuert worden. Am zehnten Jahrestag der Ermordung waren 2017 wieder Tausende auf den Straßen Istanbuls mit den Schildern »Wir sind alle Armenier« unterwegs.

Nach der Präsidentschaftswahl am 12. Juni 2009 in Iran kam es zu wochenlangen Protesten derer, die Ihre Stimmen bei der Wahl nicht berücksichtigt sahen. Sie gingen deshalb auf die Straße mit der Frage: »Wo ist meine Stimme geblieben?« und setzten sich auf diese Weise für ihre Bürgerrechte ein. Die friedlichen Demonstranten trafen auf eine staatliche Gegenwehr, die sich von Tag zu Tag verschärfte. Als immer deutlicher wurde, dass die Wahlen massiv manipuliert worden waren, nahm auch die junge Studentin Neda an den Protesten teil, obwohl sie selbst gar nicht gewählt hatte. Das war am 20. Juni, dem Tag der größten Protestaktionen in der Islamischen Republik. Zusammen mit einigen Freunden beobachtete sie von einer Nebenstraße aus die Ereignisse, als sie plötzlich von einer Kugel getroffen wurde. Innerhalb von Minuten verblutete sie auf der Straße. Zwei weitere fremde Personen unterstützten sie: ein Arzt, der medizinisch nichts mehr für sie tun konnte, aber sich sofort als Augenzeuge bekannte, und ein Passant, der den Vorfall mit seiner Handykamera filmte. Noch am selben Tag wurde der Clip mit dem Zeugnis des Arztes und dem Videofilm ins Internet hochgeladen, umgehend multipliziert und in alle Richtungen verschickt. Alle Versuche der iranischen Regierung, diese Bilder zu löschen, scheiterten; nach einer Stunde waren sie einmal um die Welt gegangen. Die Wirkung des Protests ging aber noch weiter. Im Juli zum Beispiel solidarisierten sich Menschen in Paris mit den Forderungen der Demonstranten in Teheran auf eine besondere Weise. Sie vervielfältigten das Porträt von Neda, hielten es wie eine Maske vor ihr Gesicht, trugen eine weiße Rose und riefen: »Wir sind alle Neda!« Die Bilder wiederum, die von dieser Demonstration um die Welt gingen, wirkten sich in der Öffentlichkeit wie das Ausagieren des Alptraums des iranischen Staatsapparats aus: Anstatt die Anhänger der widerständigen Demokratiebewegung schnell verstummen und verschwinden zu lassen, taucht das Bild der ermordeten Neda tausendfach wieder auf – zum fortgesetzten Hinschauen.

Ein Jahr später, Ende 2010, verfolgten Menschen in aller Welt die arabische Rebellion auf dem Tahrir-Platz in Kairo. Von hier aus leiten Teilnehmer der Protestbewegung Handy-Bilder mithilfe der Plattformen Twitter oder Facebook weiter – vorbei an den offiziellen Staatsmedien. Auf diese Weise schufen sie eine globale Medienöffentlichkeit, in der sie ihre politische Empörung ebenso ausdrückten wie ihren Wunsch nach einem besseren Leben. Aber es geschah noch mehr: »Unter anderem mithilfe der Facebook-Seite ›We are all Khaled Said‹, benannt nach einem jungen Ägypter, der 2010 unter unaufgeklärten Umständen in Polizeigewahrsam zu Tode kam, verabredete man sich für den 25. Januar 2011, um die Empörung gemeinsam auf die Straße zu tragen.« (Bunz, 144-145)

Mein viertes Beispiel: Paris wurde am 7. Januar 2015 durch den islamistischen Terroranschlag auf die Redakteure des Satire Magazins *Charlie Hebdo* erschüttert. Die Terroristen erschossen in den Räumen der Zeitschrift zwölf Menschen und am folgenden Tag einen Polizisten und in einem koscheren Supermarkt weitere vier Menschen. Die ganze Stadt erstarrte in Schrecken und Trauer. Sie zogen durch die Straßen von Paris und trugen dabei Plakate, die im Design den Plakaten für Hrant Dink frappierend ähnlich waren. In

Paris stand auf dem Plakat: »Je suis Charlie«. Diese Beispiele zeigen, wie sich Hin- und Wegschauen in einer globalisierten Internet- und Mediengesellschaft neu organisieren und wie die Protest- und Trauerbewegungen an einem Ort von anderen Orten lernen kann.

Verbindungen von einem Fall zu einem anderen Fall

Zurück zu unserer Gegenwart. Fünf Tage nach dem Tod von George Floyd am 30. Mai 2020 kam es zu einem Vorfall in der Altstadt von Jerusalem. Dort war ein 32-jähriger Palästinenser, der durch seinen Autismus behindert ist, auf dem Weg in seine Förderschule. Er fiel den Sicherheitskräften auf, weil er etwas in der Hand trug. Als er auf Zuruf nicht reagierte und wegzulaufen begann, gab einer der Polizisten elf Schüsse auf ihn ab. Die Polizisten stellten dann fest, dass er keine Waffe bei sich trug. Sein Name ist Eyad Hallaq. Die Nerven in Israel liegen derzeit bloß. Für eine besondere Erhitzung der Spannungen sorgen die im Juli geplanten Annexions-Pläne Netanyahus. Die Protestaktionen der Palästinenser mehren sich im Vorlauf dieser Ereignisse, und die Gewaltbereitschaft ist auf beiden Seiten deutlich angestiegen. Die Kontexte der Polizei-Opfer in den USA und in Israel sind ähnlich und verschieden. In beiden Fällen handelt es sich nicht um singuläre Unfälle, die von allen empathisch als tragische Ereignisse eingestuft werden, sondern um eine durch Rassismus oder Besatzungspolitik begründete systemische Gewalt. Wo wird hingeschaut, wo wird weggeschaut? Welches Ereignis hat die Chance, etwas zu bewirken und in Erinnerung zu bleiben? Gideon Levy hat das Problem auf mutige Weise aufgegriffen. Die Überschrift seines Kommentars in *Haaretz* lautet: »Ein Schwarzer in Amerika zu sein, sollte kein Todesurteil bedeuten. Und wie ist das damit, Palästinenser zu sein?« (Being Black in America Shouldn't Be a Death Sentence. What About Being Palestinian?).

Fazit

Noch ein kurzes Schlusswort, das uns nach Deutschland und zu unserem Problem des Antisemitismus zurückbringt. Drei Wochen nach dem Attentat auf Hrant Dink nahm ich in Istanbul an einer Tagung der Böll-Stiftung teil. Dink hatte diese Tagung zum Thema »Von der Last der Vergangenheit zu sozialem Frieden und Demokratie« noch selbst mit vorbereitet. Auf dieser Tagung habe ich 2007 einen Satz gesagt, der es sogar in die türkische Tageszeitung Hürriyet geschafft hat. Mit Blick auf den Trauerzug für Hrant Dink und die Zeichen der Trauer, Empathie und Solidarität, die sein Tod in der türkischen Gesellschaft ausgelöst hat, sagte ich: »Ich stellte mir einmal vor, dass nach dem Pogrom am 9. November 1938 in Deutschland, als 1.400 Synagogen zerstört, Tausende Juden aus ihren Wohnungen und Geschäften gezerrt, zusammengeschlagen, gedemütigt und deportiert worden sind, in deutschen Städten Tausende nicht-jüdischer Deutscher auf die Straße gegangen wären mit Schildern: ›Wir sind alle Juden‹.« Wäre so etwas tatsächlich passiert, hätte Hitlers Obsession der sogenannten »Endlösung« und ihre willige Vollstreckung schwerlich in die Tat umgesetzt werden können. Stattdessen herrschte in ganz Deutschland damals das Gegenteil: das betretene Wegschauen und das erschreckte oder gleichgültige Schweigen.

---

1 Mercedes Bunz: Die stille Revolution, Berlin: Suhrkamp Verlag 2012.

Nicht als Gaffer enden – Warum »Hinsehen« manchmal bedeutet, den Blick abzuwenden

Tanjev Schultz

Manchmal muss man wegsehen. Wer nicht als Gaffer enden will, muss das Spektakel meiden, mit dem Leid und Elend, Grauen und Grausamkeit zur Schau gestellt werden. Manchmal muss man wegsehen: wenn Mobber ihre Opfer demütigen und sich dafür ein Publikum suchen. Wenn Terroristen ihre Geiseln enthaupten und sich dabei vor einer Kamera aufbauen. Wenn Neonazis durch die Stadt ziehen und ihre Anschläge live ins Internet übertragen. Wer einschreiten kann, der schreite ein. Wer nur glotzt, verschwinde.

Manchmal muss man wegsehen: wenn Hinterbliebene Zeit zum Trauern brauchen – und ihre Ruhe. Wenn Verletzte um ihr Leben kämpfen – und ihre Würde. Wer helfen kann, der helfe. Wer im Weg steht, verschwinde.

Die Schaulustigen, die an den Autobahnen Sanitäter behindern, können schon im nächsten Moment zu Regisseuren mordsmäßiger »Social Media«-Sendungen werden. Wer bildet für Takt und Anstand eine Rettungsgasse?

Als am 15. März 2019 im neuseeländischen Christchurch ein Rassist Jagd auf Muslime machte und sie vor laufender eigener Kamera ermordete, konnten Menschen auf allen Kontinenten die Bilder auf ihren Mobiltelefonen verfolgen. Es dauerte Stunden, bis Behörden und Plattform-Betreiber die digitalen Kopien des Terrorvideos in weniger leicht zugängliche Ecken des Internets abgedrängt hatten.

Am 9. Oktober 2019 fuhr ein rechtsextremistischer Attentäter durch Halle in Sachsen-Anhalt, versuchte eine Synagoge zu stürmen, scheiterte an der Tür, erschoss eine Frau auf der Straße und einen Mann in einem Döner-Imbiss. Auch dieser Terrorist filmte seine Tat und ließ sie live im Internet laufen. Offenbar hoffte er darauf, dass viele Menschen, gewollt oder ungewollt, zu Komplizen werden würden, indem sie ihm halfen, seine Bilder zu verbreiten. Die Hoffnung wurde erfüllt.

Da sind nicht nur die vermeintlich oder tatsächlich verrohten Laien, denen es an Medienkompetenz und vielem anderen fehlt. Da sind auch die Berufszyniker in Redaktionen, die noch die voyeuristischsten Fotos zu einem Fall von öffentlichem Interesse erklären und die Pressefreiheit zur Bemäntelung ihrer Ruchlosigkeit verwenden.

Die Bild-Zeitung veröffentlichte Ausschnitte aus dem Video von Halle und übernahm, wie der Deutsche Presserat rügte, »die Dramaturgie des Täters, indem sie seine Vorgehensweise chronologisch vom Laden der Waffen bis hin zu den Sekunden vor und nach den Mordtaten zeigte«. Die Zuschauer konnten »quasi live dabei sein«. Diese Darstellung, so der Presserat, gehe über das öffentliche Interesse hinaus und bediene überwiegend Sensationsinteressen.

Hatten sich die Medien nicht tief zerknirscht gezeigt, nachdem sie die Geiselgangster von Gladbeck als Figuren eines Live-Krimis inszeniert und Mikrofone sogar ins Gesicht der verstörten Geiseln gehalten hatten? Das war 1988 und vom Internet noch keine Spur. Wann immer sich das ethische Gewissen im Journalismus in den folgenden Jahren hätte regen und eine Lehre aus dem Gladbeck-Versagen hätte gezogen werden sollen, gab es genügend Redakteure und Reporter, bei denen sich nichts regte – außer einer Gier nach neuen Sensationen. Der Amoklauf in Winnenden (2009), der Germanwings-Absturz in den französischen Alpen (2015): Wer hier versucht hat, das Maß zu wahren und sensibel zu berichten, musste miterleben, wie es für andere wieder einmal kein Halten gab.

Aber ist es nicht die Aufgabe der Presse, grausame Realitäten zu zeigen? Gewiss. Soll etwa ein Tabu verhängt werden, das auch alle

Handy-bewehrten Bürger dazu zwingt, unter keinen Umständen je ein blutiges Bild zu schießen? Bestimmt nicht. Gräuel dürfen weder geleugnet noch verdeckt und schon gar nicht vertuscht werden. Doch müssen sie, wenn man sie öffentlich zeigt, zu *erkennen* sein – und nicht durch Voyeurismus und Sensationslust verstellt werden.

Über die ethische Fragilität, aber auch die Augen öffnende, aufklärerische Funktion von Kriegs- und Katastrophenbildern wird seit den Anfängen der (journalistischen) Fotografie diskutiert. Die Allgegenwart visueller Reize und die forcierte Leichtigkeit, mit der zu jeder Zeit und von allen möglichen Seiten Filme und Fotos auf die Menschen einströmen, hat die Lage heute allerdings noch einmal verändert. Es ist plötzlich gar nicht mehr so selbstverständlich, dass ein Bild überhaupt durchdringt und einen Eindruck hinterlässt, der nicht sofort wieder verfliegt. Dass es sich einbrennt in die soziale Netzhaut und zu einem Element der kollektiven Erinnerung wird.

Haben Bilder, die das Leiden anderer Menschen zeigen, einen aufrüttelnden oder einen abstumpfenden Effekt? Pauschal lässt sich das nicht sagen, es kommt nicht nur auf die Aufnahmen und ihre Kontexte an, sondern auch auf die Betrachter. Die große Essayistin Susan Sontag hat die kritische Sichtweise ihres berühmten Buches »Über Fotografie« (1977) im Laufe der Jahre etwas gelockert: In ihrer Studie »Das Leiden anderer betrachten« (2003) erkennt sie an, dass bestimmte Bilder uns aufwecken und aufwühlen können. Sie sieht freilich auch die Gefahren – nicht nur das Risiko der Manipulation und verzerrter Wahrnehmungen, auch die Gefahr eines Verharrens in selbstzufriedener Sentimentalität oder eines Umschlagens in Überdruss und Langeweile.

Als Einzelne, die im schrecklichen Bilderregen stehen, befällt uns leicht ein Gefühl der Ohnmacht, das dann allerdings ebenso leicht durch Ab- und Umschalten, Wegklicken oder Wegwischen vertrieben werden kann. Deshalb ist es fast schon ein Wunder, wenn einige Aufnahmen noch immer ikonische Kräfte entfalten, wie einst das Foto des fallenden Soldaten im Spanischen Bürgerkrieg oder das

Bild des schreienden, nackten Mädchens in Vietnam. Als im Jahr 2015 das Foto des syrischen Jungen Alan Kurdi, der tot an einem Strand in der Türkei lag, in den Redaktionen ankam, waren viele unsicher, ob es gut wäre, es zu veröffentlichen. Ein Zweijähriger, der tot auf dem Bauch liegt – sollte dieses Bild am Kiosk neben den Hochglanz-Gesichtern von Showstars liegen? Sollte es millionenfach an Frühstückstischen, zwischen Cornflakes und Cappuccino, auf eine menschliche Reaktion warten?

Einige Medien publizierten das Foto (zunächst) nicht, andere hatten weniger Skrupel. Der Vater des Jungen zeigte sich später in einem Interview mit der Veröffentlichung einverstanden. Das Foto steht nun für das Sterben Tausender Menschen, die im Mittelmeer ertrinken, und wirkt wie ein stummer Schrei: Schaut nicht weg! Die Seenotrettungsorganisation »Sea-Eye« hat eines ihrer Schiffe nach Alan Kurdi benannt.

Wer Leidende und Sterbende abbildet, wer Fotos von Toten zeigt, hat die Verantwortung, einen würdigen Rahmen herzustellen und die Gezeigten nicht den Gaffern auszuliefern. Aber auch die Bilder, auf denen Täter zu sehen sind, bedürfen besonderer Umsicht. Erstens sind Täter ebenfalls Menschen, so bestialisch ihre Taten sein mögen. Zweitens sollten Täter nicht wie Helden wirken, deren Ruhm andere zum Vorbild nehmen. Drittens sollte der Fokus auf die Täter die Opfer und deren Angehörige nicht zurücksetzen oder ein weiteres Mal traumatisieren.

Das sensationalistische Geschäft der Boulevardmedien ignoriert solche Forderungen. Auf den »Social Media«-Plattformen begehen Menschen verstörende Rohheiten, über die zu Recht viel geklagt wird. Nicht ignoriert werden sollte dabei die Rohheit, die schon so lange, und immer noch, die Boulevardpresse am Laufen hält.

Allerdings kann selbst ein behutsamer und reflektierter Umgang mit den Bildern von Opfern und Tätern nicht immer verhindern, dass es zu neuen Verletzungen, zu unterschiedlichen Deutungen oder Missverständnissen kommt. So vernünftig es ist, dass einige Medien mittlerweile davon abrücken, große Porträtbilder terroristischer Attentäter zu zeigen, so wenig sinnvoll erscheint das Errichten einer pauschalen Bilder- und Namenssperre.

In Neuseeland hat Premierministerin Jacinda Ardern nach dem Anschlag in Christchurch vermieden, den Namen des Attentäters zu nennen, und dazu aufgerufen, es ihr gleichzutun. Lässt sich das durchhalten? Braucht es nicht zumindest eine solide öffentliche Aufarbeitung solcher Fälle, beispielsweise in Dokumentationen oder zeithistorischen Studien, in denen – wie in Gerichtsprozessen – die Biografie und Persönlichkeit der Täter durchaus eine Rolle spielen? Was würde passieren, wenn nur noch hinter vorgehaltener Hand oder in absurder Anonymisierung über Personen gesprochen werden könnte, die Entsetzliches getan haben – so ähnlich wie in den Harry-Potter-Romanen, in denen die Figuren den bösen Lord Voldemort in einer Mischung aus Furcht und Ehrfurcht umschreiben als »den, dessen Name nicht genannt werden darf«?

Der Geschichte ins Auge sehen, die Täter benennen, der Opfer gedenken: Dieser Anspruch darf nicht aufgegeben werden. Unrecht aufzuarbeiten und es dem Verdrängen und Vergessen zu entreißen: Nach 1945 hatten viele nationalsozialistische Täter das unverdiente und unverschämte Glück, dass sie, ihre Namen und ihre Taten nicht groß thematisiert wurden.

Natürlich ist eine Lehre aus der Geschichte, dass wir nie wieder wegsehen dürfen. Es muss uns unruhig stimmen, wenn wir in unseren globalen, visuellen Zeiten aus bestimmten Regionen und Konflikten nur schemenhafte Bilder bekommen. Wenn Uiguren in Lagern leben müssen, über die wir nichts oder wenig wissen. Wenn Gefangene ohne Anklage in Guantanamo festgehalten werden. Wenn Menschen auf überfüllte Boote flüchten, kentern und in tiefschwarzer See ertrinken.

Der moralische Aufruf »Nie wegsehen« kann bedeuten, nicht zu warten, bis jedes Detail eines Unrechts wahrnehmbar ist. »Nie wegsehen« kann bedeuten, aufs Handeln zu drängen, weil längst reicht, was wir sehen und was wir wissen.

Wenn unser Wissen durch weitere Bilder nicht mehr wirklich wächst, kann »Nie wegsehen« bedeuten, den Blick abzuwenden und sich aufs Denken, Diskutieren und Handeln zu konzentrieren. Es kann bedeuten, sich nicht zu ergehen im seltsam wohligen Schauer, den grausige Bilder auslösen können – sondern aufzustehen und das Richtige zu tun.

Das Leid anderer betrachten

Susan Sontag

Was soll man mit dem Wissen anfangen, das Fotos von fernem Leiden vermitteln? Menschen sind oft nicht imstande, die Leiden derer, die ihnen nahestehen, zu verkraften (Sehr eindringlich dokumentiert dies der Film Hospital von Frederick Wisemann.) Allen voyeuristischen Lockungen zum Trotz – und trotz der Genugtuung, die sich vielleicht aus dem Wissen ergibt: Dies widerfährt nicht mir, ich bin nicht krank, nicht ich sterbe, nicht mich trifft dieser Krieg – ist es anscheinend normal, dass sich Menschen gegen das, was andere durchmachen verschließen – selbst dann, wenn sie sich mit diesen anderen leicht identifizieren könnten.

Eine Frau aus Sarajevo, eine treue Anhängerin der multiethnischen Ideale des ehemaligen Jugoslawien, die ich kennenlernte, als ich im April 1993 zum ersten Mal in die Stadt kam, sagte mir: »Im Oktober 1991 saß ich hier in dieser netten Wohnung im friedlichen Sarajevo, als die Serben nach Kroatien einmarschierten, und ich weiß noch, wie die Abendnachrichten Aufnahmen von Zerstörung der Stadt Vukovar brachten, ungefähr 160 Kilometer von hier, und wie ich dachte: ›Ach, wie furchtbar!‹ – und dann ein anderes Programm einschaltete. Wie soll ich da jemandem böse sein, der in Frankreich oder Italien oder Deutschland Tag für Tag das Morden hier in den Abendnachrichten sieht und sagt: ›Oh, wie furchtbar!‹ und sich ein anderes Programm sucht. Es ist normal. Es ist menschlich.« Wo Menschen sich sicher fühlen – das war der bittere Kern ihrer auf einen Selbstvorwurf hinauslaufenden Aussage –, werden sie gleichgültig. Aber wenn eine Frau in Sarajevo den Bildern von schrecklichen Vorgängen in einer Gegend, die damals immerhin noch Teil ihres eigenen Landes war, auswich, so hatte sie dafür wohl doch ein anderes Motiv als die Fernsehzuschauer im Ausland, die sich um Sarajevo nicht kümmerten. Das Desinteresse der Ausländer, für das diese Frau so viel Verständnis aufbrachte, erwuchs aus dem Gefühl, nichts tun zu können. Die Weigerung der Frau, sich auf die Bilder eines nahen Krieges und die von ihnen ausgehende Warnung einzulassen, was dagegen ein Ausdruck von Hilflosigkeit und Angst.

Die Leute schalten nicht nur deshalb ab, weil sie durch einen ständigen Strom von Bildern der Gewalt gleichgültig geworden sind, sondern möglicherweise auch deshalb, weil sie Angst haben. Jeder hat mitbekommen, wie sehr das Ausmaß von akzeptierter Gewalt, von akzeptiertem Sadismus in der Massenkultur gewachsen ist: im Kino, im Fernsehen, in Comics, bei Computerspielen. Bilder, bei denen vor vierzig Jahren das Publikum zurückgeschreckt und voller Abscheu weggeschaut hätte, sieht sich heute jeder Teenager im Multiplex an, ohne mit der Wimper zu zucken. Für viele Menschen in den meisten modernen Kulturen sind Chaos und Blutvergießen heute eher unterhaltsam als schockierend. Aber nicht alle Gewalt wird mit der gleichen distanzierten Gelassenheit betrachtet. Manche Katastrophen eignen sich besser als andere für eine ironische Reaktion.[1]

Wenn die Leute im Ausland die Schreckensbilder aus Bosnien abgeschaltet haben, so lag dies vielleicht auch daran, dass dieser Krieg einfach kein Ende fand und dass die führenden Politiker erklärten, die Situation sei ausweglos. Menschen können für Schrecken unempfänglich werden, weil sie den Eindruck gewinnen, dem Krieg – jedem Krieg – sei kein Ende zu machen. Mitgefühl ist eine instabile Gefühlsregung. Es muss in Handeln umgesetzt werden, sonst verdorrt es. Deshalb stellt sich die Frage, was man mit den geweckten Gefühlen, dem übermittelten Wissen tun soll. Wenn man den Eindruck bekommt, dass es nichts gibt, was »wir« tun könnten – aber wer sind diese »wir«? –, und auch nichts, was »sie« tun können – aber wer sind diese »sie«? –, fängt man an, sich zu langweilen, wird zynisch und apathisch.

Rührung ist nicht unbedingt besser. Sentimentalität ist bekanntlich mit einer Neigung zur Brutalität und zu Schlimmerem durchaus vereinbar. (Man denke an das Beispiel des Lagerkommandanten von Auschwitz, der abends nach Hause kommt, Frau und Kinder umarmt und sich vor dem Essen ans Klavier setzt, um Schubert zu spielen.) Die Menschen verhärten sich – wenn dies der richtige Ausdruck ist – gegen das, was man ihnen zeigt, nicht wegen der *Quantität* der Bilder, die ihnen vorgesetzt werden. Es ist vielmehr die Passivität, die abstumpft. Die Zustände, die man als Apathie, als moralische oder emotionale Taubheit bezeichnet, sind voller Gefühle: voller Wut und Frustration. Wenn wir nun darüber nachdenken, welche Gefühle stattdessen wünschenswert sind, dann wäre es wohl zu einfach, sich für das Mitgefühl zu entscheiden. Die imaginäre Nähe zum Leiden anderer, die uns Bilder verschaffen, suggeriert eine Verbindung zwischen den fernen, in Großaufnahmen auf dem Bildschirm erscheinenden Leidenden und dem privilegierten Zuschauer, die in sich einfach unwahr ist – nur eine Täuschung mehr, was unsere wirkliche Beziehung zur Macht angeht. Solange wir Mitgefühl empfinden, kommen wir uns nicht wie Komplizen dessen vor, wodurch das Leiden verursacht wurde. Unser Mitgefühl beteuert unsere Unschuld und unsere Ohnmacht. Insofern kann es (unseren guten Absichten zum Trotz) zu einer impertinenten – und völlig unangebrachten – Reaktion werden. Das Mitgefühl, das wir für andere, vom Krieg und einer mörderischen Politik betroffene Menschen aufbringen, beiseite zu rücken und statt dessen darüber nachzudenken, wie unsere Privilegien und ihr Leiden überhaupt auf der gleichen Landkarte Platz finden und wie diese Privilegien – auf eine Weise, die wir uns vielleicht lieber gar nicht vorstellen mögen – mit ihren Leiden verbunden sind, insofern etwa, als der Wohlstand der einen die Armut der anderen zur Voraussetzung hat – das ist eine Aufgabe, zu deren Bewältigung schmerzliche, aufwühlende Bilder allenfalls die Initialzündung geben können.

1 Andy Warhol, dieser Connaisseur des Todes und Hohepriester der Freuden der Apathie, hat sich immer wieder von Nachrichten über ganz unterschiedliche Todesfälle, bei denen Gewalt im Spiel war (Autounfälle, Flugzeugabstürze, Selbstmorde, Hinrichtungen), faszinieren lassen. Aber der Tod im Krieg kommt in seinen Siebdrucken interessanterweise nicht vor. Ein Pressefoto von einem elektrischen Stuhl und die schrille Titelseite seiner Boulevardzeitung: »129 Die in Jet«, ja. »Hanoi bombardiert«, nein. Das einzige Warhol im Siebdruck reproduzierte Foto, das sich auf Gewalt im Krieg bezieht, war selbst schon ein Symbol, das heißt ein Klischee: der Atompilz, den er wie auf einem Briefmarkenbogen vielmals wiederholt, um seine Unbegreiflichkeit, seine Faszination, seine Banalität zu veranschaulichen (ähnlich wie er es mit den Gesichtern von Marilyn, Jackie und Mao gemacht hat).

Hinschauer statt Zuschauer

Sibylle Thelen

Der Zuschauer ist in unserer Vorstellung ein seltsam passives Wesen. Er sitzt zurückgelehnt im Sessel, den Blick auf das Fenster zur Welt, den Fernseher gerichtet. Er verfolgt aus dem Saal heraus das Geschehen oben auf der Bühne. Er beobachtet im Alltag, was sich vor seinen Augen abspielt. Ein Zeuge, der selbst nicht eingreift, mitmischt oder gar Position bezieht. Ein neutraler Konsument. Eher Objekt als handelndes Subjekt. Eine graue Gestalt, unauffällig und unspezifisch, männlich oder weiblich.

Doch das Klischeebild vom braven duldsamen Zuschauer und seinem femininen Gegenstück täuscht. Es stellt Harmlosigkeit zur Schau, kultiviert den Zustand selig-unmündiger Unschuld, ignoriert Eigenverantwortung – und blendet aus, dass auch in der Rolle des Zuschauers unabhängiges Denken und Handeln möglich sind. Ein solches Klischeebild kommt ohne jeden Hinweis auf das Potenzial unterschiedlicher Interventionsmöglichkeiten aus. Die Kernfrage, wie aus Zuschauen aktives Hinschauen wird, wird erst gar nicht gestellt.

Wer auf diese Frage eine Antwort will, muss mehr tun, als das Klischeebild zu begraben. Das Wesen des Zuschauers lässt sich nur in der Auseinandersetzung mit gewachsener Erfahrung ergründen, die zeigt: Auch der Zuschauer ist letztlich Akteur. Erst seine Existenz gibt einem Ereignis sowohl Bedeutung als auch Rahmen. Nach 1945 war dies eine unbequeme Einsicht, der sich die Mehrheit der Bevölkerung lange Zeit entzog. Schuldabwehr verstellte den Blick auf breite Mitverantwortung. Mit großer Geste wies man den Vorwurf der Kollektivschuld zurück, der von den Alliierten in Wahrheit nie erhoben worden war. Man habe nichts gewusst, auch nichts von dem, was in den Konzentrationslagern vor der Haustür geschah.

Den unbeteiligten Zuschauer jedoch gibt es in Wirklichkeit gar nicht. Mit zeitlichem Abstand fällt die schonungslose Aufarbeitung der Vergangenheit, die zu dieser Erkenntnis führt, leichter. Deshalb vergingen Jahrzehnte, bis auch Zeugenschaft und unterschiedliche Formen der Verstrickung der Bevölkerung in die Verbrechen der Nationalsozialisten zu einem Thema wurden, das differenziert diskutiert werden konnte. Die Wissenschaft griff es spät auf, und auch an vielen Gedenkstätten hatten die Forschenden im selbsternannten Auftrag erst einmal andere Prioritäten gesetzt. Dort wurden zunächst die Biografien der jüdischen Opfer, von KZ-Häftlingen und anderen Verfolgten rekonstruiert. Zugleich galt es, das lange eingeübte Verleugnen und Verdrängen zu durchbrechen. Mit einiger Verzögerung folgte die Annäherung an die Täter. Doch erst in den vergangenen 10, 20 Jahren hat die Geschichtswissenschaft mit der »Volksgemeinschaft« schließlich auch zunehmend die *bystander*, die scheinbar unbeteiligten Beobachter und Mitwissenden ins Visier genommen.

Dieser ebenso nüchterne wie genaue Blick auf individuelle und kollektive Verhaltensweisen in der Diktatur hat der historisch-politischen Bildungsarbeit wichtige Impulse gegeben. Warum haben so viele Menschen weggeschaut, gleichgültig reagiert, mitgemacht, und wozu trugen sie damit bei? Wieso haben sich nur wenige aktiv widersetzt, und welche Folgen wiederum hatte ihr Handeln? Fragen wie diese lassen sich im pädagogischen Raum, etwa an Gedenkstätten, anhand anschaulicher Biografien diskutieren. Dabei werden individuelle Handlungsspielräume ausgelotet und Interventionsmöglichkeiten erkundet. Die lebensgefährlichen Folgen von Widerstand in der Diktatur, aber auch die lebensbejahende Bedeutung von demokratischem Engagement in einer Demokratie werden fassbar. Zugleich wird anschaulich, wie unmittelbar und zugleich grundverschieden sich die unterschiedlichen politischen Systeme auf das Leben aller auswirken. Wissensvermittlung geht einher mit Anstößen zur politischen Einordnung und kritischen Selbstreflexion. Auch das, verbunden mit dem Gedenken, der Trauer um Opfer und zerstörte Menschenrechte, gehört zur Essenz einer gesellschaftlich verankerten Erinnerungskultur.

Diese Erinnerungskultur ist im Nachkriegsdeutschland mühsam erarbeitet worden. Sie ermöglicht nicht nur eine kritische Auseinandersetzung mit der NS-Geschichte, mit Terror, Willkür und Gewalt eines totalitären Systems, das ganz Europa in ein Trümmerfeld verwandelte. Diese Erinnerungskultur hat zugleich Lern- und Demokratisierungsprozesse vorangetrieben. Dies gelang – und gelingt bis heute – im Zuge von Erinnerungskonflikten, die zunächst einmal ausgetragen werden müssen, damit überhaupt so etwas wie eine gesellschaftlich verankerte Erinnerungskultur entstehen kann. Mit dieser Konfliktfähigkeit hat auch das Selbstverständnis gelebter Demokratien zu tun – etwa mit der Bereitschaft, Argumente und Perspektiven anderer wahrzunehmen, mit der Fähigkeit oder auch nur dem Willen, gesellschaftliche Widersprüche auszuhalten. Eine solche Erinnerungskultur lebt nicht nur vom Engagement des Einzelnen und der Einzelnen, wenn es um die Aufarbeitung von menschenverachtenden Verbrechen in der Vergangenheit geht. Sie richtet sich zugleich als Auftrag an alle, sich für eine menschenfreundliche Politik in der Gegenwart einzusetzen.

Der verzweifelte, aber letztlich allgemeine, an niemanden unmittelbar gerichtete Appell »Nie wieder!«, der nach 1945 angesichts millionenfachen Mordes und eines von Krieg und Gewalt verwüsteten Europas formuliert wurde, findet in dem kategorischen Imperativ »Nie wegsehen!« seine konsequente Zuspitzung. Der Befehl richtet sich an alle, an Bürgerinnen und Bürger, an Entscheidungsträger in Politik und Gesellschaft. Er ist als unmissverständliche Handlungsanleitung formuliert, denn er verlangt Aktivität – nämlich hinzuschauen und zugleich mehr als das, nämlich hinzuhören, mitzufühlen, sich im Namen eines »Nie wieder!« einzumischen in das Geschehen. Es geht um nichts Geringeres, als darum, die menschlichen Sinne im Sinne von Menschlichkeit zu schärfen. In einer solchen Gesellschaft, die sich dem »Nie wieder!« nicht nur mit Worten verpflichtet sieht, wird der Zuschauer zum aktiven Hinschauer. Ob männlich oder weiblich bekennt er sich damit zur persönlichen, ureigenen Verantwortung. Dies gilt im Umgang mit einer historisch belasteten Vergangenheit, mit den Erfahrungen zerstörter Menschenwürde und Gewalt und ebenso in der Gegenwart.

Wie also wird der Zuschauer zum Hinschauer? Die Zuschauerin zur Hinschauerin? Politische Bildung kann diesen Rollenwechsel unterstützen. Sie kann Angebote machen, indem sie auf Haltung setzt, Erfahrungen der Selbstwirksamkeit fördert, auf Engagement, Emanzipation und Empowerment zielt. Eine solche politische Bildung geht über reine Institutionenkunde weit hinaus und auch über das Idealbild des »reflektierten Zuschauers«, den Fachleute der politischen Bildung noch vor nicht allzu langer Zeit als gelehrigen Adressaten grundlegender Politikkenntnisse ins Visier genommen hatten. Fast könnte man meinen, der Abschied von der Zuschauerrolle manifestiere sich sogar in einer vergleichsweise neuen Wortschöpfung, die sich im klassischen Seminarbetrieb durchgesetzt hat. Dort ist vom »Teilnehmenden« die Rede. Der Begriff bringt Individualität und Heterogenität eines Publikums zum Ausdruck, das sich eben gerade nicht als amorphe Zuschauermasse versteht. Vielmehr schwingt in dem geschlechterneutral substantivierten Partizip der zeitgemäße Anspruch auf Aktivität und Teilhabe mit, aber auch die Sehnsucht nach Authentizität und Selbstinszenierung in einer ebenso pluralistischen wie individualisierten »Gesellschaft der Singularitäten«.

Doch semantische Verschiebungen können den Rollenwechsel hin zu aktiven, sich selbst ermächtigenden Hinschauenden nicht bewirken. Und auch alle Angebote der politischen Bildung zusammen vermögen dies vermutlich nicht. Dazu bedarf es mehr als Aktionstage an Schulen oder Demokratietrainings in Jugendhäusern. Beteiligungsworkshops helfen nur begrenzt und es ist mit Präventionsangeboten und Argumentationskursen gegen populistische Parolen allein nicht getan. Es bedarf zugleich einer Politik, die die politische Beteiligung der Bürgerinnen und Bürger zulässt, so wie es auch einer Gesellschaft bedarf, deren Mitglieder sich ihrer Handlungsmöglichkeiten ebenso bewusst sind wie der Grenzen, die ihren Interventionsmöglichkeiten durch die faktische Macht der Wirklichkeit gesetzt sind. Den großen Herausforderungen unserer Zeit lässt sich alleine, als einzelnes Indiviuum nicht viel entgegensetzen. Den Folgen ungleicher Verteilung von Ressourcen in Nord und Süd, von Flucht und Klimawandel, von Digitalisierung und nuklearer Bedrohung muss letztlich grenzüberschreitend, auf supranationaler Ebene begegnet werden.

Es ist keine einfache Aufgabe, sich der individuellen Grenzen des Handelns bewusst zu sein, ohne sich den Schneid zur Humanität im eigenen Handeln abkaufen zu lassen. Wer hinschaut, muss mit solchen Widersprüchen umgehen. Wer hinschaut, muss Komplexität aushalten können und bereit dazu sein, in menschliche Abgründe zu schauen: Es gibt keine unbedrohte Freiheit, keine ungefährdete Demokratie, keinen unverletzlichen Rechtsstaat. Es gibt nur Wunsch und Willen, diese werteorientierten Grundlagen unseres Zusammenlebens immer wieder aufs Neue zu verteidigen und zu schützen – in den vielfältigen Gemeinschaften einer Gesellschaft, zusammen mit anderen, im Austausch und in Kooperation. »Nie wegsehen« ist ein Dauerauftrag.

Impfen hilft:
Wann Verschwörungstheorien gefährlich sind und was man gegen sie tun kann

Michael Butter

Parallel zum Coronavirus haben sich unzählige Verschwörungstheorien zu diesem Thema auf der ganzen Welt verbreitet. Mal ist das Virus eine chinesische Biowaffe, mal eine amerikanische. Die Strippenzieher im Hintergrund sind wahlweise die CIA oder außerirdische Reptiloide. Bill Gates orchestriert die Krise, um eine globale Impfpflicht durchzudrücken oder die Weltbevölkerung zu reduzieren. George Soros steckt hinter dem Ausbruch, damit sich in dessen Schatten der »Große Austausch« besser vollziehen kann. Das Virus existiert gar nicht oder ist völlig ungefährlich. Es wird nur Panik geschürt, um die Weltwirtschaft neu zu ordnen, das Bargeld abzuschaffen oder uns unsere Grundrecht wegzunehmen.

Verschwörungstheorien zum Coronavirus, so zeigt dieser unvollständige Überblick, docken in den meisten Fällen an bereits lange existierende Verdächtigungen an. Die Schuldigen sind längst bekannt, und die Pandemie ist nur das neuste Kapitel in der Geschichte eines längeren globalen Komplotts. Verständlicherweise hat die gefühlte Allgegenwärtigkeit dieser Vorstellungen nochmal die ohnehin schon intensive Diskussion darüber befeuert, wie gefährlich Verschwörungstheorien sind und was man gegen sie tun kann.[1]

Zunächst ist es wichtig zu betonen, dass nicht alle Verschwörungstheorien und beileibe nicht all ihre Anhänger gefährlich sind. Es gibt viele Menschen, die an die unterschiedlichsten Verschwörungstheorien glauben und dennoch keinerlei Neigung zu gewalttätigem oder in anderer Weise problematischem Verhalten zeigen.

Niemand hat jemals einen Anschlag verübt, weil er glaubte, dass die Mondlandung nicht stattgefunden hat. Und auch das internationale 9/11 Truth Movement protestiert ausschließlich friedlich. Es kommt daher immer auf den Kontext an: Wer glaubt was in welcher sozialen und persönlichen Situation?

Es lassen sich jedoch drei Arten von Verschwörungstheorien identifizieren, die das Potenzial haben, besonders gefährlich zu sein:

1. Verschwörungstheorien können Katalysatoren für Radikalisierung sein und die Gewaltbereitschaft erhöhen. Da sie eine bestimmte Gruppe identifizieren, die für alles Böse verantwortlich gemacht wird, können sich diejenigen, die an diese Verschwörungstheorien glauben, berechtigt oder unter Umständen sogar verpflichtet fühlen, gegen diese Gruppe, ihre Einrichtungen oder ihre Vertreter vorzugehen. In dieser Hinsicht sind besonders Verschwörungstheorien problematisch, die sich ganz oder teilweise gegen ohnehin schon stigmatisierte Gruppen wie Muslime und Juden oder deren vermeintliche Komplizen richten. So glaubte der Attentäter von Christchurch in Neuseeland, der dort im März 2019 in zwei Moscheen 50 Menschen ermordete, an den »Großen Austausch«, ein angebliches Komplott zur Islamisierung der westlichen Welt. Der Attentäter von Halle, der im Oktober 2019 die dortige Synagoge angriff und, als dies misslang, wahllos auf Passanten schoss, hing antisemitischen Verschwörungstheorien an.

2. Verschwörungstheorien, die etabliertes medizinisches Wissen in Frage stellen und annehmen, dass die Öffentlichkeit aus perfiden Gründen getäuscht wird, können dazu führen, dass diejenigen, die an sie glauben, sich und andere nicht entsprechend schützen. Wer glaubt, dass das AIDS gar nicht existiert, hat eventuell auch nach einer positiven Diagnose ungeschützten Geschlechtsverkehr. Menschen, die denken, dass Impfen Autismus verursacht und nur den Interessen der Pharmaindustrie dient, lassen sich und ihre Kinder nicht impfen und gefährden so sich und andere. Diejenigen, die denken, dass das Coronavirus völlig harmlos ist und bewusst Panik geschürt wird, halten nicht den gebotenen

Abstand ein und betrachten es als Akt des Widerstandes gegen die Verschwörung, sich in größeren Gruppen zu versammeln.
3. Nicht direkt gefährlich für Leib und Leben, aber problematisch für das demokratische Miteinander sind Verschwörungstheorien, die behaupten, dass das politische System heillos korrumpiert ist. Wer denkt, dass Politiker nur Theater spielen und alle von denselben Hintermännern kontrolliert werden, hat letztendlich zwei Optionen. Entweder beteiligt man sich nicht mehr am demokratischen Prozess, wodurch das Gefühl von Machtlosigkeit noch verstärkt wird, welches einer der wichtigsten Motoren für den Glauben an Verschwörungstheorien ist. Oder man unterstützt diejenigen populistischen Parteien, die sich in den letzten Jahren in der ganzen Welt als wahre Alternative zu einem verrotteten politischen System präsentieren, zur Lösung der wichtigsten gesellschaftlichen Probleme, aber meist wenig bis gar nichts beitragen.

Angesichts der großen Popularität solch problematischer Verschwörungstheorien stellt sich die Frage, was man gegen sie tun kann. Auch hier ist es wichtig zu differenzieren, da es einen gewaltigen Unterschied macht, ob jemand fest an eine Verschwörungstheorie glaubt oder ihr lediglich aufgeschlossen gegenübersteht oder noch nie von ihr gehört hat. Die Maßnahmen müssen also adressatenspezifisch sein, was in der Praxis Probleme bereiten kann, da man es oft mit einem gemischten Publikum zu tun hat. Man denke an eine Schulklasse, in der ein überzeugter Verschwörungstheoretiker über 9/11 sprechen will, einige andere das sehr spannend finden und der Rest gar nicht weiß, worum es geht.

Am geringsten sind die Erfolgsaussichten bei überzeugten Verschwörungstheoretikern. Wie empirische Studien gezeigt haben, kommt man hier mit Fakten nicht weiter. Im Gegenteil: Konfrontiert man solche Menschen mit schlüssigen Gegenbeweisen, glauben sie danach noch stärker an die Verschwörungstheorie als vorher, da ihre Identität massiv in Frage gestellt wird und deshalb Abwehrmechanismen einsetzen. Das *Debunking* – der englische Fachausdruck für die Widerlegung solcher Behauptungen – ist nicht nur erfolglos;

es ist sogar kontraproduktiv. Erkenntnisse aus Aussteigerprogrammen für radikalisierte Gruppen legen nahe, dass die Erfolgsaussichten steigen, wenn Aufklärung von ehemaligen Insidern betrieben wird, also von Menschen, die selbst einmal an die Verschwörungstheorien geglaubt haben. Auch ist es wichtig, einfühlsam und empathisch aufzutreten. Und da Verschwörungstheoretiker für sich beanspruchen, besonders kritisch zu sein, kann es helfen, den Wert von kritischem Denken zu betonen und durch geschicktes Nachfragen einen Reflexionsprozess anzustoßen, der im Idealfall dazu führt, dass die eigenen Überzeugungen hinterfragt und schließlich aufgegeben werden.

Optimistischer darf man bei denjenigen sein, die zwar schon mit einer Verschwörungstheorie in Berührung gekommen, von dieser aber noch nicht völlig überzeugt sind. Hier kann man mit Fakten gut punkten. Wichtig ist, dass man nicht ausführlich die Annahmen wiederholt, gegen die man eigentlich argumentiert, weil sonst die Gefahr besteht, dass diese – und nicht die nicht-konspirationistische Erklärung – sich beim Gesprächspartner verfestigen. Natürlich ist es notwendig, die Verschwörungstheorie und ihre vermeintlich überzeugenden Argumente explizit anzusprechen. Das sollte jedoch erst geschehen, nachdem die bessere Erklärung vorgestellt worden ist, und mit dem expliziten Hinweis eingeleitet werden, dass nun kurz Falschinformationen wiedergegeben werden. Die Konzentration auf die Gegenerzählung ist auch deshalb nötig, weil dem Gesprächspartner ein Sinnangebot gemacht werden muss, da dies eine der Hauptattraktionen von Verschwörungstheorien ist.

Am besten jedoch ist es, die Menschen zu erreichen, bevor sie mit einer bestimmten Verschwörungstheorie in Kontakt gekommen sind. Diese Strategie wird als »Impfung« oder *Prebunking* (dt. Prä-Entlarvung) bezeichnet. Eine solche Impfung muss zwei Elemente umfassen, um erfolgreich zu sein: zum einen eine sachliche Aufklärung über das Thema, zum Beispiel zur Gefährlichkeit des Coronavirus; zum anderen sollten die Argumente der Verschwörungstheorie antizipiert und widerlegt werden. Studien haben gezeigt, dass Versuchspersonen, die zum Beispiel über Anti-Impf-Verschwörungstheorien aufgeklärt wurden, diesen später keinen Glauben schenkten, wenn man ihnen entsprechendes Material vorlegte. Wurde den Versuchspersonen hingegen das konspirative Material zuerst vorgelegt, war das Gegenmittel weniger wirkungsvoll.

Die Wirksamkeit solcher »Impfungen« ist bisher nur für die Aufklärung über spezifische Verschwörungstheorien empirisch getestet worden. Es steht jedoch zu vermuten, dass allgemeine Aufklärung darüber, wie man Verschwörungstheorien erkennt und wie diese typischerweise argumentieren, eine ähnliche Wirkung entfalten kann. Sinnvoll wäre dies beispielsweise im Rahmen einer speziellen Unterrichtseinheit an weiterführenden Schulen. Neben aktuellen Verschwörungstheorien, an denen sich die Dringlichkeit des Themas zeigt, bieten sich besonders historische Fallbeispiele an, weil die Schülerinnen und Schüler diesen meist ohne vorgefertigte Meinung und somit offener beggnen.

Letztendlich würde solch eine allgemeine Beschäftigung mit dem Thema auf die Vermittlung von drei spezifischen Kompetenzen abzielen:

1. Gesellschaftskompetenz oder *social literacy*: Menschen, die mit den Erkenntnissen der modernen Sozial- und Kulturwissenschaften oder der Psychologie vertraut sind, scheinen signifikant weniger zu Verschwörungstheorien zu neigen als diejenigen, die einem veralteten Verständnis von menschlicher Handlungsfähigkeit und gesellschaftlichen Prozessen anhängen. Mehr Menschen sollten diese Erkenntnisse vermittelt werden, da sich so zum Beispiel erklären lässt, warum manche Menschen handeln, als hätten sie sich im Geheimen abgesprochen, obwohl dies gar nicht der Fall ist.

2. Medienkompetenz oder *media literacy*: Es ist wichtig zu lernen, wie man seriöse Nachrichtenquellen von unseriösen unterscheidet, und zu verstehen, was den YouTube-Kanal einer Privatperson oder einen persönlichen Blog von der Website einer Qualitätszeitung unterscheidet. Es muss ein Bewusstsein dafür

geschaffen werden, dass die Ergebnisse unserer Google-Suchen und unser Newsfeed bei Facebook nicht die Realität, sondern zu einem erheblichen Teil unsere persönlichen Präferenzen abbilden und dass Nachrichten, die sich rasant verbreiten, nicht unbedingt wahr sind.

3. Geschichtskompetenz oder *historical literacy*: Verschwörungstheoretiker verweisen gerne auf die historische Erfahrung, um zu belegen, dass es Verschwörungen gegeben hat und sich schon viele Verschwörungstheorien – Watergate ist vermutlich das beliebteste Beispiel – im Nachhinein als wahr herausgestellt haben. Der erste Punkt stimmt, der zweite stimmt nicht. Verschwörungen hat es immer gegeben und es wird sie immer geben, doch historisch belegten Fälle unterscheiden sich, was Umfang, Reichweite und Effektivität der Verschwörer angeht, in der Regel deutlich von dem, was Verschwörungstheorien behaupten. Die Auseinandersetzung mit realen historischen Komplotten kann so das Bewusstsein dafür schärfen, in welchen Fällen es unsinnig ist, die Existenz einer Verschwörung anzunehmen.

Ein Curriculum, das diese Kompetenzen vermittelt, würde das Problem, das Verschwörungstheorien darstellen, nicht lösen, aber es würde helfen, deren mitunter problematischen Effekte einzudämmen.

---

[1] Meine Ausführungen hier sind eine aktualisierte und kondensierte Version des Schlusskapitels meines Buchs »Nichts ist, wie es scheint«. Über Verschwörungstheorien, Berlin: Suhrkamp 2018. Die Aktualisierung basiert auf dem »Leitfaden Verschwörungstheorien«, den ich mit Kolleginnen und Kollegen aus dem Projekt »Comparative Analysis of Conspiracy Theories« erstellt habe. Der Leitfaden fasst auf 20 Seiten zunächst zusammen, was wir über Verschwörungstheorien wissen, und gibt dann konkrete Hinweise für den Umgang mit ihren Anhängern. Er enthält umfangreiche Literaturangaben, die ich aus Platzgründen hier weglasse. Der Leitfaden kann unter ‹https://conspiracytheories.eu/education/guide-and-recommendations/› kostenlos als PDF-Datei heruntergeladen werden.

Corona-Tagebuch

Svenja Flaßpöhler

1. Ethik

31. März 2020

Hessens Finanzminister Thomas Schäfer hat sich am vergangenen Wochenende das Leben genommen. Man vermutet aufgrund des erhöhten Erwartungsdrucks durch die Corona-Krise. Ein Fall, der umso mehr die Frage aufwirft, welche Folgen die gegenwärtigen Zwangsmaßnahmen noch zeitigen werden. Es steht zu befürchten, dass die Zahl der Suizide durch die Krise in die Höhe geht und auch die häusliche Gewalt zunimmt. Ganz zu schweigen von den desaströsen Folgen für die Wirtschaft. Gerade erst haben die Wirtschaftsweisen in einem Sondergutachten bestätigt, dass Deutschland vor einer tiefen Rezession steht.

Und so ist die Frage durchaus berechtigt, ob es nicht möglicherweise unterm Strich besser wäre, Covid-19 freien Lauf zu lassen. Zumal das Virus ja, so ist zu hören, vornehmlich alte, vorbelastete Menschen betreffe und es allemal besser sei, jetzt eine gewisse Opferzahl in Kauf zu nehmen, um die Zukunft der Mehrheit zu retten.

Zum Tragen kommt hier ein klassisch utilitaristisches Argument: Entscheidend für Utilitaristen ist das Glück der größtmöglichen Zahl. Wenn nötig, müssen Menschen ihr Leben lassen, um dieses Glück zu gewährleisten. Beispiel: Wenn ein von Terroristen gekapertes Flugzeug auf ein Fußballstadion zurast, ist es aus utilitaristischer Perspektive gerechtfertigt, das Flugzeug abzuschießen. Im Zentrum des Utilitarismus steht also nicht, ob eine Tat an sich gut oder schlecht ist, nämlich Menschenleben zu opfern. Was zählt, sind allein die Konsequenzen einer Handlung. Demgegenüber steht die Pflichtethik Immanuel Kants. Ihr zufolge zählt einzig die Handlung selbst. Wenn die Handlung schlecht ist, also dem Kategorischen Imperativ widerspricht, ist sie unzulässig. Kurzum: Für Kant verbietet es sich, Menschenleben gegeneinander aufzurechnen.

Kants Pflichtethik sollte auch jetzt, in unserer Situation handlungsleitend sein. Wenn wir damit anfangen, bestimmte Bevölkerungsgruppen zu opfern, töten wir zugleich das, was unsere Gesellschaft ausmacht und im Innersten zusammenhält: die Wahrung der Menschenwürde. Umso mehr aber müssen wir jetzt alle vorhandene Energie investieren, um die Folgeschäden der Corona-Pandemie so gering wie nur irgend möglich zu halten. Denn wahr ist auch, dass die Würde des Menschen nicht unangetastet bleibt, wenn man seine Freiheit so radikal beschränkt wie jetzt.

2. Unverfügbarkeit

1. April 2020

Der moderne Mensch ist bestrebt, über sich und die Welt zu verfügen. Unter anderem, weil er sich als aufgeklärtes, autonomes Wesen nicht mehr einem Gott unterordnen will. Und so sind wir es heute gewohnt, selbst zu entscheiden, was wir arbeiten, wo wir wohnen, wie wir leben.

Diese Gewissheit der Verfügbarkeit der Welt wird durch das Corona-Virus radikal ausgesetzt, ja sogar als schrecklich dummer Irrtum entlarvt. Das Virus lässt sich nicht kontrollieren. Es ist unsichtbar und potenziell überall. Auch die Folgen der Corona-Krise konfrontieren uns mit einer Ohnmacht, die uns herausfordert.

In dieser Situation gibt es zwei Möglichkeiten. Erste Möglichkeit: Ich rege mich auf und denke minütlich daran, wie viele Optionen mir das Virus raubt. Zweite Möglichkeit: Ich orientiere mich an der philosophischen Denkschule der Stoa. Die Stoiker forderten, dass wir all unsere Energie auf das Veränderbare, Verfügbare richten sollten. Das Unverfügbare aber gilt es zu akzeptieren und sich in

Seelenruhe zu üben. Ich selbst bin mit meiner Familie bis auf Weiteres in unseren Kleingarten gezogen. Hier gibt es nicht viel außer einem Gemüsegarten, einem Außenklo und einem Mini-Holzhäuschen mit Ofen. Wenn man so will, ein kleines privates Corona-Trainingslager: Die Verfügbarkeit der Welt ist hier draußen radikal begrenzt. Und gerade das ermöglicht zwischendurch, um es mit dem Soziologen Hartmut Rosa zu sagen, ausnehmend schöne Resonanzerfahrungen. Während man im normalen Leben ständig zwischen tausend Optionen hin- und hergerissen ist, kommt man – jetzt und hier – im stoischen Sinne zur Ruhe.

Natürlich müssen wir uns davor hüten, die gegenwärtige Krise zu romantisieren. Sie ist für sehr viele Menschen existenz- und lebensbedrohend. Und doch wäre zu hoffen, dass wir Erkenntnisse aus ihr ziehen und für die Zukunft fruchtbar machen können. Übrigens auch in Sachen Nachhaltigkeit: Weil gerade nicht alles verfügbar ist, wirft man nichts leichtfertig weg. Der Umgang mit Unverfügbarkeit wäre ein für unsere Gesellschaft extrem wichtiger Lernschritt.

3. Fürsorge

2. April 2020

Interessant an der Corona-Krise ist, dass sie Hierarchien ins Gegenteil verkehrt. Die von Stadt und Land zum Beispiel. War die letzten Jahrzehnte die Stadt der überteuerte Sehnsuchtsort, wünschen sich Großstadtbewohner derzeit aufs Land, mit Luft zum Atmen, ohne erhöhte Ansteckungsgefahr. Eine noch interessantere Umkehrung, die wir gerade erleben, ist die von Produktion und Reproduktion.

Mit Produktion ist das Schöpfen und Schaffen gemeint, die klassische Lohnarbeit, die etwas hervorbringt, das Tätigsein im öffentlichen Sektor. Reproduktive Tätigkeiten sind, um es mit Karl Marx zu sagen, keine warenförmigen, sondern rein gebrauchswertorientierte Handlungen wie Kochen, Putzen, Pflegen, Sorgen. Handlungen also, die kein Produkt hervorbringen, sondern auf Wiederholung angelegt sind, weshalb sie noch heute zu einem großen Teil nicht entlohnt werden – und das, obwohl sie das Fundament unserer Gesellschaft und auch unseres Wirtschaftssystems bilden. Selbst Marx war blind für die Tatsache, dass der Mensch, um seine eigene Arbeitskraft zu erhalten und seine Familie zu ernähren, nicht nur Waren braucht, sondern auch jemanden, der das Essen kocht, der liebt, tröstet, pflegt und versorgt.

Die derzeitige Ausnahmesituation nun führt dazu, dass die auch philosophiegeschichtlich sträflich vernachlässigte Reproduktion eine enorme Aufwertung erfährt, während die Produktion weitgehend stillsteht. Pflegerinnen und Versorgerinnen, Pfleger und Versorger sind absolut unverzichtbar, »systemrelevant«, wie man es nennt. Auf Autoproduktion und Schuhkäufe hingegen kann und muss die Gesellschaft gerade verzichten, denn nicht Konsum und Akkumulation, sondern das schlichte Überleben steht jetzt im Vordergrund.

Feministische Philosophinnen fordern seit den 1970er-Jahren, die Reproduktion radikal aufzuwerten und der Produktion gleichwertig an die Seite zu stellen. Erleben wir gerade den Beginn einer Care-Revolution? Es liegt an uns.

4. Berührungsfurcht

3. April 2020

Viel ist derzeit vom Gebot des Abstandhaltens die Rede. Von der Herausforderung des *Social Distancing*. Davon, wie tief dieser Zwang zur sozialen Distanz in die Freiheitsrechte eingreift, wie groß die Zumutung ist, den öffentlichen Raum zu meiden.

So richtig und wichtig diese Klage ist, dürfen wir nicht vergessen, dass die Möglichkeit zur Distanznahme eine Errungenschaft ist. Die wahre Zumutung ist die Enge. Das Aufeinanderhocken bei fürchterlichsten hygienischen Bedingungen. Nicht umsonst spricht man von der »Unantastbarkeit der Menschenwürde«: Würde ist mit respektvoller Distanz verbunden, mit einem buchstäblichen Berührungsverbot, das, folgt man dem Philosophen Elias Canetti, aus einem menschlichen Grundbedürfnis folgt.

So beschreibt Canetti gleich zu Beginn seines Hauptwerks »Masse und Macht« (1960) das Phänomen der »Berührungsfurcht« vor »Fremdem«, die konstitutiv sei für unser In-der-Welt-sein. Menschen schüfen »Abstände« um sich herum, um sich vor Zugriff zu schützen. Ja, unsere »Reizbarkeit« gegenüber Berührungen, ob in der U-Bahn oder in der Schlange an der Kasse, beweise – ich zitiere Canetti –, »dass es hier um etwas sehr Tiefes, immer Waches und immer Verfängliches geht, etwas, das den Menschen nie mehr verlässt, sobald er die Grenzen seiner Person einmal festgestellt hat.«

So gesehen ist die Corona-Krise keine Verkehrung der Normalität, auch keine Pervertierung der menschlichen Natur, sondern eher ihre Intensivierung – zumindest hier bei uns, wo Abstandhalten möglich ist. An den Grenzen Europas sieht das ganz anders aus. In den heillos überfüllten Flüchtlingslagern lassen sich keine 1,5 Meter-Abstände einhalten. Wenn sich das Virus dort verbreitet, ist das eine Katastrophe, die, darin sind sich Migrationsexperten einig, jetzt noch zu verhindern wäre durch eine zügige Evakuierung zumindest der Kinder.

Fazit: Es ist auch ein Zeichen von Wohlstand, dass wir überhaupt Distanz einnehmen können zu anderen Menschen. Das Leiden der anderen sollten und können wir uns aber nicht vom Leibe halten. Von ihm müssen wir uns ganz im Gegenteil berühren lassen. Denn nur so bringen wir die Kraft auf, es zu verringern.

5. Abwehrzauber

6. April 2020

Täglich, wenn man will auch stündlich kann man im Newsticker die neuen Zahlen abrufen. So und so viele Corona-Fälle gibt es heute, davon sind soundso viele Menschen gestorben. Auch können wir Kurven vergleichen, Kurven aus Italien mit denen aus China oder den USA. Mir kommt es inzwischen so vor, als seien all diese Zahlen und Statistiken eine Art Abwehrzauber, und zwar auf zweifache Weise. Ein Abwehrzauber zum einen gegen das Nichtwissen.

Ja, Experten forschen, ihr Wissen nimmt zu; und doch gibt es keinerlei Prognosen, wann wir zur Normalität zurückkehren können, das Virus erfolgreich bekämpft sein wird. Beziehungsweise ob das überhaupt gelingen kann. Die Zahlen und Kurven wirken da beruhigend. Sie suggerieren Rationalität und Kontrolle, stehen für die Macht des ordnenden Verstandes über das Diffuse, Ungreifbare, ja Unbegreifliche. Womit wir beim zweiten Abwehrzauber wären, denn zum Unbegreiflichen gehört auch der Tod selbst. Er ist, um es mit den Worten des Psychoanalytikers Jacques Lacan zu sagen, »das Reale«, das durch die Gitter des Symbolischen und Imaginären fällt. Wir können das Reale, sprich den Tod, mit den Mitteln des Verstandes schlicht nicht erfassen. Natürlich kann man den Tod medizinisch feststellen. Aber was es bedeutet, nicht zu sein, kann sich kein Mensch vorstellen, noch ist es erforschbar. Die westlichen Industrienationen hatten den Tod ziemlich erfolgreich aus dem öffentlichen Raum verdrängt. Durch die Terrorattacken der letzten Jahre war er bereits zurückgekehrt. Doch um es provokant zu formulieren: Das Virus kann das, was der Terror kann, viel besser. Es verbreitet Angst, fegt öffentliche Plätze leer, trägt den Tod tausendfach in die Mitte der Gesellschaft zurück. Im Falle des Terrors konnten wir siegessicher sagen: Wir lassen uns nicht klein kriegen! Wir gehen trotzdem zum Konzert! Diese Möglichkeit haben wir jetzt nicht. An ihre Stelle tritt, traurig genug, die Statistik.

Die Zivilgesellschaft in der Risikovorsorge: Leitbild »Resilienz« und die Auswirkungen der Corona-Krise

Florian Roth

Die Corona-Pandemie ist eine der größten gesamtgesellschaftlichen Herausforderungen der jüngeren Vergangenheit. Um die Auswirkungen der Krise zu lindern, die Schwachen zu schützen und möglichst schnell wieder unsere gewohnten Freiheiten zurückzuerlangen, sind sowohl Politik, Wirtschaft, Wissenschaft als auch Medien gefragt. Die wichtigsten Ressourcen sind jedoch ein maßvolles Risikobewusstsein und eigenverantwortliche Risikoentscheidungen der BürgerInnen sowie aktive zivilgesellschaftliche Netzwerke. Beides kann es in dieser Form nur in Demokratien geben. Beides gilt es jetzt aufzubauen, bevor die nächste Krise kommt.

Die Covid-19-Pandemie macht deutlich: Es kommt auf die einzelnen BürgerInnen an, durch persönlichen Einsatz – sei es im Beruf, im privaten Umfeld oder durch ehrenamtliches Engagement – Mitmenschen zu helfen und so einen Beitrag zur Krisenbewältigung zu leisten. Zugleich ist unklar, wie sich die Krise langfristig auf unsere Gesellschaft auswirken wird, insbesondere auf das Verhältnis von Staat und BürgerInnen. Befördert die Krisenerfahrung den Ruf nach dem Leviathan, dem strengen, die Bevölkerung kontrollierenden Staat? Oder führt die Krise zu einer erstarkten, selbstbewussten Zivilgesellschaft, die sich ihrer eigenen Bedeutung bewusst ist und entsprechend eine stärkere Berücksichtigung im politischen Wissensbildungsprozess einfordert?

Einen wertvollen Ansatz, sich dieser Frage anzunähern, bietet die Katastrophenforschung. Dort wird seit längerem die Frage diskutiert, wie sich die Auswirkungen von Extremereignissen und Krisen bewältigen lassen und welche Rolle dabei den einzelnen BürgerInnen zufallen soll. Insbesondere die zu erwartende Zunahme von Wetterextremen im Zuge des Klimawandels, seien es Überflutungen von Flüssen und Küstengebieten, Hitzewellen, Stürme oder Trockenperioden, erfordern neue Konzepte für die Risikovorsorge. Aber auch wachsende Verwundbarkeiten, unter anderem durch eine zunehmende Abhängigkeit von immer komplexeren technischen Infrastrukturen oder die Vulnerabilität einzelner Bevölkerungsgruppen bereiten vielen ExpertInnen Sorge. Nicht zuletzt führt das hohe Maß internationaler Verflechtungen in Zeiten der Globalisierung zu neuen Herausforderungen, wie sich bei den Problemfeldern Flucht und Migration, aber auch in der gegenwärtigen Corona-Krise mehr als deutlich zeigt.

Um die Krisenfestigkeit von Gesellschaften zu analysieren und Instrumente zur Risikominderung zu entwickeln, ist für KatastrophenforscherInnen das Konzept der Resilienz besonders wichtig. Der Begriff entstammt dem lateinischen *resilire*, was so viel wie »zurückzuspringen« oder »abprallen« bedeutet. In der Physik ist Resilienz seit langem ein feststehendes Maß, um die Fähigkeit von Materialien und Strukturen zu bewerten, sich bei Belastungen elastisch zu verformen und anschließend in das Ausgangsstadium zurückzukehren. Doch wir können Resilienzkonzepte auch nutzen, um ganze Systeme und deren Verhalten gegenüber Schocks und Störungen zu analysieren. Kurz gesagt, je schneller das betroffene System seine normale Funktionsweise zurückerlangt, desto resilienter ist es. In der Resilienz-Forschung sprechen wir von der Fähigkeit zum »bounce back«.

Aufbauend auf der Resilienz im Sinne des »bounce backs« gibt es aber auch noch einen erweiterten Resilienzbegriff, der für das Verständnis komplexer sozialer Prozesse in Krisensituationen ausgesprochen wertvoll ist. Hier steht die Fähigkeit, langfristig zu überleben und zu prosperieren, im Zentrum. Ziel ist entsprechend nicht notwendigerweise die Rückkehr in den Systemzustand vor einem Schockereignis, sondern vielmehr eine nachhaltige Entwicklung durch Lernprozesse und kontinuierliche Anpassung unter sich verändernden Umweltbedingungen. Hierdurch wird der »bounce forward« möglich, bei dem das System nach einer Krise leistungsfähiger und langlebiger ist als davor. Dieser erweiterte Resilienzansatz ist eng verbunden mit der Forschung des renommierten, jüngst verstorbenen kanadischen Ökologen C. S. Holling. Sein Aufsatz aus dem Jahr 1973 über die Anpassungsfähigkeit von komplexen Umweltsystemen war seinerzeit bahnbrechend und ist auch heute noch lesenswert. Denn das von Holling und weiteren WissenschaftlerInnen entwickelte breite Resilienzverständnis eröffnet uns spannende Zugänge zu wichtigen gesellschaftlichen Fragestellungen: von der Individualebene bis hin zu globalen Governance-Problemen, beispielsweise im Umgang mit den Folgen des Klimawandels, dem Verlust von Biodiversität sowie anderen globalen Risiken.

In der Resilienztheorie nimmt das Prinzip der Selbstorganisation, das als wichtige Voraussetzung für die Anpassungsfähigkeit komplexer Systeme unter Stressbedingungen betrachtet wird, eine wichtige Stellung ein. Betrachten wir unsere Gesellschaft aus der Resilienz-Perspektive als komplexes sozio-technisches System, wird schnell deutlich, dass für die erfolgreiche Bewältigung großer Schockereignisse wie der gegenwärtigen Covid-19-Pandemie alle AkteurInnen gefordert sind, von der Politik über die Wirtschaft, Wissenschaft, Medien und Kultur bis hin zu einzelnen BürgerInnen. Untersuchungen aus der Katastrophenforschung haben wiederholt gezeigt, dass insbesondere die Zivilgesellschaft enorme Fähigkeiten zur Selbstorganisation besitzt und wertvolle Ressourcen zur Krisenbewältigung bereitstellen kann. Entsprechend fallen Bürgerinitiativen, Nachbarschaftshilfen und anderen Formen der gelebten Demokratie und des zivilgesellschaftlichen Engagements unter dem Paradigma der Resilienz eine große Bedeutung zu. Entscheidend ist dabei, dass die BürgerInnen effektiv ins staatliche Krisenmanagement einbezogen werden. In Untersuchungen zur sogenannten Flüchtlingskrise konnte gezeigt werden, dass dies durchaus gelingen kann, vorausgesetzt es werden frühzeitig Partizipationsstrukturen geschaffen.

In den vergangenen Jahren hat der Begriff der Resilienz auch Einzug in diverse Regierungsdokumente gehalten. Zahlreiche Staaten haben nationale Resilienz-Strategien zum Umgang mit naturbedingten, technischen und sozialen Herausforderungen verabschiedet. Beliebt ist die Resilienz nicht zuletzt auch deshalb, weil der Begriff – im Gegensatz zu seinen direkten Verwandten Risiko und Verwundbarkeit – durchweg positiv besetzt ist. Wer möchte nicht resilient sein? Auf den ersten Blick nimmt in diesen Dokumenten das Verhalten der Bevölkerung auch tatsächlich eine immer wichtigere Stellung ein. Demnach ist »Deutschland gut vorbereitet, wenn jeder gut vorbereitet ist« (Bundesamt für Bevölkerungsschutz und Katastrophenhilfe, 2013, S. 7). Eine stärkere Beteiligung der BürgerInnen in der Katastrophenvorsorge soll die staatlichen Schutzsysteme effektiver, inklusiver und ressourceneffizienter machen.

Hingegen zeigt sich bei genauerem Hinsehen, dass es nur selten um zivilgesellschaftliche Selbstorganisation im Sinne eines systemischen Resilienzansatzes geht. Vielmehr sollen sich die BürgerInnen in erster Linie »korrekt verhalten«, das heißt die Entscheidungen der Behörden widerspruchslos umsetzen. Eigenverantwortung oder gar Eigeninitiative spielen im deutschen Katastrophenschutzsystem, ebenso wie in den meisten anderen europäischen Ländern, kaum eine Rolle. Auch politische Teilhabe stellt in der Risikovorsorge eine seltene Ausnahme dar. Wenn Partizipation stattfindet, beispielsweise bei lokalen Risikodialogen, dann in aller Regel in niederstufiger Form, bei der die BürgerInnen lediglich informiert beziehungsweise konsultiert werden. In der politischen Praxis lassen sich auch immer wieder Beispiele von sogenannter »Scheinpartizipation« beobachten, bei der die Beteiligung der BürgerInnen vor allem *pro forma* geschieht, unter anderem weil sich politische AkteurInnen von ihr eine legitimierende Wirkung für politische Entscheidungen versprechen. Zugleich heißt Bürgerbeteiligung nicht, dass sich der Staat aus der Affäre ziehen darf. Demokratisch gewählte Regierungen sind unersetzlich, um kollektive Risikovorsorge gegen Partikularinteressen voranzutreiben und in Krisensituationen koordiniert und schnell auch schmerzliche Entscheidungen wie die Schließung von Geschäften oder die Absage von Veranstaltungen mit der notwendigen Legitimität durchzusetzen. Ebenso ist das Fachwissen der VerwaltungsexpertInnen unabdingbar, um Risiken zu identifizieren und zu bewerten. Was sich verändern muss, ist die Einstellung, mit der BehördenvertreterInnen der Bevölkerung gegenübertreten. Insbesondere ihre Kommunikation muss verbessert werden. Leider zögern staatliche AkteurInnen immer wieder, im Glauben, die Bevölkerung nicht verunsichern zu wollen, proaktiv für ein stärkeres öffentliches Risikobewusstsein zu werben. Zudem herrscht in vielen Behördenstuben die Einstellung vor, dass vermeintlichen Laien eine transparente und umfassende Risikokommunikation nicht zuzumuten sei. Auch wenn die auf Erkenntnissen der Natur- und Ingenieurswissenschaften sowie der Medizin basierenden Modelle der Risikoanalyse immer spezifischer und komplexer werden, darf von den Verantwortlichen erwartet werden, dass sie die Bevölkerung nicht »für dumm verkaufen«, sondern sie stattdessen als mündige und entscheidungsfähige BürgerInnen ansprechen. Um diesen schwierigen Balanceakt erfolgreich meistern zu können, erscheint ein grundlegendes Umdenken in der öffentlichen Risiko- und Vorsorgekommunikation notwendig. Statt lediglich die BürgerInnen über Gefahren und notwendige Verhaltensweisen zu informieren, sollten die Menschen beim Treffen eigenverantwortlicher und gut informierter Risikoentscheidungen unterstützt werden. Die hierfür notwendige Vermittlung von Kompetenzen im Umgang mit Risiken ist dabei stark an den Bedürfnissen unterschiedlicher demografischer und sozialer Zielgruppen auszurichten. Langfristig stellen kompetenzorientierte Ansätze eine effektive Möglichkeit dar, mithilfe einer kohärenten Kommunikationsstrategie die gesamtgesellschaftliche Resilienz im Umgang mit den Risiken der Zukunft zu stärken. Ein interessantes Beispiel, wie dies in der Praxis umgesetzt werden kann, ist Neuseeland, wo in den letzten Jahren die Themen Risikokompetenz und Katastrophenvorsorge verstärkt im Schulunterricht thematisiert wurden. Die pädagogischen Anstrengungen sind dabei Teil einer umfassenden Kommunikationsstrategie, die auf ein hohes Maß an Eigenverantwortung der BürgerInnen setzt, unter anderem in Bezug auf Evakuierungsentscheidungen bei Erdbeben und Tsunamigefahren. Getragen werden diese Bildungsinitiativen vor allem von lokalen Katastrophenschutzorganisationen, während die übergeordneten Behörden in erster Linie unterstützend tätig sind.

Die Wissenschaft sollte die notwendigen Anstrengungen zur Verbesserung von Risikovorsorge und Risikokommunikation mit unabhängigen Analysen sowie mit dem Aufzeigen neuer Lösungsansätze unterstützen. Wichtig ist in diesem Zusammenhang, den Wissenstransfer zwischen Forschung und politischer Praxis zu verbessern. Außerdem sind die Medien gefragt, ihrerseits einen Beitrag zur gesellschaftlichen Resilienz zu leisten. Gerade in Krisensituationen erfüllen sie eine wichtige Rolle, indem sie Komplexität sinnvoll reduzieren, Informationen in ihren Kontext einordnen und so Politik und Gesellschaft bei verantwortungsvollen Risikoentscheidungen unterstützen.

Nicht zuletzt gilt es, zivilgesellschaftliche Netzwerke und Gruppen zu fördern. Dezentrale, demokratisch verankerte Strukturen sind eine tragende Säule der gesamtgesellschaftlichen Widerstands- und Anpassungsfähigkeit. Die Resilienz von Gebäuden kann mittels Baurichtlinien maßgeblich verbessert werden; die Resilienz einer ganzen Gesellschaft lässt sich hingegen nicht einfach verordnen. Vielmehr muss gesellschaftliche Resilienz kontinuierlich gefördert werden. Vonseiten der Politik erfordert dies neben einer Anerkennung und Wertschätzung für die Ehrenamtlichen eine Öffnung für innovative Beteiligungsmodelle sowie eine aktive Förderung zivilgesellschaftlicher Selbstorganisation.

Die Plattitüde, dass Krisen auch Chancen sein können, hat in dieser Hinsicht einen wahren Kern. Ohne Zweifel besitzt die Corona-Krise das Potenzial, das Verhältnis von Staat und BürgerInnen nachhaltig zu verändern. Ebenso wie diverse Hochwasserereignisse der letzten Jahre sowie die sogenannte Flüchtlingskrise zu einer »Renaissance der Bürgergesellschaft« (Beck 2016) beigetragen haben, ist angesichts des enormen zivilgesellschaftlichen Engagements im Zusammenhang mit der Covid-19-Pandemie zu erwarten, dass dies zu einem neuen Selbstbewusstsein der BürgerInnen führen wird. Sie werden mehr Mitsprache, mehr Verantwortung verlangen. Die Politik sollte auf diese Forderungen eingehen und sich, im Sinne eines resilienten Politiksystems, an die veränderten Umweltbedingungen anpassen.

Literatur

Beck, S. (2016): Die Flüchtlingskrise als Renaissance der Bürgergesellschaft. Forschungsjournal Soziale Bewegungen. 29. 10.1515/fjsb-2016-0273.

Bundesamt für Bevölkerungsschutz und Katastrophenhilfe BBK (2013): Katastrophen-ALARM. Ratgeber für Notfallvorsorge und richtiges Handeln in Notsituationen.

Folke, C., Carpenter, S. R., Walker, B., Scheffer, M., Chapin, T., Rockstrom, J. (2010): Resilience thinking: integrating resilience, adaptability and transformability, *Ecology and Society*, 15(4), online.

Holling, C. S. (1973): Resilience and Stability of Ecological Systems, Annual Review of Ecology and Systematics, 4:1, S. 1-23.

Kaufmann, M. (2013): Emergent self-organisation in emergencies: resilience rationales in interconnected societies. *Resilience: International Policies, Practices and Discourses*, 1 (1), S. 53-68.

Roth, F., Prior, T., Käser, M. (2019): Natural Hazards Governance in Western Europe, in: Benouar, Djillali (ed.): Oxford Research Encyclopaedia of Hazard Science, online.

Sellke, P. & Renn, O. (2011): Risiko-Governance in einer komplexen Welt, in: Groß M. (Hg.): Handbuch Umweltsoziologie, VS Verlag für Sozialwissenschaften.

Stark, A., Taylor, M. (2014): Citizen participation, community resilience and crisis-management policy. *Australian Journal of Political Science*. Online, S. 1-16.

Mit wachen Sinnen und empfindsamen Herzen können wir die Gewalt erkennen

Lukas Bärfuss

Wie erzähle ich den Kindern, dass mein Werk in weiten Teilen ein Zeugnis für die menschliche Niedertracht und Grausamkeit ist?
Die Dankesrede zur Verleihung des Büchnerpreises.

Ich bin ein Schriftsteller aus dem Europa des zwanzigsten Jahrhunderts: Welchen Faden ich auch immer aufnehme, hinter der nächsten oder spätestens der übernächsten Ecke führt er zu einem Massengrab. Aufgewachsen bin ich in einer Zeit, die man den Kalten Krieg nennt, bloß eine weitere unter den vielen freudlosen Epochen der Menschheitsgeschichte. Durch den Kontinent, von Nord nach Süd, verlief eine Grenze, bewehrt mit Stacheldraht, Selbstschussanlagen und Minenfeldern. Auf beiden Seiten standen Hunderte, Tausende Raketen, jede bestückt mit einem Nuklearsprengkopf. Jeden Tag rechneten wir mit der Möglichkeit der augenblicklichen und vollständigen Vernichtung dessen, was man menschliche Zivilisation nennt, entweder durch Irrtum oder Vorsatz, was im Ergebnis dasselbe bleibt. Es gab nicht die kleinste Aussicht, dass sich in unserer Lebenszeit etwas ändern könnte. Die Verhältnisse waren betoniert, der Hass der beiden Lager war existenziell und so unüberwindlich wie der Eiserne Vorhang.

Doch es kam ein gewisser Herbst, und da geschah etwas, ein ganz und gar unvorhergesehenes Ereignis, ohne Ankündigung, von einem Moment auf den anderen war alles, einfach alles verändert, was der Definition eines Wunders ziemlich nahe kommt. Die Menschen jenseits der Grenze, im Osten, verloren die Angst, die sie fast ein halbes Jahrhundert geknebelt und gefesselt hatte, und sie erhoben sich. Ein Imperium fiel, ohne Gewalt, friedlich, über Nacht, die Mauern fielen wie die Grenzen, die Raketen wurden überflüssig, und alle, die es erlebt haben, werden ein Leben lang mit Rührung und mit Stolz an diese Sternstunde der Menschheit denken, in diesen Tagen vor genau dreißig Jahren, und sie werden, sie müssen, sie dürfen den Menschen in Leipzig, in Dresden und in Berlin für immer dankbar sein.

Aber ach, der Frühling nach dem langen Winter währte nur kurz, denn schon im übernächsten April, ich war endgültig erwachsen geworden, sah man wieder ganz gewöhnliche Männer mit ganz gewöhnlichen Bierbäuchen in die Hügel von Sarajevo fahren und wahllos ganz gewöhnliche Menschen erschießen, Frauen, Kinder, Greise, die unten in der Stadt nach Brot oder nach Wasser anstanden. Man sah es morgens, mittags, abends, eintausendvierhundertfünfundzwanzig Tage lang, elftausend Leben blieben liegen in einer einzigen Stadt, Bosnien ein einziges Schlachthaus, hunderttausend Tote, und dieses, mein Europa, vor kurzem befreit, noch trunken vor Freude, war außerstande, etwas gegen Massenmord und Vertreibung zu unternehmen. In den Hauptstädten der freien Welt rollte man Mördern den roten Teppich aus, und wie jeder feige Mörder vor ihnen rechtfertigten sie sich mit Notwehr. Nichts Neues, auch nicht, dass sich gerade unter den musisch Begabten die abgefeimtesten Verbrecher fanden.

So wurde ich erwachsen. Das war meine weltpolitische Erziehung. Meine erste und wichtigste Bildungsreise führte mich in jener Zeit nach Polen, an der Seite meines Freundes Michael. Seine Familie stammt ursprünglich aus einem Ort namens Wadowice. Es gab noch ein Haus da, und die polnische Regierung wollte wissen, ob es noch Ansprüche gebe seitens der Familie. Und so fuhren wir mit dem Zug über Berlin in diesen kleinen Ort, Geburtsort Karol Wojtylas, des späteren Papstes. Das Haus fanden wir bald, an der

Tür noch der Davidstern, die Bewohner Roma, die sich ihrer Armut schämten und uns nicht hineinlassen wollten. Bis Auschwitz waren es ein paar Kilometer. Wir hatten es nicht vorgehabt, es gab keinen Plan, wir sprachen nicht darüber. Wir hätten uns die Feigheit niemals verziehen. Ein Bus fuhr uns hin, ich erinnere mich an einen Fluss, an badende Menschen, an einen Busbahnhof, an das Schild, an die Baracken, an eine Bachstelze, und ich, kaum zwanzig, mit der Frage, wie das alles nur hatte geschehen können, was denn eigentlich mit diesem Kontinent, mit Europa, das Problem war. Dort bin ich geblieben, dort bin ich noch immer. An diesem Ort, mit dieser Frage. Sie hat mich gebildet. Ihr fühle ich mich verpflichtet. Dass ich hier stehe, heute, auf dieser Bühne, habe ich dem zwanzigsten Jahrhundert zu verdanken.

Und es ist diese Frage, die mich mit Georg Büchner verbindet. Was das denn sei, was in uns lügt, stiehlt, hurt und mordet, fragt der Revolutionär Georges Danton, als er in einer Nacht von den Erinnerungen an die von ihm verantworteten Septembermorde heimgesucht wird. Es ist ein Schlächter, der sich diese Frage stellt, einer, der nach Rechtfertigung für seine Taten sucht, und nur ein weiterer, der sich auf die Notwehr beruft, auf den Fluch, der sich auf seine Hand gelegt und ihn gezwungen habe. So tönen sie immer, die Mörder, ausnahmslos, sie argumentieren mit dem Sachzwang, dem Befehlsnotstand, dem Schicksal, dem sie ausgeliefert seien. Es scheint sie zu besänftigen, Danton jedenfalls wird danach ganz ruhig, bevor er seine Frau Lucille zu sich ins Mörderbett ruft.

Aber nein, soweit sollten wir seither gekommen sein seit Büchner, dieses »das« in jener Frage, es ist nicht in uns, es ist zwischen uns, vor uns, es ist da, man kann es lesen, man kann es hören, es ist in den Beschlüssen, den Anordnungen, den Dienstvorschriften, den Funktionszusammenhängen, den Einreiseformalitäten, den Fahrplänen, den Beförderungsbestimmungen. Wer mit dem Zug reist, so lernte ich bei Raul Hilberg, braucht eine Fahrkarte, Erwachsene zahlen den vollen Preis, Jugendliche die Hälfte und nur Kinder unter sechs Jahren reisen gemäß den Tarifbestimmungen der Reichsbahn umsonst, per Freifahrt nach Auschwitz-Birkenau. Es ist nicht in uns, es ist zwischen uns.

Kein dunkler metaphysischer Pfuhl zwingt uns zu diesen Taten. Und das wäre, eigentlich, eine gute Nachricht. Es braucht keinen Chirurgen, um uns das Böse aus den Leibern zu operieren, mit wachen Sinnen und empfindsamen Herzen können wir die Gewalt erkennen, wir können sie zur Sprache bringen, und wenn wir den Mut haben und nicht um unser Leben fürchten, dann können wir uns gegen sie stellen und sie überwinden.

Falls man dem Menschen die Möglichkeit geben will, aus der Geschichte zu lernen, wäre die erste Voraussetzung, dass er sich der Geschichte erinnert. Aber leider vergisst er so leicht, und oft vergisst er gerade die entscheidenden Lektionen. So hatte ich zum Beispiel vergessen, dass es so etwas wie eine Entnazifizierung nicht gegeben hat. Es brauchte Esther Bejarano, die Musikerin und Überlebende von Auschwitz, um mich daran zu erinnern, an einem Januartag vor zwei Jahren, in einer sonntäglichen Talkshow anlässlich des Holocaust-Gedenktages. Eigentlich hatte ich es gewusst, natürlich, aber irgendwann, man weiß nicht, wie und warum, ging einfach vergessen, dass die Kontinuität der nationalsozialistischen Eliten nach 1945 ungebrochen war. Ich hatte vergessen, dass die NSDAP im Mai 1945 7,5 Millionen Mitglieder hatte, und ich hatte vergessen, dass es bis ins Jahr 2006 vor deutschen Gerichten nur zu 6.500 Urteilen gegen Nazis gekommen war. Von 1.000 Parteimitgliedern blieben also 999 ganz ohne Strafe. In der Armee, in der Erziehung, in der Kunst, in der Politik machten sie sich nützlich, jeder auf seine Weise. Keine Staatsämter, auch nicht die höchsten, blieben den Nazis verwehrt. Und da man jetzt, in diesem Jahr, das Grundgesetz feiert, so muss ich Ihnen gestehen, dass ich ebenfalls vergessen hatte, wie einer seiner einflussreichsten Kommentatoren, ein Mann namens Theodor Maunz, ein Jurist und für viele Generationen, bis heute, persönlich und mit seinen Schriften ein Lehrmeister des juristischen Nachwuchses, wie er schon in den 1930er-Jahren den totalitären Staat gerechtfertigt hatte und bis zu seinem Tod in rechtsextremen Blättern privat und anonym seine Sicht der Welt verbreitete. Er führte ein veritables politisches Doppelleben, unter der Woche Demokrat, in der Freizeit Faschist. Nach welchen Maßstäben haben sie wohl ihre Kinder erzogen?

Und wenn ich, nur als Beispiel, in Richtung Sachsen schaue, muss ich zu meiner Erinnerungslücke stehen, in die der Schwiegervater des ersten Ministerpräsidenten des Freistaates gefallen war, ein Industrieller, der mit Zwangsarbeitern seine Fabrik betrieben hatte, unter anderem in Auschwitz, und ich hatte auch vergessen, dass er wie die meisten Industriellen sein Vermögen nach dem Krieg hatte behalten dürfen; auch vergessen, wie spendabel er gerade mit den politischen Parteien gewesen war, besonders mit jener seines Schwiegersohnes.

Was das alles zu bedeuten hat? Das ist eine gute Frage, man müsste sie in aller Ruhe und Gründlichkeit diskutieren. Doch die Voraussetzung dafür wäre, dass man sich erinnert. Sie sind also nicht plötzlich wieder da, die Nazis und ihr Gedankengut sind überhaupt nie weg gewesen, und jeder Demokrat, der darüber staunt, sollte sich vielleicht fragen, warum er es vergessen hat, und vor allem, wer uns dies in Zukunft ins Gedächtnis rufen wird.

Denn bald, jetzt, in diesen Tagen, verschwinden die letzten Zeugen. Irgendwann werden wir ohne Esther Bejarano auskommen müssen. Ruth Klüger und Primo Levi und Imre Kertész und Richard Glazar, sie waren nicht nur meine Lehrer, sie haben nicht nur mir die Richtung gezeigt, sie gaben jedem Demokraten, jenseits der politischen und weltanschaulichen Differenzen, die Orientierung. Wir werden in Zukunft ohne sie auskommen müssen, und die Unruhe, die Beliebigkeit und die innere Zerrüttung, die unsere Zeit bestimmen und die wir alle spüren, sie rühren auch daher. Es ist die Angst vor dem Vergessen, vom Verlust der Orientierung. Es bleibt die Aufgabe und Verantwortung meiner Generation, die Erinnerung lebendig zu halten. Wer den letzten Krieg vergisst, der bereitet schon den nächsten vor.

Meine Poetik, meine Dramaturgie war mir nie Selbstzweck. Jeden Wohlklang verstand ich als eine Form der Memotechnik, als Methode, um sich lebendig zu erinnern, zu empfinden, daran, was Menschen einander antun können, aber auch, dass es dabei keine Fatalität gibt, kein Müssen. Wir sind keine Puppen, wie Danton sich erhofft, es sind nicht unbekannte Gewalten, die an den Drähten ziehen. Freiheit und Empathie sind niemals umsonst, das ist wahr, aber möglich sind sie immer, in jedem Augenblick. Davon wollte und will ich erzählen. In meinem dichterischen Bemühen fühle ich mich jenen wie Georg Büchner verbunden, denen Zynismus und Resignation nur andere Worte für Feigheit sind, jenen, die trotz aller Rückschläge an der Möglichkeit festhalten, dass wir eines Tages vom Lügen, Huren, Stehlen und Morden lassen und ungeteilt, als Menschheit, in Frieden werden leben können.

Immer noch?

Norbert Frei

Der Rückhalt für die vielgerühmte deutsche Erinnerungskultur nimmt ab. Dagegen hilft mehr kritisches Geschichtsbewusstsein.

Es war eine bewegende Rede, die Saul Friedländer zum Holocaust-Gedenktag 2019 im vollbesetzten Bundestag hielt. Doch jenseits des dort versammelten Publikums: Wie viele Menschen in unserem Land haben dem großen Historiker und Überlebenden am Ende zugehört? Wie viele hat er mit seiner Gabe erreicht, die Stimmen, das Leid, die Ängste der Opfer – darunter auch die eigenen Eltern – zu vergegenwärtigen?[1] Und wie viele haben den Zeitungsbericht überblättert, weggeklickt, in ihrer digitalen Blase ohnehin nichts mitbekommen oder sich gar belästigt gefühlt?

Eine Woche zuvor hatte ich in Frankfurt am Main einen halben Seminartag lang mit Studierenden darüber diskutiert, wie die Deutschen seit 1945 mit ihrer nationalsozialistischen Vergangenheit umgegangen sind. In der Erörterung der vielen Etappen dieser komplizierten Geschichte waren wir einig, an einem Punkt jedoch erntete ich Widerspruch. Mehrere aus der Gruppe hielten eine Passage meines Textes, den sie zur Vorbereitung gelesen hatten, für zu optimistisch. Darin spreche ich davon, »wie lang, wie steinig und mit welchen Schlaglöchern durchsetzt die Strecke bis zu der Einsicht war, die heute wohl immer noch die meisten Deutschen teilen: dass gesellschaftliche Zukunft nicht durch Verleugnung und Verdrängung des Gewesenen gewonnen wird, sondern durch einen kritisch-aufklärerischen Umgang damit«[2]. Mein von den klugen jungen

Leuten bezweifeltes »wohl immer noch« ist durch demoskopische Umfragen gedeckt. Zugleich verweist es auf eine Tendenz, die seit einiger Zeit zu Recht beklagt wird. Auch Spitzenpolitiker konstatieren jetzt, dass der gesellschaftliche Rückhalt für die – gerade auch von ihnen – gern herausgestellte Erinnerungskultur abnimmt. Es sei deshalb wichtig, das »Gedenken neu zu gestalten«, meinte die Bundeskanzlerin aus Anlass des 27. Januar, und der Außenminister präzisierte: »Geschichte muss von einem Erinnerungs- noch stärker zu einem Erkenntnisprojekt werden.«

Dem kann man nur beipflichten. Ein Erinnern, das ohne fundiertes historisch-kritisches Wissen glaubt auskommen zu können, wird den neuen Herausforderungen von rechts nicht standhalten. Es vermag auch der fiktionalen Vernutzung des Holocaust wenig entgegenzusetzen, die noch zunehmen wird, wenn die letzten Zeitgenossen der NS-Zeit verschwunden sind. Der Erfolg von »Stella«[3] ist dafür nur das jüngste Indiz: Die Literaturkritik senkt fast unisono den Daumen – trotzdem rangiert die altbekannte Geschichte einer Berliner Jüdin, die sich als Gestapo-Agentin vor der Verfolgung rettet, indem sie andere ins Verderben stürzt, in den Bestsellerlisten weit oben.

»Teile der Geschichte sind wahr«, heißt es auf der ersten Seite des Kitschromans. Wer nicht bloß nach leichtem Lesefutter sucht, sondern dem Unerhörten des Judenmords und seinem Ozean unfasslicher Geschichten wirklich näherkommen will, dem böten sich andere Möglichkeiten. Nur Wochen vor der Sensationsstory, die keine ist, erschien der Lebensbericht einer Frau, die keiner mehr kennt und deren Geschichte, geht es nach den Gesetzen der Aufmerksamkeitsökonomie, vermutlich auch kaum jemand mehr kennenlernen wird.

»Ich war ein seltener Fall«, zitiert der Titel des besagten Buches[4] die Essener Bergmannstochter Helene Mantwill, die 1926 einen gutaussehenden jungen Polen heiratet, der auf der Suche nach einer besseren Zukunft als »Ostjude« ins Ruhrgebiet gekommen war. Leni entstammt einem nicht übertrieben frommen preußisch-protestantischen Elternhaus – und findet nichts dabei, ihrem David zuliebe zum Judentum zu konvertieren. Dass sie mit der Eheschließung die deutsche gegen die polnische Staatsangehörigkeit eingetauscht hat, ist der selbstbewussten Mutter zweier Töchter auch nach 1933 kaum ein Problem; sie weiß, wie man sich sogar auf städtischen Ämtern um den Hitler-Gruß drückt. Doch Ende Oktober 1938 schiebt das Deutsche Reich alle »Ostjuden« ab; fast zehn Monate verbringen die Zytnickis ohne Hab und Gut in einem polnischen Grenzort, ehe sie nach Warschau dürfen – wo bald schon die Besatzer herrschen und die Einwohner der Stadt auseinandersortieren: in Deutsche, Polen, Juden.

Als gelernter Buchhalter leistet David Zwangsarbeit im Ghetto, während Leni als »patente Reichsdeutsche« zwischen dem jüdischen und dem deutschen Viertel pendelt, den Unterhalt der Familie mit illegalen Geschäften sichert und auf dem alten Pass ihrer Schwester zweimal nach Essen fährt. Während des Warschauer Aufstands im August 1944 verliert sich Davids Spur, aber Leni schafft es mit den Kindern zurück in die Stadt ihrer Geburt. Dort kämpft sie um Entschädigung und Wiedereinbürgerung – und beschließt im Alter von 96 Jahren, ihre Geschichte zu erzählen. Zwei pensionierte Pädagogen haben diese »Oral History« vorbildlich rekonstruiert: ohne Sperriges zu glätten und Lücken phantasievoll zu füllen.

Es sind solche Biografien, die unsere Aufmerksamkeit verdienen. Sie zeigen im Übrigen eindrucksvoll, wieviel mehr wir inzwischen wissen (können) als zu Zeiten von »Holocaust«, jener zu Unrecht vielgeschmähten und unlängst noch einmal ausgestrahlten Serie, die den Mord an den Juden Europas einer breiten Öffentlichkeit vor Augen führte – vor vierzig Jahren erst.

1 Saul Friedländer: Das Dritte Reich und die Juden. Die Jahre der Verfolgung 1933–1939. Die Jahre der Vernichtung 1939–1945. München: C.H.Beck Sonderausgabe 2018.
2 Norbert Frei: »Einmal muss doch Schluss sein«. Die Gegenwart der Vergangenheit in der Ära Adenauer, in: Ders., Franka Maubach, Christina Morina, Maik Tändler: Zur rechten Zeit. Wider die Rückkehr des Nationalismus. Berlin: Ullstein 2019, S. 20.
3 Takis Würger: Stella. München: Hanser 2019.
4 Heidi Behrens, Norbert Reichling: »Ich war ein seltener Fall«. Die deutsch-jüdisch-polnische Geschichte der Leni Zytnicka. Essen: Klartext 2019.

Vom Hinsehen und Wegsehen:
Das Denkmal im Bayerischen Viertel und die Holocaust-Erinnerung heute

Frank Biess

I.

Am 22. Juli 1935 holte ein lokaler SA-Trupp in der ostfriesischen Stadt Norden die nicht-jüdische junge Frau Christine Neemann und ihren jüdischen Verlobten Julius Wolf ab und trieb beide durch die Stadt. Ihnen wurden Schilder um den Hals gehängt, auf denen zu lesen war: »Ich bin ein Deutsches Mädchen und habe mich vom Juden schänden lassen« beziehungsweise »Ich bin ein Rassenschänder«. Das Foto, auf dem die Szene dargestellt ist, zeigt eine Bevölkerung, die interessiert zuschaut, ein kleiner Junge läuft an der Seite des Zuges mit. Ein anderes Foto mit einer ähnlichen Szene vom gleichen Tag zeigt zwei lachende junge Frauen.[1]

Weggesehen hat dort offensichtlich niemand, im Gegenteil: die Präsenz einer lokalen Öffentlichkeit war für die Szene entscheidend. Obwohl wir nicht wissen können, was die Schaulustigen tatsächlich dachten und fühlten, konstituierte sich hier im Kleinen die nationalsozialistische Volksgemeinschaft, in der sexuelle Beziehungen zwischen jüdischen und nicht-jüdischen Deutschen verboten waren.[2] Dabei vollzog sich die Ausgrenzung des Jüdischen aus der nationalsozialistischen Volksgemeinschaft durchaus öffentlich und für alle sichtbar. Das »Hinsehen« war dabei nur selten mit Gesten der Solidarität mit den jüdischen Opfern oder gar des Widerstandes verbunden. Notwendig war dafür nicht nur das Hinsehen, sondern auch eine Einordnung des Gesehenen in ein größeres moralisches Wertesystem und eine daraus abgeleitete Motivation zum Handeln. Diese Fähigkeit brachten während der Zeit des Nationalsozialismus nur die allerwenigsten Deutschen auf.[3]

Die Reaktionen der deutschen Bevölkerung zur nationalsozialistischen Judenverfolgung wurden erst mit der Hinwendung der Geschichtswissenschaft zur Alltagsgeschichte seit den 1980er-Jahren systematisch erforscht.[4] Dabei fand eine graduelle Akzentverschiebung statt. Während zunächst die Betonung non-konformen, widerständigen oder, wie es damals hieß, »resistenten« Verhaltens im Mittelpunkt stand, rückte zunehmend die Erkenntnis eines breiten gesellschaftlichen Konsenses in den Mittelpunkt, gerade auch was die Ausgrenzung und Diskriminierung jüdischer Deutscher und anderer Gemeinschaftsfremder betraf. Heute wissen wir, dass die Eskalation der nationalsozialistischen Judenverfolgung nicht möglich gewesen wäre ohne die passive Hinnahme oder aktive Beteiligung weiter Teile der deutschen Gesellschaft.

Das retrospektiv oft behauptete Nicht-Wissen seitens der nicht-jüdischen Deutschen kann dabei getrost ins Reich der historischen Fiktion verbannt werden. Das Hinsehen und Hinhören ließ sich kaum vermeiden, auch als die nationalsozialistische Politik von der Entrechtung zur Deportation und schließlich zum Massenmord an den europäischen Juden überging. Soldaten auf Urlaub erzählten von Massenerschießungen, die alliierte Presse- und Radioberichterstattung berichtete schon 1943 von Treblinka und Auschwitz und selbst die Nazipropaganda porträtierte die Judenverfolgung als legitime Kriegsmaßnahme gegen einen vermeintlichen inneren und äußeren Feind.[5]

Die dominierende Haltung der deutschen Bevölkerung zur Judenverfolgung und zum Holocaust bestand demnach keinesfalls in Apathie und Indifferenz, sondern in einer viel aktiveren Position: einem bewussten Nicht-Wissen-Wollen, einer sehenden und weitgehend affirmativen Tolerierung. Oder wie es der britische Historiker David Bankier beschrieb: »Sie wussten genug um zu wissen, dass es besser war, nicht mehr zu wissen.«[6] Insgesamt ist davon auszugehen, dass eine große Mehrheit der deutschen Bevölkerung das nationalsozialistische Ziel einer »Welt ohne Juden« teilte.[7] In anderen Worten: das Hinsehen half nicht, den Genozid zu verhindern.

II.

Es ist keineswegs so, dass die Frage der Erinnerung dieser Vergangenheit die Bundesrepublik seit ihren Anfängen beschäftigte. Vielmehr begann eine populäre Holocaust-Erinnerung erst mit einem Akt des dezidierten Hinsehens: der Ausstrahlung der amerikanischen Fernsehserie *Holocaust* in allen dritten Programmen im Januar 1979. Bis dahin unerreichte 41 Prozent der westdeutschen Haushalte sahen die letzte Folge der Serie. Im Gefolge der *Holocaust*-Serie bildete sich erstmals eine breitere emotionale Identifikation mit den jüdischen Opfern heraus.[8] Dies führte dann oft auch zu erneuten Versuchen, die Geschichte der jüdischen Deutschen in der eigenen Gemeinde zu rekonstruieren. So auch in dem damaligen West-Berliner Bezirk Schöneberg. Im Anschluss an eine Ausstellung zum jüdischen Leben in Schöneberg im Jahr 1983 machte sich Andreas Wilcke, Bezirksverordneter und Finanzbeamter, in Schöneberg daran, die Namen der deportierten jüdischen Deutschen aus seinem Bezirk anhand der Akten der damaligen Oberfinanzdirektion zu identifizieren. Innerhalb eines Jahres sammelte er mehr als 6.000 Namen.

Im Jahre 1988 beschloss die Bezirksversammlung daraufhin die Errichtung eines Denkmals für die deportierten jüdischen Deutschen im Bayerischen Viertel, einem Zentrum jüdischen Lebens vor 1933.[9] Der Zuschlag für die Gestaltung des Denkmals ging an die Berliner Künstler Renata Stih und Frieder Schnock. Ihr Entwurf sah die Installation von 80 doppelseitigen Schildern in der Größe von 50 x 70 cm in etwa drei Meter Höhe vor. Auf der einen Seite waren einschlägige Gesetze aus der Nazi-Zeit mit Datum aufgelistet, die das jüdische Leben sukzessive einschränkten. Auf der anderen Seite war ein Bildmotiv abgebildet, das mit dem Text in unterschiedlicher Beziehung stand – auf einigen Schildern entsprach das Bild dem Text, andere Bildmotive standen in sarkastischem Kontrast zu dem Gesetzestext. Nur ein Bild vollzog den Schritt zum Abstrakten – das Schild, auf dem das Verbot der Emigration für jüdische Deutsche von 1941 aufgeführt wird, besteht auf der anderen Seite nur aus einem schwarzen Rechteck – eine Art Todesanzeige.[10]

Das Denkmal im Bayerischen Viertel wurde im Juni 1993 eingeweiht und fand sofort große, auch internationale Beachtung. Wir vergessen heute leicht, wie spät die heute oft international gelobte deutsche Erinnerungskultur entstand. Sie war oftmals erst ein Produkt der Berliner Republik nach der Wiedervereinigung. Anders als das 1999 in Auftrag gegebene und 2005 eröffnete Denkmal für die ermordeten Juden Europas, richtet das Denkmal im Bayerischen Viertel den Blick nicht auf die jüdischen Opfer, sondern auf die deutschen Täter, Gehilfen und Mitläufer. Während das monumentale Holocaust-Denkmal den Genozid zu repräsentieren versucht, erinnert das Denkmal im Bayerischen Viertel an die dem Massenmord vorangegangene Geschichte der alltäglichen Ausgrenzung und Entrechtung. Es zeigt, dass der soziale Tod dem physischen Tod vorausging. In der Repräsentation einer Auswahl der über 2.000 antisemitischen Gesetz und Verordnungen im Dritten Reich richtet das Denkmal den Fokus auf die bürokratische organisierte und quasi legal sanktionierte Verfolgung der jüdischen Deutschen. Diese scheinlegale und geregelte Entrechtung fand unter der nichtjüdischen deutschen Bevölkerung deutlich mehr Zustimmung als Akte offener Gewalt, wie beispielsweise während der sogenannten Reichskristallnacht im November 1938. Allerdings war die mit den Machtmitteln des modernen Staates betriebene Verfolgung auch deutlich effektiver und letztlich tödlicher als die willkürlichen Gewaltakte. In der Betonung dieser spezifischen Form der Entrechtung und Verfolgung wie auch der damit einhergehenden populären Unterstützung antizipierte das Denkmal künstlerisch, was historiografisch erst später etabliert wurde.

Das Denkmal im Bayerischen Viertel erfordert zunächst ein aktives Hinsehen. Es ist nämlich erstmal gar nicht als solches erkennbar. Meine amerikanischen Studierendengruppen brauchen gewöhnlich etwas Zeit, um die Schilder überhaupt zu entdecken. Dem folgt dann jedoch meist ein aktives Suchen weiterer Schilder und ein aufmerksames und konzentriertes Hinsehen. Dabei ergeben sich auch immer wieder Momente »multidirektionaler« Erinnerung.[11] Das Schild, das »jüdischen« und »arischen« Kindern das gemeinsame Spielen verbietet, provoziert bei amerikanischen Studierenden oft den Vergleich zur Praxis der Rassendiskriminierung in den USA. Derartige Vergleiche erscheinen mir als sehr produktiv. Sie werfen die Frage auf, worin genau die Bedeutung des Hinsehens eigentlich liegen soll. Diese Frage stellte sich bereits bei der Einweihung des Denkmals im Sommer 1993. Denn dafür reichte schon ein Blick nach Westen, genauer gesagt nach Solingen.

III.

Eine Woche vor der Einweihung des Denkmals im Bayerischen Viertel, in der Nacht vom 28. auf den 29. Mai, setzten vier Neonazis ein türkisches Wohnhaus in Solingen in Brand. Bei dem Anschlag kam die 27-jährige Gürsün İnce durch einen Sprung aus dem Fenster ums Leben. Die 18-jährige Hatice Genç, die zwölfjährige Gülistan Öztürk, die neunjährige Hülya Genç und die vierjährige Saime Genç starben in den Flammen. Vierzehn weitere Menschen wurden teilweise schwer verletzt. Der damalige Bundeskanzler Kohl reagierte auf diese rassistischen Mordtaten mit einem demonstrativen Akt des Wegsehens. Er besuchte weder die Stätte des Anschlags, noch nahm er an der Gedenkfeier für die Opfer teil. Er ließ über seinen Regierungssprecher verkünden, er wolle nicht »in Beileidstourismus ausbrechen.«[12]

Der Anschlag in Solingen war Teil einer ganzen Reihe rechtsextremer Gewaltakte gegen Türken/innen sowie Asylbewerber/innen in den frühen 1990er-Jahren. Einige von ihnen, wie die mehrtägigen Angriffe und Brandanschläge auf ein Asylbewerberheim in Rostock-Lichtenhagen im August 1992 nahmen den Charakter von Pogromen an. Der Anschlag in Solingen zeigte auch, dass es sich bei der rechtsextremen Gewalt im Gefolge der Wiedervereinigung mitnichten um ein rein ostdeutsches Phänomen handelte. Vielmehr resultierten diese Ausschreitungen von der anderen Wiedervereinigung ost- und westdeutscher Neonazis. Rechtsextreme Aktivisten aus dem Westen übernahmen oft eine führende Rolle bei der Mobilisierung rassistischer und ausländerfeindlicher Stimmungen im Osten. Seit der Wiedervereinigung forderten rechtsextreme Gewaltakte nach Zählung der Amadeu Antonio Stiftung über 200 Todesopfer. Der jüngste Anschlag in Hanau im Februar 2020 steht in der Kontinuität einer langen Geschichte rechtsextremer Gewalt, die weit in die Geschichte der Bundesrepublik zurückreicht.

Bezüglich dieser Vergangenheit hat auch die Historikerzunft lange weggesehen. Denn rechtsextreme Gewalt passte schlicht nicht in eine Geschichte der Bundesrepublik, die oft als dezidierte Erfolgsgeschichte erzählt wurde. Insbesondere die Mobilisierung rechtsextremer Gewalt im Zuge der Wiedervereinigung blieb lange unterbelichtet.[13] Und dies obwohl die Zeitgenossen damals durchaus hinzusehen wussten: massive Demonstrationen und Lichterketten wandten sich Anfang der 1990er-Jahre gegen rassistische Gewalt. Politisch zeigte diese antirassistische Mobilisierung der Zivilgesellschaft allerdings wenig Wirkung. Nur wenige Tage vor dem Attentat in Solingen, im Mai 1993, beschloss der Bundestag mit einer Zwei-Drittel-Mehrheit eine massive Einschränkung des Asylrechts. Kritiker sahen darin eine Legitimation der vorangegangenen rassistischen Gewalt.[14]

Bei der Einweihung des Denkmals im Bayerischen Viertel war diese Gegenwart durchaus präsent. So riefen Anwohner bei der Installation der ersten Schilder die Polizei, weil sie dies für einen rechtsextremen Akt hielten. Auch die Kunstamtsleiterin von Schöneberg, Katarina Kaiser, befürchtete, dass die Schilder wörtlich genommen werden könnten. Sie drückte ihre Sorge aus, »dass jemand ›Türke‹ statt ›Jude‹ auf die Schilder schreibt«, also dass der auf den Schildern repräsentierte Antisemitismus in antitürkischen Rassismus verwandelt werden würde. Daraufhin wurde allen Schildern ein kleiner Verweis hinzugefügt, der auf den Denkmalscharakter verwies. Für Kaiser bestand das »Aktuelle an diesem Denkmal« darin, »sich bewusst zu machen, dass dieser Gedanke heute möglich ist, dass heute wieder eine Gruppe ausgegrenzt werden kann«.[15] Hier wurde – vorsichtig und tastend – die Bedeutung der Holocaust-Erinnerung für gegenwärtige Formen von Rassismus und Ausgrenzung thematisiert. Das Denkmal rückte somit die Frage in den Blick, inwiefern das Hinsehen in Bezug auf Akte der Entrechtung und Ausgrenzung in der Vergangenheit den Blick auch für die Gegenwart schärft. Das bewusste »Hinsehen« ist dabei, wie beim Erkennen der Schilder im Bayerischen Viertel, unabdingbar. Ebenso wichtig ist jedoch, dass dieses Sehen den Ausgangspunkt bildet für das, was laut Hannah Arendt Politik überhaupt ausmacht: das Sprechen und Handeln im öffentlichen Raum.[16]

Auch heute, mehr als 25 Jahre nach seiner Installation, spricht das Denkmal zur Gegenwart. Nicht umsonst sind, wie Frieder Schnock betont, die antisemitischen Verordnungen auf den Schildern im Präsens gehalten.[17] Angesichts einer erneuten Mobilisierung rassistischer Vorstellungen und rassistischer Gewalt im Deutschland der Gegenwart gewinnt das Denkmal eine neue Aktualität. Denn wenn heute politische Parteien wie die AfD oder Politiker bis weit ins konservative Lager verkünden, »der Islam gehöre nicht zu Deutschland«, dann impliziert diese Forderung den Ruf nach einem »islamfreien« Deutschland.[18] Der Übergang von rassistischer Sprache zu rassistischer Gewalt ist dabei fließend. Das Ziel sind meist die »Anderen«: nicht-weiße, muslimische und mittlerweile auch wieder jüdische Menschen. Dabei sind die Opfer oft keinesfalls immer »Fremde« oder »Ausländer«, sondern, ähnlich wie nach 1933,

Menschen, die in Deutschland aufgewachsen sind und oft die deutsche Staatsbürgerschaft besitzen, nur mit anderer Hautfarbe oder Religion.

Gewiss: Geschichte wiederholt sich nicht. Der Weg nach Auschwitz war lang und nicht gradlinig. Er ereignete sich in einer Gesellschaft und in einer Welt, die sich in vielem von unserer Gegenwart unterscheidet. Gegenwärtige Formen rassistischer Ausgrenzung unterscheiden sich von denen in den 1930er-Jahren und sie treffen auf den Widerstand einer (noch?) weitgehend intakten Zivilgesellschaft. Doch ein Spaziergang durchs Bayerische Viertel illustriert die vielleicht wichtigste Funktion der Erinnerung an die Nazi-Vergangenheit: sie unterstreicht deren Bedeutung für die Gegenwart, auch und gerade in einer multikulturellen und multiethnischen Gesellschaft. Das Mahnmal im Bayerischen Viertel macht die Holocaust-Erinnerung anschlussfähig auch für Menschen mit Migrationshintergrund. Denn es zeigt uns, dass das Leben in einer pluralistischen und multikulturellen Gesellschaft keine Selbstverständlichkeit ist. Es ist den gegenwärtigen Formen des Alltagsrassismus näher als der im Holocaust-Mahnmal thematisierte singuläre Endpunkt in Auschwitz und Treblinka. Es ermuntert uns, der nationalsozialistischen Praxis der Homogenisierung und der damit einhergehenden Diskriminierung und Entrechtung von Minderheiten die Werte der kulturellen Vielfalt, der ethnischen Diversität und des Meinungspluralismus entgegenzustellen. Es mahnt uns zur Akzeptanz, ja zur Anerkennung und Förderung vielfältiger Arten von Differenz. Es erinnert uns daran, dass fortwährendes Hinsehen und daraus abgeleitetes Handeln in der Gegenwart dabei helfen kann, die Vergangenheit nicht zum Leitbild für die Zukunft werden zu lassen.

1 Ich danke Ulrike Strasser für ihre Anregungen und Kommentare zu diesem Aufsatz. Die Analyse dieses Fotos in: Michael Wildt: Die Ambivalenz des Volkes. Der Nationalsozialismus als Gesellschaftsgeschichte, Berlin 2019, S. 189-190.
2 Ibid.
3 Ein beeindruckendes Beispiel hierfür in: Mark Roseman: »Du bist nicht ganz verlassen«. Eine Geschichte von Rettung und Widerstand im Nationalsozialismus, München 2020.
4 Jennifer Leigh Allen: »Searching for Sustainable Utopia: Art, Political Culture, and Historical Practice in Germany, 1980-2000«. PhD University of California: Berkeley 2015.
5 Jeffrey Herf: The Jewish Enemy. Nazi Propaganda during the Second World War and the Holocaust, Cambridge (MA) 2006.
6 David Bankier: The Germans and the Final Solution. Public Opinion under Nazism (Oxford: Blackwell Publishers 1992), S. 115; Frank Bajohr und Dieter Pohl: Der Holocaust als offenes Geheimnis. Die Deutschen, die NS-Führung und die Alliierten, München: CH Beck 2006.
7 Alon Confino: A World Without Jews. The Nazi Imagination from Persecution to Genocide, New Haven: Yale University Press 2014.
8 Frank Bösch: Zeitenwende 1979. Als die Welt von heute begann, München 2019, S. 363-395
9 Zur Vor- und Entstehungsgeschichte, vgl. Margit Sinka: The »Different« Holocaust Memorial in Berlin's Bayerisches Viertel. Personal and Collective Remembrance Thematizing Perpetrator/Victim Relationship,« in: Laurel Cohen-Pfister and Dagmar Wienroeder-Skinner (eds.), Victims and Perpetrators, 1933–1945: (Re)presenting the Past in Post-Unification Culture, New York 2006); Jennifer Leigh Allen: »Searching for a Sustainable Utopia«, S. 164-167; Schöneberg Museum in Zusammenarbeit mit der Gedenkstätte Haus der Wannsee-Konferenz Kunstamt Schöneberg (Hg.): Orte des Erinnerns. Das Denkmal im Bayerischen Viertel. Beiträge zur Debatte um Denkmale und Erinnerung, Band 1, Berlin 1994.
10 Renata Stih, Frieder Schnock: Arbeitsbuch für ein Denkmal in Berlin, Berlin 1993.
11 Zu diesem Konzept vgl. Michael Rothberg: Multidirectional Memory. Remembering the Holocaust in the Age of Decolonization, Palo Alto 2009.
12 ‹https://www.sueddeutsche.de/politik/brandanschlag-von-solingen-1993-rechtsextremismus-1.1683458-2›.
13 Vgl. hierzu Norbert Frei, Franka Maubach, Christina Morina, Maik Tändler: Zur rechten Zeit. Wider die Rückkehr des Nationalismus, Berlin 2019.
14 Patrice G. Poutrus: Umkämpftes Asyl. Vom Nachkriegsdeutschland bis in die Gegenwart, Berlin 2019, S. 161-178.

15 Katharina Kaiser: »Der Prozeß gehört zum Denkmal. Oder: Wer definiert den öffentlichen Raum als Erinnerungsort«, in: Kunstamt Schöneberg (Hg.): Orte des Erinnerns. Band 1, S. 82-92, hier: S. 90, 92.
16 Hannah Arendt: The Human Condition, Chicago 1998 [1958].
17 E-Mail-Nachricht von Frieder Schnock an den Verfasser, 18.2.2020.
18 Zum Vergleich von Antisemitismus und Islamophobie vgl. Matti Bunzl: Antisemitism and Islamophobia. Hatreds Old and New in Europe, Chicago 2007; Uffa Jensen: Zornpolitik, Berlin 2017.

Nicht wegsehen!
Das darf nie wieder passieren!

Heinrich Bedford-Strohm

Nicht wegsehen! Das darf nie wieder passieren! Ich erinnere mich gut an meinen Geschichtsunterricht, in dem diese Imperative fest verankert waren. Drittes Reich, Auschwitz, das alles haben wir genau unter die Lupe genommen, um zu verstehen, wie es dazu kommen konnte. Schon damals war mein vorherrschendes Gefühl Fassungslosigkeit. Und dieses Gefühl hat sich bis heute nicht geändert. Bei der Beschäftigung mit dem Thema im Geschichtsunterricht blieb die Frage offen: Lassen sich für die Shoa überhaupt historische »Gründe« finden oder versagen da nicht alle Analogien und Erklärungsversuche? Trotz dieser Unklarheit ist dieser Impuls in uns Schüler gepflanzt worden, und er wirkt bei vielen bis heute fort – leider nicht überall. Das »Nie-wieder!« scheint nicht mehr bei allen eine verlässliche gemeinsame Basis – weder in der Gesellschaft noch in der Politik. Das erfordert eine Antwort. Doch wie sieht sie konkret aus? Welche Schlussfolgerungen lassen sich aus unserer Geschichte für die Gegenwart ziehen?

Die Grundlage für eine angemessene Antwort auf diese Fragen liegt in dem, was ich »öffentliche Theologie« nenne. Sie hat das »Nichtwegsehen« als Grundbewegung in sich und nimmt zu wichtigen Entwicklungen und Ereignissen in der Gesellschaft Stellung. Genau hinsehen, verstehen, lernen und die christliche Überzeugung damit ins Gespräch bringen, das ergibt sich aus einer theologischen Reflexion des »Niewegsehens«.

Öffentliche Theologie als Basis

Öffentliche Theologie geht auf den Begriff »Public Theology« zurück, der zum ersten Mal von dem Chicagoer Theologen Martin Marty in den früher 1970er-Jahren verwendet wurde. Er stand im Zusammenhang mit der Debatte um Robert Bellahs Überlegungen zur »Civil Religion«[1]. Später haben in den USA v.a. Ronald Thiemann und Max Stackhouse mit dem Begriff gearbeitet. In Deutschland wurde der Begriff von Wolfgang Huber[2] und Jürgen Moltmann[3] geprägt. Besonders intensiv wurde der Diskussionszusammenhang der Public Theology im Kontext Südafrikas rezipiert und weiterentwickelt[4]. Aber auch in anderen Transformationsgesellschaften wie Brasilien[5] kommt der Public Theology zunehmende Aufmerksamkeit zu. Inzwischen spricht vieles dafür, dass das Paradigma der Public Theology in Zukunft zentrale Bedeutung für den internationalen Diskurs, insbesondere zwischen den Ländern des Südens und des Nordens, zu gewinnen verspricht[6].

Bei der öffentlichen Theologie geht es darum, das Angebot der jüdisch-christlichen Tradition als hilfreichen Beitrag auf der Suche nach Antworten auf Fragen einzubringen, in denen die Öffentlichkeit nach Orientierung sucht. Die Wahrnehmung des Öffentlichkeitsauftrags des Evangeliums kann hier also mit guten Gründen zugleich als Dienst an der Gesellschaft insgesamt gesehen werden.

Dabei soll öffentliche Theologie in wichtigen politischen Fragen auskunftsfähig sein und sich beratend mit ihrer Stimme zu Wort melden. Das geschieht immer aus einer Expertise heraus, die die Theologie aus einer interdisziplinären Kooperation mit anderen Wissenschaften gewinnt. Dabei geht Öffentliche Theologie nie in politischen Stellungnahmen auf, erst recht nicht parteipolitischen. Als prophetische Stimme reicht sie über das politische Tagesgeschäft hinaus. Sie sieht auf Entwicklungen, die noch nicht präsent sind, aber ihre Schatten vorauswerfen.

Sie muss zweisprachig sein: sie spricht die Sprache der Theologie, um klar erkennbar zu machen, aus welchen Traditionen heraus sie spricht. Sie muss aber auch die Sprache des Diskurses in einer pluralistischen Gesellschaft sprechen, um ihre orientierenden Impulse über die christliche Interpretationsgemeinschaft hinaus plausibel und nachvollziehbar zu machen.

Anhand von drei Punkten lässt sich zeigen, warum das »Niewegsehen« ein konstitutives Element öffentlicher Theologie ist.

Sich erinnern

Für die christliche Theologie spielt die eigene Tradition eine entscheidende Rolle. Denn die Öffentliche Theologie ist in ihren christlichen Überlieferungen und Überzeugungen fest verankert. Aus ihnen heraus spricht sie in die Gesellschaft und die Politik hinein. Kaum jemand hat das in der Theologie der Gegenwart so kraftvoll zur Sprache gebracht wie Johann Baptist Metz. Seine Interpretation des Christentums als »memoria passionis«[7] kann wesentliche Anstöße für die Entwicklung und Pflege einer Kultur der Erinnerung geben. In verschiedenen Werken hat Metz die Kirche als »öffentliche Tradentin einer gefährlich-befreienden Erinnerung«[8], als »Erinnerungs- und Erzählgemeinschaft in der Nachfolge Jesu, deren erster Blick dem fremden Leid galt«[9] und als »institutionalisiertes Leidensgedächtnis«[10] interpretiert. Er verteidigt das darin zum Ausdruck kommende Konzept von Gedächtnis und Erinnerung gegenüber philosophischen und soziologischen Theorien, »die jede erinnerungsdefinierte Vernunft für aufklärungswidrig und modernitätsunverträglich halten«[11] und fragt: »Gibt es an den Grenzen der Moderne noch Institutionen, die sich als akkumulierte Erinnerungen begreifen, als Akkumulierung eines langfristigen kollektiven Gedächtnisses, als Bereitstellung eines Erinnerungsvorrats zur Strukturierung diffuser, rein diskursiv unbeherrschbarer Lebenswelten?

Gibt es an den Grenzen der Moderne noch Institutionen, die den reflexiv gewordenen Umgang mit Traditionen produktiv auffangen können und die damit auch die zumeist nur noch aporetisch formulierbare Unverzichtbarkeit von Traditionen politisch und kulturell zur Geltung bringen können?«[12]

Metz zeigt, dass die Kirche von ihren je eigenen Traditionen genau diese Frage zu beantworten hat und auch zu beantworten vermag. Der Monotheismus, der sich durch die biblischen Überlieferungen konstituiert weiß, erhält sein spezifisches Profil durch die Erinnerung. Erinnerung muss aber inhaltlich spezifiziert verstanden werden. Der biblische Monotheismus »ist nicht Ausdruck irgendeines abstrakten, eines metahistorischen Monotheismus, er ist in seinem Kern eine leidempfindliche Gottesrede.« Diese Präzisierung hat konkrete Konsequenzen für die Praxis der Erinnerung. Denn solche Gottesrede »kann sich nur über die Leidensfrage, über die memoria passionis, speziell über das Eingedenken fremden Leids – bis hin zum Leid der Feinde! – ihrer selbst vergewissern.« Konsequenz eines so näher bestimmten Monotheismus ist eine Haltung, die Metz programmatisch als »Compassion« bezeichnet und näher bestimmt als »Mitleidenschaft, als teilnehmende, als verpflichtende Wahrnehmung fremden Leids, als tätiges Eingedenken des Leids der anderen.«[13]

Damit ist der theologische Ansatzpunkt für das »Niewegsehen« gesetzt. Eine Kirche, die aus Öffentlicher Theologie und memoria passionis lebt, kann nicht wegsehen. Sie ist von Bedeutung, weil sie das Gedächtnis der christlichen Überlieferung aufrechterhält, das sich in seiner friedens-, gerechtigkeits- und versöhnungsstiftenden Kraft als heilsam für die Gesellschaft als ganze erweist. Indem die Kirche öffentlich für das Gedächtnis der Opfer der Geschichte eintritt, indem sie verhindert, dass die Opfer von Ungerechtigkeit den endgültigen Tod durch das Vergessen erleiden, indem sie den Blick von unten einnimmt – in ihrem »Nie wegsehen!« – schafft sie die Voraussetzung für ein Erinnern, das gerade durch die Würdigung und Anerkennung vergangenen Leidens neues Leiden verhindert. Das kann für die Gesellschaft insgesamt zur Schule der Wahrnehmung des Leidens werden. Es kann zu einem nüchternen Blick auf das eigene Versagen verhelfen, aber auch die Möglichkeit der Vergebung eröffnen, und so zu heilsamer Umkehr und Veränderung führen. Die Aufgabe der Erinnerung kann deswegen als zentrale Aufgabe einer öffentlichen Theologie in der Zivilgesellschaft verstanden werden.

Gemeinsam handeln

Ausgehend von dieser theologischen Ortsbestimmung lassen sich konkrete Konsequenzen für unser Handeln heute im Sinne des »Nichtwegsehens« beschreiben. Dazu ein Beispiel: Am Tag nach dem antisemitischen Anschlag auf die Synagoge in Halle rief mich der neue Landesbischof der Evangelischen Kirche in Mitteldeutschland, Friedrich Kramer, an.

Ich leitete in meiner Funktion als Sprecher gerade die halbjährliche Plenumssitzung des Bayerischen Bündnisses für Toleranz, eines Zusammenschlusses von 76 Organisationen aus der Mitte der bayerischen Gesellschaft, der in Reaktion auf rechtsradikale Aktivitäten gegründet worden war. Der mitteldeutsche Landesbischof machte einen Vorschlag, den ich sofort noch in die Sitzung des Bündnisses einbringen konnte: Überall in Deutschland sollten Menschen am darauffolgenden Tag dem Beispiel in Halle folgen und zu Beginn des Sabbatgottesdienstes eine Menschenkette um die Synagoge bilden, um die Synagoge symbolisch zu schützen.

Unser Bayerisches Bündnis für Toleranz beschloss spontan, sich zu beteiligen. Vor Beginn des Sabbatgottesdienstes hielten wir am nächsten Tag dann tatsächlich eine Kundgebung vor der Synagoge ab, bei der auch die Landtagspräsidentin sprach, um dann zusammen mit einer großen Menge von Menschen, darunter Minister, Abgeordnete, Religionsvertreter und viele bekannte Gesichter aus der Zivilgesellschaft, die Menschenkette zu bilden. In ganz Bayern und in ganz Deutschland, und natürlich in Halle selbst, fanden ähnliche Aktionen statt. Josef Schuster hat nach Halle festgestellt, dass er sich an keine vergleichbare Solidarität in Deutschland nach antisemitischen Angriffen erinnern könne. Wir haben an diesem Tag unsere Trauer und unser Erschrecken zum Ausdruck gebracht. Die Trauer galt den beiden Menschen, die von dem Täter erschossen wurden. Dass er eines seiner Opfer in einem Döner-Stand suchte, deutet darauf hin, dass seine menschenfeindliche Einstellung sich auch gegen Muslime richtete. Die Jüdinnen und Juden, die in der Synagoge von Halle den Yom-Kippur-Tag feierten, blieben nur durch eine beherzte Verbarrikadierung der Tür von einem Blutbad verschont.

Wir haben vor den Synagogen in München und vielen anderen Orten unsere tiefe Verbundenheit mit unseren jüdischen Schwestern und Brüdern zum Ausdruck gebracht. Aber das war nicht nur eine Gefühlsäußerung. Es war und ist verbunden mit einer Verpflichtung, die wir eingegangen sind: Wir werden in unserem Alltag aktiv für die Menschenwürde eintreten und gegen Rassismus und Antisemitismus eintreten. Und überall Kontra geben, wo ganze Menschengruppen wegen ihrer Herkunft, wegen ihrer Hautfarbe oder wegen ihrer Religionszugehörigkeit diskriminiert werden. Und das geht nur als *gemeinsames* Zeichen.

Die Stärke dieser Aktion war das Gemeinsame. Wir suchen das gemeinsame Wort des Friedens und der Toleranz, wir suchen das gemeinsame Handeln gegen alle Menschenfeindlichkeit. Es bedeutet Arbeit, diese Bündnisse am Leben zu erhalten; sie leben von einer gemeinsamen Aufgabe, für die sie einstehen. Es kann gar nicht anders gehen als im Suchen nach dem gemeinsamen Weg. Nur so ist ein »Nicht wegsehen!« wirkungsvoll, nur so können Gräben überwunden und neue Brücken gebaut werden. Das Gegenteil entsteht, wo wir einander aus dem Blick verlieren, einander nicht mitnehmen, nicht im Diskurs bleiben und aussteigen. Der Weg des Miteinander ist selbst eine große Aufgabe, aber nur so ist es möglich, zum richtigen Zeitpunkt zur richtigen Frage mit einer gemeinsamen Stimme zu sagen: »Nicht wegsehen«.

Zeichen setzen

Das »Nichtwegsehen« bedeutet außerdem, dass wir Zeichen setzen müssen. Ein solches Zeichen ist die diakonische und zugleich politische Unterstützung der zivilen Seenotrettung durch die Evangelische Kirche in Deutschland im Rahmen des Bündnisses United4Rescue. In der Spendensammlung für ein zusätzliches Schiff zur Seenotrettung im Mittelmeer steckt zugleich die Aufforderung an die Politik, an die EU, die staatliche Seenotrettung wieder aufzunehmen. Es hat um dieses zusätzliche Schiff viele Diskussionen gegeben. Es wurde nach der Sinnhaftigkeit gefragt, was dieses eine Schiff denn für die Hunderte und Tausende von Flüchtlingen für Hilfe schaffen solle. Ein Tropfen auf dem heißen Stein oder im großen Meer, eine Gewissensberuhigung, Aktionismus. So lauten die Vorwürfe. Oder: Was ist, wenn dieses Schiff gleich nach dem ersten Einsatz festgesetzt würde wie viele andere auch? Bedeutsam ist hier der Zeichencharakter unserer Handlung: Dass wir uns als Kirche einsetzen, ein Schiff auf den Weg schicken, setzt ein Zeichen – für die Gesellschaft und die Politik. Wir setzen ein Zeichen, um die Diskussion darüber anzustoßen, was da eigentlich im Mittelmeer mit Flüchtlingen passiert. Wir werfen die Frage auf, warum die Menschen sich in Lebensgefahr begeben und worin die Verantwortung der EU-Mitgliedsstaaten liegt. Dem Bündnis ist klar, dass ein Schiff nicht alle Probleme löst. Es nimmt auch nicht für sich in Anspruch, auf alle Fragen bereits Antworten zu haben. Aber das Schiff taugt zu einem starken Signal, das in Richtung Gesellschaft und Politik ausgesendet wird. »Wir lassen niemanden ertrinken. Punkt.« Das ist der klare Hinweis auf einen »Nie wieder!«-Imperativ, für das man zeichenhaft einstehen kann. Und nur weil die Wirkung vielleicht umstritten ist und nicht so umfangreich, wie sich das Kritiker vorstellen, bleibt es die Aufgabe kirchlichen und gesellschaftlichen Handelns, mutig Zeichen zu setzen.

Zusammenfassend lässt sich festhalten, dass Imperative wie »Nicht wegsehen!« wichtig sind, doch sie brauchen eine Handlungsperspektive. Die christliche Tradition ist erfüllt von Imperativen mit »Ausrufungszeichen« – das beste Beispiel sind die Zehn Gebote. Doch es war schon immer der zweite Schritt notwendig: die Über-Setzung, die Veröffentlichung dieser Zehn-Gebote-Theologie. Und das heißt: eine Antwort auf die Frage, wie sich dieser Imperativ im konkreten Leben auswirkt, wie er sich in Handlungen umsetzen lässt, die seinem dahinter liegenden Sinn heute gerecht werden. Auf diese Herausforderung sind in der langen Geschichte der Kirche in den immer je unterschiedlichen Situationen auch unterschiedliche Antworten gegeben worden. Das »Nichtwegsehen« als Aufgabe bleibt – und damit auch das Handeln – aus der Erinnerung, durch gemeinsames Handeln und durch starke Zeichen.

1 Vgl. dazu Martin E. Marty: Two Kinds of Two Kinds of Civil Religion, in: Richey, Russell E., Jones, Donald G. (Hg.): American Civil Religion, New York 1974, S. 139-157.
2 Wolfgang Huber: Vorwort, in: Bruce C. Birch, Larry L. Rasmussen: Bibel und Ethik im christlichen Leben. (Öffentliche Theologie, 1), Gütersloh 1993, S. 9-12.
3 Vgl. Jürgen Moltmann: Gott im Projekt der modernen Welt. Beiträge zur öffentlichen Relevanz der Theologie, Gütersloh 1997.
4 Vgl dazu besonders Dirk J. Smit: Essays in Public Theology, Stellenbosch 2007; und John de Gruchy: From Political to Public Theologies. The Role of Theology in Public Life in South Africa, in: W. F. Storrar, A. R. Morton (eds), Public Theology for the 21st Century. Essays in Honour of Duncan Forrester, London/New York:T&T Clark 2004, S. 45-62.
5 Rudolf von Sinner: Churches and Democracy in Brazil. Towards a Public Theology Focused on Citizenship, Eugene/Oregon: Wipf & Stock 2012.
6 Zu den Anfängen der Debatte um «öffentlichen Theologie« vgl. Wolfgang Vögele: Zivilreligion in der Bundesrepublik Deutschland, Gütersloh 1994, S. 418-425. Seitdem ist eine Fülle von Publikationen erschienen. Für einen Überblick über den Stand der internationalen Diskussion vgl. William F. Storrar, Andrew R. Morton (eds): Public Theology for the 21st Century. Essays in Honour of Duncan Forrester, London/New York 2004. Vgl. auch Heinrich Bedford-Strohm: Öffentliche Theologie in der Zivilgesellschaft, in: Ingeborg Gabriel (Hg.): Politik und Theologie in Europa. Perspektiven ökumenischer Sozialethik, Mainz 2008, S. 340-366; sowie: Vorrang für

die Armen. Öffentliche Theologie als Befreiungstheologie für eine demokratische Gesellschaft, in: F. Nüssel (Hg.): Theologische Ethik der Gegenwart. Ein Überblick über zentrale Ansätze und Themen, Tübingen 2009, S. 167-182.
7   So der Titel eines Buches: Johann Baptist Metz: Memoria Passionis. Ein provozierendes Gedächtnis in pluralistischer Gesellschaft, In Zusammenarbeit mit Johann Reikerstorfer, Freiburg/Basel/Wien 2006.
8   Johann Baptist Metz, Zur Präsenz der Kirche in der Gesellschaft, in: Die Zukunft der Kirche. Berichtsband des Concilium-Kongresses 1970, Mainz 1971, S. 86-96.
9   Metz, Memoria Passionis, S. 194.
10 Ebd.
11 A. a. O. S. 195.
12 A. a. O. S. 196.
13 A. a. O. S. 56.

»Demokratie braucht engagierte Bürgerinnen und Bürger«[1] Zur Arbeit von Gegen Vergessen – Für Demokratie e. V.

Michael Parak

Mit der oben zitierten Aussage hat der frühere SPD-Chef Hans-Jochen Vogel 1993 die Gründung des Vereins Gegen Vergessen – Für Demokratie e. V. begründet. Die Feststellung hat bis heute nichts von ihrer Gültigkeit verloren.[2]

Demokratie ist nicht nur Gewährleistung von Herrschaft auf Zeit, zu ihr gehören auch Gewaltenteilung, Rechts- und Sozialstaatlichkeit.[3] Zudem lässt sie sich auf drei Ebenen als Herrschafts-, Gesellschafts- und Lebensform beschreiben.[4] Eine funktionierende demokratische Gesellschaft fußt dabei auf einer Zivilgesellschaft, in der die Bürgerinnen und Bürger Demokratie als Lebensform begreifen. Hans-Jochen Vogel hat die daraus erwachsene Verantwortung für Individuen deutlich formuliert: »Unser Staat, unser demokratisches Gemeinwesen, ist kein Dienstleistungsunternehmen, für dessen Aktivitäten wir bezahlen und um das wir uns sonst nicht zu kümmern haben. Die Demokratie lebt vielmehr vom Engagement der Mitverantwortung ihrer Bürgerinnen und Bürger. Darum muss sich jeder selbst fragen, was er unternehmen kann.«[5] Das Nichtwegsehen, das »sich in die eigenen Angelegenheiten einmischen« (Max Frisch) ist der Gründungsimpuls von Gegen Vergessen – Für Demokratie e. V.

Der Verein Gegen Vergessen – Für Demokratie e. V. versteht sich als Teil dieses bürgergesellschaftlichen Engagements in Deutschland. Die Vereinsgründung fällt in die Zeit nach der Wiedervereinigung Deutschlands, in der die Freude über die geglückte Friedliche Revolution durch rassistisch motivierte Übergriffe und Anschläge stark eingetrübt wurde. Hoyerswerda, Rostock-Lichtenhagen, Mölln und Solingen wurden zu Fanalen der Menschenfeindlichkeit rechtsextremer Kräfte, die zugleich von Bürgern angefeuert wurden.[6] Staatliche Akteure waren nicht in der Lage, dem Einhalt gebieten zu können.

Gegen Vergessen – Für Demokratie e. V. ist auch eine bürgergesellschaftliche Reaktion auf diese dunkle Seite der Zivilgesellschaft. Der Verein verbindet seit 1993 historische Erinnerungsarbeit mit dem konkreten Einsatz für die Demokratie. Er versteht sich als Plattform, auf der sich Menschen unterschiedlicher gesellschaftlicher und politischer Richtungen zusammenfinden, diskutieren und über gemeinsame Positionen und Forderungen verhandeln.

Beschäftigung mit der Vergangenheit, Verantwortung für die Gegenwart

Triebfeder für das Engagement des Vereins für eine Gesellschaft, in der menschenfeindliche Handlungen keinen Platz haben sollen, ist ein spezifischer Blick auf die Geschichte. Gegen Vergessen – Für Demokratie e. V. beschäftigt sich in besonderem Maße mit den Verbrechen, die in der Zeit des Nationalsozialismus begangen wurden, bis hin zu dem industriellen Massenmord der Shoa. Daraus entsteht der Impuls des »Nie wieder!« – ein Bewusstsein dafür, was eine Diktatur anrichten kann, wozu Menschen in einer Diktatur fähig sind – dies gilt es in Gegenwart und Zukunft zu verhindern. Zu diesem spezifischen Blick gehört vor allem aber auch die Empathie mit den Menschen, denen während der NS-Zeit ihre Rechte genommen wurden, die unermessliches Leid ertragen mussten. Auch aus der Beschäftigung mit dem Unrecht des SED-Staates – ohne dies mit dem Nationalsozialismus gleichzusetzen – erwächst ein Bewusstsein dafür, wogegen eine demokratische Gesellschaft zu arbeiten hat: Unterdrückung und Unfreiheit. Für den Verein resultiert aus der Beschäftigung mit der Vergangenheit die Verantwortung, sich für eine Stärkung der Demokratie in Deutschland einzusetzen – ohne dabei detaillierte demokratietheoretische Vorstellungen auszudeklinieren. Die Negativdefinition ist mit der Ablehnung von Diktaturen und politischem Extremismus gegeben.

Die Positivdefinition bildet die im Grundgesetz kodifizierte »freiheitlich-demokratische Grundordnung«. Das heißt, die im Grundgesetz festgeschriebenen Werte, Rechte und Pflichten bieten den Rahmen, auf dem sich die Weiterentwicklung der Demokratie in Deutschland vollziehen soll.

Die Stärke dieses Ansatzes ist, dass unterschiedliche Vorstellungen, wie Demokratie auf der Basis des Grundgesetzes konkret ausgestaltet werden kann, ausdrücklich anerkannt und in ihrer Vielfalt als etwas Positives bewertet werden. Aus dem Wissen darum, dass Wandel und Veränderung Konstanten des menschlichen Lebens sind, sieht Gegen Vergessen – Für Demokratie e. V. auch die Demokratie immer in Entwicklung begriffen: »Demokratie zu leben bedeutet, dass um politische Vorstellungen und Konzepte gerungen wird. Zwar können Kernelemente in einer Verfassung, die Ergebnis eines demokratischen Prozesses ist, fixiert werden. Die Auslegung und Weiterentwicklung in der Praxis ist aber veränderbar. Ein Mittel, um Entwicklung zu veranschaulichen, ist die Beschäftigung mit Geschichte.«[7]

Die Stärkung der Demokratie ist nichts Abstraktes. Es bedarf der praktischen Teilhabe an der res publica und damit des Handelns für Bürgerinnen und Bürgern.

Bürgergesellschaftliches Engagement für die Demokratie

Bürgergesellschaftliches Engagement kann in offenen Zusammenhängen wie auch in organisatorischen Strukturen erfolgen. Im Falle von Gegen Vergessen – Für Demokratie e. V. entwickelte sich aus der Gründung, ausgehend von 14 Personen im Jahre 1993, ein Verein mit einer Mitgliedszahl von 2.177 (Stand 2019).[8] Dabei handelte es sich hierbei ursprünglich um eine Top-Down-Gründung. Namhafte Persönlichkeiten des bundesrepublikanischen Verfassungsbogens – SPD, CDU, FDP, später auch der GRÜNEN – machten zusammen mit Vertretern der ostdeutschen Bürgerrechtsbewegung deutlich, dass es weitgehende Gemeinsamkeiten vieler Demokratinnen und Demokraten in Bezug auf die Erinnerungskultur wie auch der freiheitlich-demokratischen Grundordnung gibt. Das besondere Anliegen ist, trotz aller bestehenden Unterschiede im Detail diese grundlegenden Gemeinsamkeiten zu betonen. Eine Demokratie braucht nicht nur engagierte Demokratinnen und Demokraten. Sie braucht auch Menschen, die willens und fähig sind, Allianzen zu schmieden, unterschiedliche Positionen zusammenzuführen und Kompromisse auszuhandeln. Diese überparteiliche Ausrichtung ist bei gleichzeitiger Wertschätzung parteipolitischen Engagements ein wesentliches Element der Arbeit von Gegen Vergessen – Für Demokratie e. V. Ein kurzer Blick auf die Liste der Vorstandsmitglieder verdeutlicht, dass das Engagement besser mit bürgergesellschaftlich als mit zivilgesellschaftlich – hier wird stärker die Ferne zur staatlichen Sphäre betont – beschrieben werden kann. Denn es finden sich auf dieser Ebene des Vereins sowohl aktive als auch ehemals führende Repräsentantinnen und Repräsentanten der Bundesrepublik Deutschland in einer anderen Rolle wieder.[9] Als Bürgerinnen und Bürger bringen sie sich individuell ehrenamtlich im Rahmen eines Vereins für eine Stärkung der Demokratie in Deutschland ein. Das Einmischen der Demokratinnen und Demokraten kann im Verein auf vielen Ebenen geschehen. Eine der niedrigschwelligsten Formen des Engagements ist die fördernde Mitgliedschaft. Der Organisation wird gleichsam ein Mandat erteilt, in einem Sinne tätig zu werden, der für unterstützenswert gehalten wird. Die Mitgliedschaft, zu der auch ein regelmäßiger Mitgliedsbeitrag gehört, zeugt vom Willen zu einem dauerhaften Engagement. Zudem gibt es aber bei Gegen Vergessen – Für Demokratie e. V. Engagementformen, die interessant für Menschen sind, welche sich stärker als Aktivbürgerinnen und Aktivbürger verstehen. Sie wollen unmittelbar gesellschaftlich tätig werden. Eine Möglichkeit dazu bieten die »Regionalen Arbeitsgruppen«.[10]

Das Grundanliegen ist es, Sacharbeit vor Ort zu ermöglichen. Laut Satzung werden Regionale Arbeitsgruppen dort gebildet, wo engagierte Mitglieder zusammen etwas im Sinne der Vereinszwecke auf die Beine stellen wollen. Diese Flexibilität ist ausdrücklich eine Stärke. Zwar gibt es keine einheitliche Struktur für alle Bundesländer. Mit der bestehenden Mitgliederzahl kann der Verein auch nicht in jedem Ort in Deutschland agieren. Das Potenzial liegt vielmehr darin, eine Regionale Arbeitsgruppe genau dort ins Leben zu rufen, wo Engagierte sich einbringen wollen. Die Bezugsebene kann dabei eine Kommune, eine Region oder auch ein Bundesland sein. Auch bundeslandübergreifende Regionale Arbeitsgruppen sind möglich.[11]

Dazu treten verschiedene Schwerpunktprojekte, die von der Geschäftsstelle in Berlin durchgeführt werden. So zielt etwa die Beschäftigung mit Demokratiegeschichte darauf ab, positive Entwicklungen von Demokratie und Rechtsstaat sowie Leistungen Einzelner herauszustellen, um Beispiele aufzuzeigen, wie Menschen in einer Demokratie kommunizieren und agieren können.[12] Ein Schwerpunkt liegt auch auf der Weiterbildung von Multiplikatorinnen und Multiplikatoren.[13] An Jugendliche und junge Erwachsene richtet sich »DAS ARGUTRAINING – #WIeDER_SPRECHEN FÜR DEMOKRATIE«, ein Trainingsprogramm für demokratische Diskussions- und Streitkultur, das den Ansatz der Peer-Education verfolgt,[14] sowie »#BeInterNett – Für ein demokratisches Miteinander im Netz«, ein Angebot für junge Erwachsene, die sich für einen wertegestützten und menschlichen Umgang in ihren digitalen Umgebungen engagieren möchten.[15] Seit 2008 steht die »Online-Beratung gegen Rechtsextremismus« Menschen mit Informationen und Rat zur Seite, die in ihrer privaten oder beruflichen Umgebung mit Rechtsextremismus konfrontiert sind.[16]

Bundesweite Volkshochschule für historisch-politische Bildung

Gegen Vergessen – Für Demokratie e. V. verwendet den Begriff der »historisch-politischen Bildung«, um den methodischen Ansatz zu beschreiben, der der überwiegenden Anzahl aller Bildungsangebote zugrunde liegt. Jugendliche und Erwachsene sollen mit Voraussetzungen ausgestattet werden, die zur Teilhabe am politischen und gesellschaftlichen Leben notwendig sind. Der Arbeitskreis deutscher Bildungsstätten hat das Grundziel der politischen Bildung unlängst in einer Standortbestimmung bekräftigt:

»In Anbetracht der aktuellen gesellschaftlichen und politischen Entwicklungen in Europa und der Welt bedarf es in diesem Sinne einer profilierten politischen Bildung, die es den Teilnehmenden ermöglicht, gesellschaftliche Entwicklungen und Strukturen damals und heute zu verstehen, zu reflektieren und zu analysieren, um sich selbst gesellschaftlich zu verorten und die eigene Handlungsfähigkeit zu stärken.«[17]

Etwas sperrig, aber durchaus zutreffend kann diese Arbeit auch als »Bildung zur demokratie-kompetenten Bürgerschaftlichkeit«[18] beschrieben werden. Der Verein knüpft damit an die Vorstellung der »mündigen Bürgerin« und des »mündigen Bürgers« an, die demokratisch eingestellt sind und danach politisch handeln.

Gegen Vergessen – Für Demokratie e. V. agiert in gewisser Weise wie eine bundesweite Volkshochschule. 2019 konnten an 163 Orten in der Bundesrepublik Bildungsveranstaltungen angeboten werden. Insgesamt konnte der Verein in diesem Zeitraum 626 Veranstaltungen und Aktivitäten realisieren. Die Vereinsmitglieder veranstalten ehrenamtlich Vorträge, Podiumsdiskussionen, Zeitzeugengespräche, Filmvorführungen, Ausstellungen, Konzerte, Stadtführungen, Exkursionen und Gedenkstättenfahrten. Sie bieten Workshops für Schüler und Jugendliche an und arbeiten mit Geschichte im öffentlichen Raum, zum Beispiel mit Straßenumbenennungen, Denkmälern, Erinnerungsorten und Gedenkstätten. Die regionalen Arbeitsgruppen wirken auch in lokalen Bündnissen für ein respektvolles Zusammenleben mit. Zudem gibt es die zuvor beschriebenen Angebote der Geschäftsstelle. Hier wird über bestimmte Themen und Sachverhalte aufgeklärt und respektvolle Kommunikation trainiert. Vorstand und Beirat werben bei Entscheidungsträgern in Politik und Gesellschaft für die Anliegen des Vereins.

All diese Angebote zielen darauf ab, Veränderungsprozesse auf den Ebenen der Einstellungen und der Handlungen anzustoßen.[19] Es geht darum, Demokratie in ihren verschiedenen Facetten zu verstehen, zu erleben, eine Haltung zu gewinnen und danach zu handeln. Verschiedene demokratiebejahende Einstellungen sollen sich zu einem größeren Ganzen, einem Bewusstsein für Demokratie, bündeln. Dies kann dann als demokratische Haltung beschrieben werden. Eine solche ist mehr als eine Meinung, die man zu verschiedenen Themen haben kann: »Eine Haltung liegt tiefer. Sie grundiert die Persönlichkeit und ihre Sicht auf die Welt, sie spiegelt elementare Überzeugungen und verleiht Stabilität. Haltung zeigt sich vor allem dann, wenn sie sich bewähren muss, wenn sie auf Widerstand stößt. Das ist kräftezehrend, aber auch das heißt Haltung: durchhalten.«[20]

Wünschenswert ist, dass aus dieser Haltung auch konkretes Handeln erwächst. Bezogen auf die Demokratie als Herrschaftsform bleibt die Beschreibung demokratischer Handlungskompetenz notgedrungen auf einem höheren Abstraktionsniveau. Jürgen Wiebecke hat aber eine wunderbar konkrete Form gefunden, die deutlich macht, dass Individuen ganz konkret auf der Ebene der Demokratie als Gesellschafts- und Lebensform zu Handelnden werden können.

Seine »Zehn Regeln für Demokratie-Retter«[21] beschreiben in liebenswerter Weise individuelle Möglichkeiten und Beiträge zur Stärkung der Demokratie in Deutschland:
1. Liebe deine Stadt
2. Mache dir die Welt zum Dorf
3. Bleibe gelassen im Umgang mit Demokratie-Verächtern
4. Fürchte dich nicht vor rechten Schein-Riesen
5. Verliere nicht den Kontakt zu Menschen, die nicht deiner Meinung sind
6. Packe Probleme nicht in Watte
7. Verabschiede dich von der Attitüde, eigentlich gegen diese Gesellschaft zu sein
8. Warte nicht auf den großen Wurf
9. Wehre dich, wenn von »den« Politikern die Rede ist
10. Verbinde Gelassenheit mit Leidenschaft

Gegen Vergessen – Für Demokratie e. V. ist Teil dieses vielfältigen Engagements und bietet eine geeignete Plattform, sich gesellschaftlich einzubringen. Joachim Gauck brachte 2011 als Vorsitzender den einst von Hans-Jochen Vogel postulierten Sachverhalt, dass eine Demokratie engagierte Bürgerinnen und Bürger brauche, mit eigenen Worten auf den Punkt:

»Miteinander spüren wir: Wir brauchen mehr Aktivitäten der Bürger zugunsten der Bürgergesellschaft. All die Mitbürger und Mitbürgerinnen, die sich auf unterschiedliche Art und Weise einbringen wollen, vielleicht zum ersten Mal, vielleicht auch schon in meinem Alter, die gefallen mir deshalb, weil sie nicht nur Zuschauer sind. Denn nicht nur die Angriffe von rechts oder links außen bedrohen die Demokratie, sondern auch dieses stille Abwenden von der Handlungsebene. Wir dürfen nicht einfach so tun, als wären wir nur Konsumenten, und nicht auch Bürger mit unserem Recht zu wählen und uns in Bürgerinitiativen, in Vereinigungen einzubringen([...) Ich treffe überall im Land Menschen, die nicht gewählt sind als Abgeordnete, sondern die als Bürger die Demokratie gestalten. Sei es in einem Verein wie der freiwilligen Feuerwehr oder im Kulturverein ihrer Stadt. Sei es bei einer politischen Initiative, bei den Tafeln, die für Bedürftige in den Städten errichtet worden sind, oder in der Schule als Lesepaten. Allen diesen Leuten bin ich verbunden. Aus einem einfachen Grund: Sie überlassen unser Gemeinwesen nicht nur den Politikern, sondern gestalten die Demokratie selbst mit, indem sie aktiv Bürger sind.«[22]

1 Hans Jochen Vogel: Einleitung. Demokratie braucht engagierte Bürgerinnen und Bürger, in: Hans-Jochen Vogel (Hg.): Gegen Vergessen – Für Demokratie, München 1994, S. 9-12.
2 Zur Gründung von Gegen Vergessen – Für Demokratie e. V. vgl. auch Gegen Vergessen – Für Demokratie Nr. 75 (November 2013), S. 7-14, ‹https://www.gegen-vergessen.de/fileadmin/user_upload/Gegen_Vergessen/Mitgliederzeitschrift/GVFD-Magazin_79_web.pdf› [Abruf 20.1.2020]; Zum wesentlichen Impuls, den Heinz Putzrath (1916-1996) für die Vereinsgründung gab, vgl. auch Kristina Meyer: Die SPD und die NS-Vergangenheit 1945–1990, Göttingen 2015, S. 499-500, sowie Hans-Jochen Vogel: Heinz Putzrath. Ein Kämpfer gegen das Vergessen, in: Johannes Rau, Bernd Faulenbach (Hg.): Heinz Putzrath. Gegen Nationalsozialismus. Für soziale Demokratie, Essen 1997, S. 109-114, hier: S. 110.
3 Vgl. Gerhard Himmelmann: Demokratie Lernen als Lebens-, Gesellschafts- und Herrschaftsform. Ein Lehr- und Arbeitsbuch, 4. Auflage, Schwalbach a. Ts. 2016.
4 Vgl. Bernd Faulenbach: Volk und Demokratie. Zu einer irritierenden Diskussion, in: Gegen Vergessen – Für Demokratie Nr. 91 (November 2016), S. 20-21, ‹https://www.gegen-vergessen.de/fileadmin/user_upload/Gegen_Vergessen/Mitgliederzeitschrift/GVFD-Magazin_91_web.pdf› [Abruf 20.1.2020].
5 Hans Jochen Vogel: Einleitung. Demokratie braucht engagierte Bürgerinnen und Bürger, in: Hans-Jochen Vogel (Hg.): Gegen Vergessen – Für Demokratie, München 1994, S. 9-12, hier: S. 11.
6 Vgl. Wolfgang Benz: Rassismus, Ausgrenzung, Gewalt. Klärungen für die soziale Arbeit, Berlin 2018, S. 108-122.
7 Michael Parak: Demokratiegeschichte als Beitrag zur Demokratiestärkung, in: Michael Parak (Hg.): Demokratiegeschichte als Beitrag zur Demokratiestärkung, Berlin 2018, S. 5-12, hier: S. 7.
8 Vgl. Demokratie ist wichtig. Aber nicht selbstverständlich. Jahresbericht 2019 von Gegen Vergessen – Für Demokratie e. V., S. 17, ‹https://www.

gegen-vergessen.de/fileadmin/user_upload/Gegen_Vergessen/Dokumente/Jahresberichte/GVFD_Jahresbericht_2019.pdf› [Abruf 20.1.2020].

9   Darunter u. a. als Vorsitzende Hans-Jochen Vogel (1993–2000), Hans Koschnick (2000–2003), Joachim Gauck (2003–2012) und Wolfgang Tiefensee (2012–2014), als stellvertretende Vorsitzende Hanna-Renate Laurien (1993–2007), Cornelia Schmalz-Jacobsen (2003–2013) und Irmgard Schwaetzer (2014–2017). Aktueller Vorsitzender ist seit 2015 der Bochumer Historiker Bernd Faulenbach, Stellvertreter sind die Bundestagsabgeordneten Ekin Deligöz (seit 2010) und Linda Teuteberg (seit 2018) sowie der ehemalige Regierende Bürgermeister von Berlin Eberhard Diepgen (seit 2008). Seit 2017 ist der ehemalige Bundespräsident Joachim Gauck Ehrenvorsitzender von Gegen Vergessen – Für Demokratie e. V. Vgl. auch ‹https://www.gegen-vergessen.de/verein/vorstand/› [Abruf 20.1.2020].

10 Die Vereinssatzung enthält dazu nur den Satz: »Zur Intensivierung der Vereinsarbeit können sich Vereinsmitglieder auf regionaler Ebene zusammenschließen, § 12 der Satzung von Gegen Vergessen – Für Demokratie e. V., ‹https://www.gegen-vergessen.de/verein/verein-im-ueberblick/satzung/› [Abruf 20.1.2020].

11 Ein Überblick über die derzeit 37 Regionalen Arbeitsgruppen und drei Landesarbeitsgemeinschaften findet sich unter ‹https://www.gegen-vergessen.de/vor-ort/› [Abruf 20.1.2020].

12 Vgl. dazu die Publikationen Annalena Baasch: Lokale Spurensuche im Themenfeld Demokratiegeschichte, Berlin 2018; Michael Parak (Hg.): Demokratiegeschichte als Beitrag zur Demokratiestärkung, Berlin 2018; Michael Parak, Ruth Wunnicke (Hg.): Vereinnahmung von Demokratiegeschichte durch Rechtspopulismus, Berlin 2019, sowie den Überblick über diesen Themenbereich ‹https://www.gegen-vergessen.de/unsere-angebote/demokratiegeschichte/› [Abruf 20.1.2020].

13 Dazu zählen u. a. Blended-Learning-Angebote [‹https://www.gegen-vergessen.de/unsere-angebote/blended-learning/›; Abruf 20.1.2020] wie auch Modulare Weiterbildungen [‹https://www.gegen-vergessen.de/unsere-angebote/modulare-weiterbildung-der-partnerschaften-fuer-demokratie/‹; Abruf 20.1.2020].

14 Vgl. ‹https://www.gegen-vergessen.de/unsere-angebote/argutraining/› [Abruf 20.1.2020] sowie Lebensnah & partizipativ. Mit Peer Eduaction gesellschaftliche Vielfalt und Demokratie fördern, hrsg. v. Gegen Vergessen – Für Demokratie e. V., Berlin 2019.

15 Vgl. ‹https://www.gegen-vergessen.de/unsere-angebote/beinternett/› [Abruf 20.1.2020].

16 Vgl. Liane Czeremin, Julia Wolrab, Martin Ziegenhagen: online gut beraten. Bestandsaufnahmen und Transfermöglichkeiten der Online-Beratung gegen Rechtsextremismus, Berlin 2018. Die Online-Beratung gegen

Rechtsextremismus ist erreichbar unter ‹https://www.online-beratung-gegen-rechtsextremismus.de/startseite.html› [Abruf 20.1.2020].
17 Politische Bildung im AdB für Vielfalt und gegen Ausgrenzung. Eine Standortbestimmung, in: Politische Bildung mit Haltung. Jahresbericht 2018. Arbeitskreis deutscher Bildungsstätten, Berlin 2019, S. 85.
18 Gerhard Himmelmann: Demokratie Lernen als Lebens-, Gesellschafts- und Herrschaftsform. Ein Lehr- und Arbeitsbuch, 4. Auflage, Schwalbach a. Ts. 2016, S. 268.
19 Ebd.
20 Peter Lindner: Kommentar »Haltung, bitte!«, Süddeutsche Zeitung v. 24. Juli 2018, ‹https://www.sueddeutsche.de/politik/demokratie-kommentar-1.4067244› [Abruf 20.1.2020].
21 Jürgen Wiebecke: Zehn Regeln für Demokratie-Retter, Köln 2017.
22 Joachim Gauck: Grußwort zum Start der neuen Internetplattform »Sie tun Gutes – Wir reden drüber. Ein Portal für Bürgerengagement« vom 15.2.2011, ‹https://www.gegen-vergessen.de/themen/detailseite/article/neue-internetplattform-sie-tun-gutes-wir-reden-drueber/› [Abruf 21.1.2020].

Flucht vor der Wirklichkeit – Leugnung von Tatsachen

Hannah Arendt

Der Anblick, den die zerstörten Städte in Deutschland bieten, und die Tatsache, dass man über die deutschen Konzentrations- und Vernichtungslager Bescheid weiß, haben bewirkt, dass über Europa ein Schatten tiefer Trauer liegt. Beides zusammen hat dazu geführt, dass man sich an den vergangenen Krieg schmerzlicher und anhaltender erinnert und die Angst von künftigen Kriegen an Gewalt gewinnt. Nicht das »deutsche Problem«, insofern es sich dabei um einen nationalen Konfliktherd innerhalb der Gemeinschaft der europäischen Nationen handelt, sondern der Alptraum eines physisch, moralisch und politisch ruinierten Deutschlands ist ein fast ebenso entscheidender Bestandteil im allgemeinen Leben Europas geworden wie die kommunistischen Bewegungen.

Doch nirgends wird dieser Albtraum von Zerstörung und Schrecken weniger verspürt und nirgendwo weniger darüber gesprochen als in Deutschland. Überall fällt einem auf, dass es keine Reaktionen auf das Geschehene gibt, aber es ist schwer zu sagen, ob es sich dabei um eine irgendwie absichtliche Weigerung zu trauern oder um den Ausdruck einer echten Gefühlsunfähigkeit handelt. Inmitten der Ruinen schreiben die Deutschen einander Ansichtskarten von Kirchen und Marktplätzen, den öffentlichen Gebäuden und Brücken, die es gar nicht mehr gibt. Und die Gleichgültigkeit, mit der sie sich durch die Trümmer bewegen, findet ihre Entsprechung darin, dass niemand um die Toten trauert; sie spiegelt sich in der Apathie wider, mit der sie auf das Schicksal der Flüchtlinge in ihrer Mitte reagieren oder vielmehr nicht reagieren. Dieser allgemeine Gefühlsmangel, auf jeden Fall aber die offensichtliche Herzlosigkeit, die manchmal mit billiger Rührseligkeit kaschiert wird, ist jedoch nur das auffälligste äußerliche Symptom einer tief verwurzelten, hartnäckigen und gelegentlich brutalen Weigerung, sich dem tatsächlich Geschehenen zu stellen und sich damit abzufinden.

Diese Gleichgültigkeit und die Irritation, die sich einstellt, wenn man dieses Verhalten kritisiert, kann an Personen mit unterschiedlicher Bildung überprüft werden. Das einfachste Experiment besteht darin, expressis verbis festzustellen, was der Gesprächspartner schon von Beginn der Unterhaltung an bemerkt hat, nämlich dass man Jude sei. Hierauf folgt in der Regel eine kurze Verlegenheitspause; und danach kommt – keine persönliche Frage, wie etwa: »Wohin gingen Sie, als Sie Deutschland verließen?«, kein Anzeichen von Mitleid, etwa dergestalt: »Was geschah mit Ihrer Familie?« – sondern es folgt eine Flut von Geschichten, wie die Deutschen gelitten hätten (was sicher stimmt, aber nicht hierhergehört); und wenn die Versuchsperson dieses kleinen Experiments zufällig gebildet und intelligent ist, dann geht sie dazu über, die Leiden der Deutschen gegen die Leiden der anderen aufzurechnen, womit sie stillschweigend zu verstehen gibt, dass die Leidensbilanz ausgeglichen sei und dass man nun zu einem ergiebigeren Thema überwechseln könne.

Ein ähnliches Ausweichmanöver kennzeichnet die Standardreaktion auf die Ruinen. Wenn es überhaupt zu einer offenen Reaktion kommt, dann besteht sie aus einem Seufzer, auf welchen die halb rhetorische, halb wehmütige Frage folgt: »Warum muss die Menschheit immer nur Krieg führen?« Der Durchschnittsdeutsche sucht die Ursachen des letzten Krieges nicht in den Taten des Naziregimes, sondern in den Ereignissen, die zur Vertreibung von Adam und Eva aus dem Paradies geführt haben.

Eine solche Flucht vor der Wirklichkeit ist natürlich auch eine Flucht vor der Verantwortung. Hierbei stehen die Deutschen nicht alleine da; alle Völker Westeuropas haben die Angewohnheit entwickelt, für ihr Missgeschick Kräfte verantwortlich zu machen, die außerhalb ihres Einflussbereichs liegen; damit mag heute Amerika und der Atlantikpakt gemeint sein, morgen die Hinterlassenschaft der Nazi-Besatzung und täglich die Geschichte ganz allgemein. Doch in Deutschland ist diese Haltung ausgeprägter, denn dort kann man der Versuchung kaum widerstehen, den Besatzungsmächten für alles Erdenkliche die Schuld zuzuschieben: (...)

Der wohl hervorstechendste und auch erschreckendste Aspekt der deutschen Realitätsflucht liegt jedoch in der Haltung, mit Tatsachen so umzugehen, als handele es sich um bloße Meinungen. Beispielsweise kommt als Antwort auf die Frage, wer den Krieg begonnen habe – ein keinesfalls heiß umstrittenes Thema – eine überraschende Vielfalt von Meinungen zutage. In Süddeutschland erzählte mir eine Frau von ansonsten durchschnittlicher Intelligenz, die Russen hätten mit einem Angriff auf Danzig den Krieg begonnen – das ist nur das gröbste der vielen Beispiele. Doch die Verwandlung von Tatsachen in Meinungen ist nicht allein auf die Kriegsfrage beschränkt; auf allen Gebieten gibt es unter dem Vorwand, dass jeder das Recht auf eine eigene Meinung habe, eine Art Gentleman's Agreement, dem zufolge jeder das Recht auf Unwissenheit besitzt – und dahinter verbirgt sich die stillschweigende Annahme, dass es auf Meinungen nun wirklich nicht ankomme. Dies ist in der Tat ein ernstes Problem, nicht allein, weil Auseinandersetzungen dadurch oftmals so hoffnungslos werden (man schleppt ja normalerweise nicht immer Nachschlagewerke mit sich herum), sondern vor allem, weil der Durchschnittsdeutsche ganz ernsthaft glaubt, dieser allgemeine Wettstreit, dieser nihilistische Relativismus gegenüber Tatsachen sei das Wesen der Demokratie. Tatsächlich handelt es sich dabei natürlich um eine Hinterlassenschaft des Naziregimes.

Die Lügen totalitärer Propaganda unterscheiden sich von den gewöhnlichen Lügen, auf welche nichttotalitäre Regimes in Notzeiten zurückgreifen, vor allem dadurch, dass sie ständig den Wert von Tatsachen überhaupt leugnen: Alle Fakten können verändert und alle Lügen wahrgemacht werden. Die Nazis haben das Bewusstsein der Deutschen vor allem dadurch geprägt, dass sie es darauf getrimmt haben, die Realität nicht mehr als Gesamtsumme harter, unausweichlicher Fakten wahrzunehmen, sondern als Konglomerat ständig wechselnder Ereignisse und Parolen, wobei heute wahr sein kann, was morgen schon falsch ist. Diese Abrichtung könnte einer der Gründe dafür sein, dass man so erstaunlich wenig Anzeichen für das Fortbestehen irgendwelcher Nazipropaganda entdeckt und gleichzeitig ein ebenso erstaunliches Desinteresse an der Zurückweisung von Nazidoktrinen vorherrscht. Man hat es hier nicht mit Indoktrinationen zu tun, sondern mit der Unfähigkeit und dem Widerwillen, überhaupt zwischen Tatsache und Meinung zu unterscheiden. Eine Diskussion über die Ereignisse des spanischen Bürgerkrieges wird auf derselben Ebene geführt wie die Auseinandersetzung über die theoretischen Vorzüge und Mängel der Demokratie. (...)

Beobachtet man die Deutschen, wie sie geschäftig durch die Ruinen ihrer 1.000-jährigen Geschichte stolpern und für die zerstörten Wahrzeichen ein Achselzucken übrig haben oder wie sie es einem verübeln, wenn man sie an die Schreckenstaten erinnert, welche die ganze übrige Welt nicht loslassen, dann begreift man, dass die Geschäftigkeit ihre Hauptwaffe bei der Abwehr der Wirklichkeit geworden ist. Und man möchte aufschreien: Aber das ist doch alles nicht wirklich – wirklich sind die Ruinen; wirklich ist das vergessene Grauen, wirklich sind die Toten, die Ihr vergessen habt. Doch die Angesprochenen sind lebende Gespenster, die man mit den Worten, mit Argumenten, mit dem Blick menschlicher Augen und der Trauer menschlicher Herzen nicht mehr rühren kann.

»Fidelio« oder eine Liebeserklärung an eine Oper – Inszenierung in Bonn

Doğan Akhanlı

Es geht um eine Befreiungsaktion. Leonore heißt die Aktivistin. Vor 200 Jahren hat Beethoven sie als Protagonistin gewählt. Eine Frau, die alles versucht, um ihren Mann Florestan zu retten, der vom *Gouverneur* Don Pizarro in einen Kerker gesperrt wurde. Diese fiktionale Welt, die von Beethoven und den drei Libretto-Schreibern geschaffen wurde, mit der heutigen Realität zusammenzubringen, war die Hauptidee von Regisseur Volker Lösch.

Dazu hätte er die merkwürdige Entwicklung in den USA oder die Unterdrückung im Russland oder dem Iran wählen können. Aber er hat sich für die Türkei entschieden. Wegen der vielen Menschen in Deutschland, die eine türkische Migrationsgeschichte haben, wegen der engen politischen Beziehungen zwischen der Türkei und Deutschland und besonders wegen der derzeitigen Situation im Kurdenkonflikt und der Entdemokratisierung im Land. »Wenn man mit Beteiligten spricht«, sagte Lösch in einem Interview in der Zeit, »wird einem bewusst, dass in der Türkei letztlich jede demokratische Rechtsprechung aufgehoben ist. Es liegt also auf der Hand, *Fidelio* dort spielen zu lassen. Die Figur des Florestan ist jemand, der die Wahrheit gesagt hat, heute könnte es ein Journalist sein, der daraufhin ohne Prozess in Isolationshaft gesteckt und gefoltert wird.«[1]

Einer der Beteiligten bin ich. Als Zeitzeuge trat ich in Volker Löschs Beethoven-Oper »Fidelio« in Bonn auf. Meine erste Funktion in diesem Stück war eine politische, weil ich die Beziehungen zwischen der Türkei und Deutschland in den Blick nahm. Ich wies darauf hin – und tue das jeden Abend, an dem wir *Fidelio* aufführen, erneut –, dass die Bundesregierung wegschaute, als die türkischen Truppen völkerrechtswidrig in Nordsyrien einmarschierten. Und ich erklärte: Das passt in die deutsche Wegschaupolitik. Schon während des Völkermordes an den Armeniern 1915–16 hat die damalige Regierung weggeschaut, als die christliche Bevölkerung verfolgt, vertrieben und vernichtet wurde. Die deutsche traditionelle Wegschauenspolitik hat sich seitdem beständig wiederholt – bis heute.

Meine zweite Funktion in *Fidelio* hat mit meiner Biografie zu tun: ich mache das Wissen über die Unterdrückung und politische Verfolgung in der Türkei konkret, persönlich.

Volker Lösch gibt in seinen Inszenierungen den Unterdrückten eine Stimme, er will aufklären und mobilisieren. Deshalb hat er vor einem Jahr Menschen interviewt, die Zeugnis ablegen könnten in *Fidelio*, so auch mich. Alle Dialoge im alten Libretto wurden durch die Aussagen der schließlich ausgewählten Zeitzeugen ersetzt. Es ging nicht mehr um den fiktionalen Florestan, es geht um die aktuelle Situation in der Türkei. Sie wurde Kerngeschichte des neuen Bonner »Fidelio«.

Einer der Zeitzeugen ist Hakan Akay, ein Musiker aus Düsseldorf, der ein ähnliches Schicksal wie ich hat: als er 18 Jahre alt war, wurde er zusammen mit seinen beiden Brüdern verhaftet, beide wurden gefoltert. Sein großer Bruder hat am Ende alle Vorwürfe auf sich genommen, weil er verhindern wollte, dass Hakan weiter gefoltert wurde und auf Dauer hinter Gittern verschwand. Deshalb sitzt Hakans Bruder nun seit 27 Jahren in Haft. Für Hakan ist es ungeheure Bürde, in Freiheit zu leben. Ein anderer Zeitzeuge ist Agit Keser, der mit einer Solidaritätskampagne seine Tante Hozan Cane, die Kölner Sängerin, die in der Türkei inhaftiert ist, und ihre Tochter Gönül Örs, frei bekommen möchte.

Die einzige Frau unter uns, Dilan Yazicioğlu, ist eine junge kurdische Menschenrechtsaktivistin, deren Perspektive deshalb besonders wichtig ist, weil sie nicht nur die Verfolgung thematisiert, sondern auch die Männerdominanz in der türkischen-kurdischen Gesellschaft. Weitere prominente Zeitzeugen – allerdings in Abwesenheit – sind der HDP-Politiker und Häftling Selahattin Demirtaş und Ahmed Altan, ein ebenfalls inhaftierter Schriftsteller. Sellahatin Demirtaş wird durch seinen Bruder Süleyman vertreten, und für Ahmed Altan steht sein Buch, aus dem häufig zitiert wird. Die szenische, aber auch politisch-künstlerische Verbindung zwischen den Zeitzeugen und den Opern-Künstlerinnen auf der Bühne wird durch den Schauspieler Mattias Kelle geschaffen, der als Moderator beziehungsweise als Regisseur auftritt.

Aus zahlreichen Interviews mit uns und vielen Gesprächen und Diskussionen sind die Texte entstanden, die wir vortragen. Der Prozess der Inszenierung und der Prozess hinter den Kulissen war für uns genauso wichtig, wie es die Aufführung der Oper für die Zuschauer ist.

Die interessanteste Auseinandersetzung, politisch, aber auch ästhetisch, war die zwischen den Sänger/innen und uns Zeitzeug/innen. Wir hätten uns im normalen Leben vielleicht nie von Angesicht zu Angesicht gegenüber gestanden – so war unsere Begegnung, schließlich auch während der Aufführung, für beide Seiten eine Herausforderung. Wir erzählen aus unserem Leben. Und machen so auch die anderen zu Zeug/innen. Denn sie hören ja, was wir erzählen. Die anderen, die ein vermeintlich so sorgloses Leben führen. Aber solch ein sorgloses Leben gibt es nicht. Es gibt in dieser Welt kein Leben, das keinen Schmerz kennt. Alle Menschen haben Erfahrung mit Schmerz in irgendeiner Form. Und wenn man über die Folter erzählt, erinnern sich die anderen, die sich zwar eine Folter nicht vorstellen können, ihrer eigenen Schmerzen. Dadurch treten wir in eine zwischenmenschliche Kommunikation ein, die nicht als kühle politische Auseinandersetzung abläuft, sondern als intensive emotionale Kommunikation.

»Wenn man die Augen vor der Not und dem Elend von anderen nicht verschließt«, sagte Lösch während des Fidelio-Konzeptionsgesprächs, »wenn man die Erfahrung von Gewalt und Unterdrückung ganz nah an sich herankommen lässt, wird ein unzerstörbarer Kern an Menschlichkeit im eigenen Innern freigelegt und berührt.«[2]

Genau das ist auch bei der Premiere passiert: auch wenn ein Teil des Publikums schockiert von dem war, was auf der Bühne zu sehen war, auch wenn einige gerufen haben: »Gebt uns unseren Beethoven zurück!«, auch wenn andere die Berichte über die Folterungen von Hakan Akay nicht ertragen konnten und eine Frau geschrien hat: »Hör auf, hör auf!«: Der Großteil des Publikums hat begeistert, sogar euphorisch reagiert. Ihre Menschlichkeit wurde »freigelegt und berührt«. Und diese Erfahrung macht das Publikum in jeder Aufführung, die folgte. Vielleicht auch, weil das Presseecho nach der Premiere so groß war und die Zuschauer der nächsten Aufführungen wussten, was sie erwartete.

Unter dramaturgischen Gesichtspunkten halte ich die Inszenierung für eine große Leistung. Politisch gesehen ist sie einmalig. Zum ersten Mal erlebe ich in Deutschland, dass die Kurdenfrage, die so oft ignoriert wird in der Politik, von der Kunst selbstbewusst und selbstverständlich in den Fokus genommen wird. Meine Erfahrung war bislang: Du kannst hier über alles reden, die Menschenrechtsverletzungen in der Türkei, die Angriffe auf Meinungsfreiheit, Pressefreiheit, du kannst auch über Erdoğan schimpfen, alles ist erlaubt – aber von der Kurdenproblematik will man weder sprechen noch hören. Doch Tatsache ist: Der türkische Staat verleugnet nicht nur den Völkermord an den Armeniern 1915-16, sondern auch die kurdische Realität. Ein Drittel der Gesellschaft wird seiner Rechte beraubt, Kurden dürfen nicht einmal ihre Muttersprache sprechen. Und Deutschland ignoriert diesen täglichen Rechtsbruch wegen seiner wirtschaftlichen, politischen und militärischen Interessen.

Auch in Deutschland werden Kurden nicht als Kurden behandelt, sondern nur als türkische Staatsbürger. Wir verlängern ihre Unterdrückung in unserem freien Land. Und rechtfertigen das mit denselben Behauptungen wie der türkische Staatsapparat, Kurden seien Terroristen. Dabei müssten wir eigentlich den Kurden danken: Sie haben die ultraterroristische islamistische Organisation IS gestoppt! In Syrien waren es die Kurden, die den Völkermord an den Yesiden verhindert haben! Dass es in Europa weniger Anschläge des

IS gibt, verdanken wir ihrer Leistung! Wie feige und egoistisch verhalten wir uns gegenüber diesen kurdischen Leistungen.

Sprechen wir stattdessen endlich über die Unterdrückung der Kurden durch die Türkische Republik! Sprechen wir über die Kontinuität der Gewaltgeschichte der Türkei, den Gründungsmythos der Türkischen Republik! Sprechen wir über die Komplizenschaft der Deutschen mit den türkischen Herrschern! Eine Komplizenschaft mit einer elend langen Geschichte: Schon vor über hundert Jahren hat das Deutsche Reich die Verbrechen an den Armeniern ignoriert und heute ignoriert die demokratische deutsche Republik die Verbrechen an den Kurden.

In der Bonner Inszenierung des Fidelio wurde gesprochen. Laut gesprochen. Es wurde nicht nur die Ignoranz der Politik, die Gemütlichkeit der Eliten und der Mittelschicht thematisiert, es wurde auch gegen das Wegschauen protestiert. Aber Fidelio ist auch in Bonn kein Sprechtheater, es ist in dieser Inszenierung Musik und Politik und vermählt beides zu einer großen ästhetischen Aktion. Am Ende der Aufführung klatscht wohl niemand Beifall und könnte gleichzeitig über das Leid der Kurden weiterhin ignorant hinwegschauen.

---

1 DIE ZEIT Nr. 2/2020, 3.1.2020.
2 FIDELIO-Konzeptionsgespräch von Volker Lösch, ‹ https://www.theater-bonn.de/de/der-menscheit-stimme›.

Couragiert und erhobenen Hauptes handeln

Angela Borgstedt

Mitte November 1938 ging die Witwe Fanny Blum im badischen Ilvesheim von Tür zu Tür, um die Bewohner nach Gegenständen zu fragen, die ihrem früheren Angestellten während des Pogroms aus der Wohnung gestohlen worden waren. Der junge Mann stand vor der Emigration in die USA und wollte dafür wenigstens seinen Koffer und ein paar Schuhe zurückerhalten. Wie die meisten Männer befand er sich seit dem Pogrom in KZ-Haft, seine alte Mutter war zu verängstigt, um sich außer Haus zu begeben. Also nahm sich die ehemalige Chefin, selbst Jüdin, der Sache an. »Ich machte mich (...) auf, von den (...) Dieben mit allerbesten Worten das Notwendigste zurückzuerhalten.«[1] Was Blum tat, war freilich mehr. Sie konfrontierte Menschen, die ungeniert und ungestraft die Wohnung ihres Nachbarn geplündert hatten, mit ihrer Täterschaft. Das kam für sie überraschend und war ihnen höchst unangenehm. Die Reaktionen waren höchst unterschiedlich. Einige wenige gaben tatsächlich einzelne Gegenstände heraus: Ein Paar Stiefel, Handtücher und zwei alte Koffer. Die meisten aber empörten sich über die »freche Jüdin«. Ein Mann wurde handgreiflich und »schmiss mich mit einem schmerzhaften Stoß, dass ich meterlang flog und beinahe zur Treppe hinuntergestürzt wäre.«[2] Drei Frauen, die besonders wüst schimpften, hielt Blum entgegen, sie schäme sich für sie und sie sei froh und stolz, dass sie eine Jüdin sei. Kaum zurück auf der Straße wurde Fanny Blum verhaftet. Sie kam zunächst ins Mannheimer Untersuchungsgefängnis, nach der Verurteilung durch das dortige Sondergericht Anfang März 1939 ins Frauengefängnis Bruchsal und schließlich im Juni 1939 ins KZ Ravensbrück.[3] Im April 1940 wurde sie in die Schweiz entlassen. Zwei Jahre später emigrierte Fanny Blum körperlich und seelisch gebrochen zu ihrer Tochter in die USA.[4] Sie starb 1959 in Newark, New Jersey.

Fanny Blums Fall ist ein bewegendes Beispiel von Solidarität und couragiertem Handeln in der NS-Diktatur. Wenn nach 1945 Schweigen und Stillhalten damit gerechtfertigt wurde, dass man ohnehin nichts hätte tun können, dann strafte das mutige Agieren Blums solche Äußerungen Lügen. Man konnte sich, wie ihr Beispiel lehrt, den Zumutungen des Regimes durchaus verweigern, allerdings meist zu einem hohen Preis. Fanny Blum fragte nicht nach möglichen Konsequenzen, sondern handelte. Sie handelte, obwohl sie sich als Jüdin damit hochgradig gefährdete und dies zu einer Zeit, da die Gewaltsamkeit des nationalsozialistischen Antisemitismus so offenkundig vor Augen stand.

Fanny Blum war eine Frau, die früh gelernt hatte, Verantwortung zu übernehmen und sich zu behaupten. Die Kaufmannstochter aus Bruchsal hatte eine Lehre als Damenschneiderin absolviert und mit ihrer älteren Schwester einen Salon eröffnet.[5] Nach ihrer Heirat war sie in der Zigarrenfabrik ihres Ehemannes, einem mittelständischen Unternehmen mit 130 Angestellten, tätig, zuständig vor allem für Vertrieb und Buchhaltung. Die Beschäftigten bezeichneten sie als die »Seele des Geschäfts«, die sich um sämtliche Belange kümmerte.[6] Erklärt das womöglich, warum sich Blum sogar noch über das Ende des Beschäftigungsverhältnisses hinaus für einen Mitarbeiter einsetzte? Fühlte sie sich als Matriarchin weiterhin für »ihre« Belegschaft verantwortlich, obwohl ihr Unternehmen seit 1937 nicht mehr das ihre war?[7] Wollte sie dazu beitragen, dass der junge Mann, der mit dem gleichen Passagierschiff wie ihre Tochter und ihr Schwiegersohn nach New York reisen sollte, aus dem KZ herauskommen und emigrieren konnte? Was bringt einen Menschen dazu, sich dermaßen für einen anderen einzusetzen?

Fanny Blum hat mit ihrem Handeln Mut bewiesen. Ihr muss bewusst gewesen sein, dass die Plünderer und Diebe ihr gegenüber kaum Reue zeigen würden. Tatsächlich empfanden sie das Ansinnen Blums als »Unverschämtheit« und »Frechheit«. Dass sie wenigstens ein paar Dinge zurückerhielt, lässt sich als Teilerfolg sehen. Fanny Blum handelte, obwohl sie als Jüdin im nationalsozialistischen Deutschland kaum Handlungsspielräume hatte. Sie nahm nicht hin, dass ihr und anderen Juden im NS-Rassestaat Rechte, das Recht auf Eigentum etwa, verwehrt wurden.

Dass sich Menschen gegen ihre Verfolgung und Entrechtung durch den NS-Staat zur Wehr setzten, scheint angesichts der Opferzahlen kaum vorstellbar. Überlebende waren nach 1945 daher kaum mit der Frage nach den Möglichkeiten von Gegenwehr, sondern eher mit dem Vorwurf ihres Ausbleibens konfrontiert: »Warum habt ihr nicht rebelliert?«[8] Nach wie vor waren Vorurteile wirksam, die den Verfolgten selbst eine Mitschuld an ihrer Verfolgung zuschrieben. Wer sich so widerstandslos, passiv »wie Schafe zur Schlachtbank« füge, der habe es seinen Verfolgern leicht gemacht, ihnen sogar entgegengearbeitet, wurde behauptet. Ein solcher Vorwurf übersah den nur geringen Handlungsrahmen der Verfolgten. Und er ignorierte, dass nicht alle Betroffenen sich dem unwidersprochen fügten.

War Fanny Blums nonkonformes Handeln im weitesten Sinne Widerstandshandeln? Die Geschichtswissenschaft fasst den Widerstandsbegriff längst weit und bezieht Alltagsformen wie Verweigerung, Widerspruch und unangepasstes Verhalten mit ein. Das macht die Zuordnung im konkreten Fall nicht leichter. Ist die Solidarität mit Verfolgten *Nonkonformität* oder doch eine fundamentalere Form der Gegnerschaft als bloße *Unangepasstheit*? Ist ein *aktives Dagegenhandeln* Mindestvoraussetzung, um von Widerständigkeit sprechen zu können, oder braucht es auch eine entsprechende innere Haltung? Fanny Blum hätte ihr Eintreten für die Belange eines ehemaligen Mitarbeiters sicher nicht als Widersetzlichkeit, sondern als solidarisches Handeln und Form alltäglicher Hilfsbereitschaft gesehen.

Ob sie sich rückblickend noch einmal für ihre couragierte Einmischung entschieden hätte? Einiges spricht dagegen. Die Festnahme, Verurteilung und Inhaftierung waren für die rechtschaffene Unternehmerin traumatisch. In den Einlieferungspapieren beantwortete sie die Frage nach Vorstrafen mit einem entschiedenen »Noch nie!«.[9] Die Hafterfahrung bestimmte ihr weiteres Leben. Selbst in Freiheit wurde sie nie wieder frei, litt unter Albträumen und Depressionen.

Eine jüdische Unternehmerin, die sich für einen Leidensgenossen einsetzte und an den Folgen ihres Handelns letztlich zerbrach: Warum lohnt die Beschäftigung mit dem Schicksal der gänzlich unbekannten Fanny Blum? Zunächst lädt ihr Fall dazu ein, über Aktions- und Interventionsmöglichkeiten derer nachzudenken, die Geschichte eher erleiden als gestalten. Was kann der oder die Einzelne noch tun, wenn eine Diktatur erst etabliert ist, wenn Grundrechte ausgehebelt sind, Recht gesetzförmigem Unrecht, Gewalt und Terror gewichen ist? Was außer Nadelstichen ließe sich der entfesselten Gewalt der Paramilitärs, Geheimpolizei, des Mobs entgegensetzen? Der Kampf gegen die einmal gefestigte Diktatur ist ebenso ungleich wie verlustreich. »Nach der Verhaftungswelle 1935 war uns klar«, so eine Angehörige der Sozialistischen Arbeiterjugend, »dass Widerstand völlig sinnlos war und dem Selbstmord gleichkam, *obwohl man vor jedem Einzelnen Achtung hatte, der sich nicht anpasste*«.[10] Widerstehen in diktatorischen Systemen ist nicht unmöglich, aber die Erfolgsaussichten sind so gering wie das Risiko hoch. Deshalb muss die Auseinandersetzung mit antidemokratischen Bewegungen unbedingt eine vorgelagerte sein. Hier hat die Beschäftigung mit der NS-Vergangenheit Aufklärungsfunktion. Sie macht in erschreckender Weise klar, wie rasch der Umbau eines Rechtsstaats in die Willkürherrschaft vonstattengehen kann. Und sie verdeutlicht die Bereitschaft vieler, dabei nicht nur mitzutun, sondern auf Kosten ausgegrenzter Minderheiten zu profitieren.

Fanny Blums Beispiel zeigt schließlich ein weiteres: Den wenigsten, die im totalitären NS-Staat ihren Mut zusammennahmen und handelten, war dies in die Wiege gelegt. Der Weg dorthin war für viele ein Lernprozess. Auch viele heutige fühlen sich nicht recht wohl in ihrer Haut, wenn sie mit Widerspruch, mit Gegenwind konfrontiert sind. Gar manche sind vielleicht schon wegen ihrer öffentlich geäußerten Meinung angegriffen, angefeindet, gemobbt worden. Aber sie müssen lernen, sich in solchen Situationen zu behaupten, sie auszuhalten, nicht auszuweichen. Zivilcourage, den »aufrechten Gang« lernen wir hier und jetzt in einer pluralistischen Gesellschaft. Wir können diesen »aufrechten Gang« von Menschen lernen, die ihn mutig praktiziert haben. Die Erinnerung daran ist ihr Vermächtnis. Und das gilt es zu wahren und zu verteidigen, indem wir Zivilcourage, den aufrechten Gang wie das tägliche Zähneputzen praktizieren. Es geht um unser Ureigenstes, wenn wir gegen Hasskommentare, Rassismus und Antisemitismus einschreiten, nämlich *unsere Freiheit, unser Recht* und *unsere Menschenwürde*.

1 Blum an Rechtsanwalt Eder, 19.11.1938, Generallandesarchiv Karlsruhe (GLAK) 507/2906.
2 Ebd.
3 Vgl. die Gefangenenakte GLAK 311/428.
4 Vgl. das Gutachten ihres behandelnden Arztes vom 17.2.1954, GLAK 480/4826 Nr. 1, Bl. 194.
5 GLAK 311/428 Personalbogen des Frauengefängnisses Bruchsal.
6 Vgl. z. B. Eidesstattliche Erklärung Maria Schwarz, Ludwigshafen-Friesenheim o. D. GLAK 480/8426 Nr. 5, Bl. 28 f.
7 Zur sogenannten Arisierung in Mannheim vgl. Fritsche, Christiane: Ausgeplündert, zurückerstattet und entschädigt. Arisierung und Wiedergutmachung in Mannheim, 2. Auflage Ubstadt-Weiher u. a. 2013 – leider ohne Angaben zu Fanny Blum.
8 Vgl. Hannah Arendt: Eichmann in Jerusalem. Ein Bericht von der Banalität des Bösen, Neuausgabe München 1986, S. 276.
9 GLAK 311/428.
10 Arbeitsgemeinschaft Sozialdemokratischer Frauen (ASF) (Hg.): Erlebte Geschichte. Karlsruher Frauen berichten aus der Zeit des Nationalsozialismus, Karlsruhe 1983, S. 78.

Von der Fähigkeit, geschockt zu sein

Peter Steinbach

Hinsehen, wahrnehmen, empören, handeln! – Dieser vierfache Imperativ bezeichnete die wichtigste Konsequenz meiner Auseinandersetzung mit dem Widerstand gegen den Nationalsozialismus in ganzer Breite, großer Vielfalt und verstörender Widersprüchlichkeit, mit seinen Anlässen, Motiven, Verhaltensmustern und Zielen eines widerständigen Verhaltens. Widerstand richtet sich dabei nicht nur gegen die staatliche Gewalt. Er hat sich auch in der innergesellschaftlichen Auseinandersetzung zu zeigen und zu bewähren. Widerstand wird von Machthabern kriminalisiert, von großen Teilen der Öffentlichkeit jedoch nicht selten diffamiert oder geächtet.

Die Beschwörung des gegen den NS-Staat gerichteten Widerstands gehörte in beiden Teilen Deutschlands zu den Erinnerungsritualen. Die Auseinandersetzungen mit politischen Gegnern oder innerparteilichen Kontrahenten weckten allerdings Zweifel, ob die Beschwörung eines zivilisierten Umgangs mit Andersdenkenden wirklich glaubhafte Konsequenzen aus historischen Erfahrungen mit Ausgrenzung, Diffamierung, Entrechtung und Unterdrückung nach sich zog.

In den 1960er-Jahren wurden Intellektuelle als Pinscher oder Schmeißfliegen bezeichnet. Der spätere Bundeskanzler Willy Brandt galt vielen als Landesverräter oder wurde als uneheliches Kind oder als Emigrant geschmäht. Herbert Wehner sahen viele Konservative als Kommunist, deshalb wurde er ausgerechnet von dem Baden-Württembergischen Ministerpräsidenten Filbinger am 20. Juli 1974 bei der jährlichen Gedenkfeier anlässlich des Umsturzversuchs vom 20. Juli 1944 als Festredner abgelehnt. Der raue politische Stil schädigte die politischen Umgangsformen. Man beschwor die »politische Kultur«, weniger um sie zu pflegen und zu schützen, sondern um den politischen Gegner einer Stilverletzung anzuklagen. Mit den Flüchtlingsdebatten der 1980er- und 1990er-Jahre wurde ein neuer Ton angeschlagen. Beschworen wurde nun die abendländische Grundlage unserer antiken und christlichen Kultur. Dass sie ebenso im Judentum gründete, wurde vernachlässigt. Die Ausblendung setzte sich in der Auseinandersetzung mit dem Islam fort, der als eine Bedrohung der europäischen Zivilisation verzeichnet wurde. Ob der Islam zu Europa oder zu Deutschland gehörte, erregte immer wieder neu. In den Sonntagsreden wurden Sätze bekräftigt wie, dass keine Zukunft besäße, wer die Vergangenheit verdränge. Es hieß unter Hinweis auf den Talmud, dass eine Welt rette, wer einen Menschen rette. Der Hinweis, dass sich eine fast wortgleiche Bemerkung in der 5. Sure des Korans findet, erstaunt. Deshalb sei hier zitiert: »Wer eine Seele ermordet, ohne daß er einen Mord oder eine Gewalttat im Lande begangen hat, soll sein wie einer, der die ganze Menschheit ermordet hat. Und wer einen am Leben erhält, soll sein, als hätte er die ganze Menschheit am Leben erhalten.«

Zweifel an der Bekräftigung, aus der Vergangenheit gelernt zu haben, bestanden immer wieder vor 1989. Das zeigt sich im Historikerstreit von 1986, an der Walser-Debatte, an der Rechtfertigung der Strafverfahren wegen nationalsozialistischer Gewaltverbrechen. Eine neue Welle der Gewaltbereitschaft manifestierte sich in Übergriffen in Rostock und Hoyerswerda. In Brandanschlägen wie denen in Solingen zeigte sich ein Fremdenhass, der sich mit jeder Debatte über das Asylrecht und die Flüchtlinge aus Bosnien, aus dem Irak und schließlich aus Syrien steigerte. Die verhaltene öffentliche Empörung nach den NSU-Morden und der »ausbleibende Aufschrei« nach der Ermordung von Walter Lübcke verstärken die Zweifel an den Beschwörungen, aus der Vergangenheit gelernt zu haben. Dabei zeigt die Geschichte des alltäglich bewiesenen Widerstands zwischen 1933 und 1945, dass der Einzelne sich den Trends und Wirkungen von Diffamierung und Entgrenzung nicht nur zu widersetzen, sondern stellvertretend mitmenschlich zu handeln vermochte. Den Bedrängten beizustehen vermochten Menschen, die wir als »Stille Helden«, als »Stille Helfer« oder – wie in Yad Vashem – als »Gerechte der Völker« ehrten. Sie durchschauten die »Maskerade des Bösen« und bewiesen den Mut, den wir als »Zivilcourage« bezeichnen. Sie hatten die Kraft, sich den Sogströmungen zu widersetzen, als deren Ergebnis Demoskopen die »Schweigespirale« akzentuierten. Das ist ein Synonym für Gleichgültigkeit, die sich nicht zuletzt aus der Anpassung an unterstellte Mehrheitsmeinungen erklärt, für eine nicht zuletzt medial erzeugte Bereitschaft zu Fraglosigkeit, die im Ergebnis die Neigung verstärkt hat, Diffamierungen der Andersdenkenden hinzunehmen.

Dies ist keine Frage der politischen Einstellung, sondern der politischen Sensibilität angesichts von Grenzverschiebungen und Grenzverletzungen. Einen Bundeskanzler wie Ludwig Erhard als »Pudding« zu bezeichnen, den man nicht an die Wand nageln könnte, einen Bundeskanzler eine »Birne« und eine Bundeskanzlerin eine »Mutti« zu nennen, markiert eine schleichende Erosion von Respekt, die sich in andere Bereiche der öffentlichen Auseinandersetzung und Wahrnehmung verlagern kann. Auch die innerparteilichen Auseinandersetzungen um die Parteiführungen von CDU und SPD markieren einen Umgangsstil, der vielleicht nur wegen der Entgleisungen der Ideologen der AfD gegen »Gutmenschen«, gegen »versiffte 68er« nicht selbstkritisch reflektiert wurde. Die politischen Auseinandersetzungen sind rauer geworden, nicht nur im Netz. Dies führt zu einer substanziellen Verschiebung von Grundüberzeugungen, die zu verteidigen Aufgabe der Bürger ist. Denn genau das betonte mehrfach Ernst-Wolfgang Böckenförde, wenn er darauf verwies, dass der »freiheitliche, säkularisierte Staat von Voraussetzungen (lebt), die er selbst nicht garantieren« könne.

Gerade wenn man davor gefeit ist zu glauben, dass die Gegner des NS-Staates eine Ordnung wie die unseres Grundgesetzes vor Augen hatten, lassen sich Folgerungen aus ihrer Bereitschaft ziehen, sich der Zerstörung von Zivilität, Rechtsstaatlichkeit und Ausgrenzungen Andersdenkender zu widersetzen. Denn Widerstand zeigt sich keineswegs allein in den Bestrebungen von Militärs und hohen Verwaltungsbeamten, Hitlers Herrschaft zu beenden. Er schlug sich in der viele Jahrzehnte übersehenen oder gering geschätzten Hilfe für Verfolgte nieder. Wie bedroht viele der Menschen waren, denen nur wenige zu helfen bereit waren, zeigen heute Tausende von Stolpersteinen, dass es möglich war, ohne Reaktion von Nachbarn und Freunde im Zuge einer Ausgrenzung Menschen aus dem Alltag zu reißen, ihren Besitz zu verschleudern und sich ihrer Wohnungen zu bemächtigen.

Wenn die Grundlage nationalsozialistischer Herrschaft die Bereitschaft vieler Zeitgenossen war, sich willig anzupassen und der rassistischen Propaganda zu glauben, so macht dies verständlich, weshalb die Diffamierung von Mitmenschen akzeptiert wurde und weshalb die Bereitschaft, ihre Not zu teilen, also solidarisch zu handeln, kaum spürbar war. Wissen wir seitdem nicht, dass eine Gesellschaft sich immer dann, wenn Entrechtung und Geringschätzung anderer akzeptiert wird, auf eine schiefe Ebene begibt?

Die Regimegegner im Umkreis des 20. Juli 1944 wollten mehr als nur den Krieg beenden. Sie reagierten auf nationalsozialistische Aggressionen und wollten die Konzentrationslager auflösen und die vom Tode bedrohten Häftlinge befreien; die »stillen Helfer« der Bedrängten und Verfolgten hingegen hatten gehandelt, weil sie dem Einzelnen beizustehen hatten. Sie wussten, dass sie nicht vermochten, das Regime aus dem Innern der Macht heraus zu beseitigen. Weshalb tat sich die deutsche Nachkriegsgesellschaft so schwer, den nicht selten verzweifelten Versuch anzuerkennen, das Leben eines Einzelnen zu retten, der, wie wir heute sagen, einer »gruppenbezogenen Menschenfeindlichkeit« ausgesetzt war. Die damaligen Zeitgenossen waren Menschen wie wir. Weshalb sollten wir aus dem damaligen alltäglichen Fehlverhalten nicht Konsequenzen für uns im Hier und Heute ziehen?

Galt bis weit in die 1960er-Jahre diese Zivilcourage nicht als Widerstand, so hat sich diese Einschätzung inzwischen gründlich gewandelt. Zivilcourage gilt nicht nur als Fähigkeit, sich verbreiteten

Meinungen entgegenzustellen, sondern als Tugend. Dennoch wäre es falsch, die Handlungen gewichtend voneinander abzusetzen. Beide geben dem Versuch Ausdruck, einem verbrecherischen Regime zu widerstehen: Beschwor der militärisch-bürgerliche Widerstand das Ziel, die »vollständige Majestät des Rechtes« herzustellen, so verteidigten die »stillen Helfer« die menschliche Würde und das individuelle Lebensrecht des Einzelnen. Sie setzten einen Maßstab für die innergesellschaftliche mitmenschliche Verantwortlichkeit, die sich nicht zuletzt im alltäglichen Umgang miteinander, mithin im viel beschworenen gesellschaftlichen Zusammenleben zu bewähren, aber auch zu behaupten hat.

Was aber bedeutet es heute, zu beanspruchen, das Recht als Grundlage eines »Schutzes der Schwachen« zu begreifen, wie Gustav Radbruch in den 1920er-Jahren formuliert hatte? Fritz Bauer sprach zwei Jahrzehnte später vom Widerstand als »stellvertretendem mitmenschlichen Handeln.« So gesehen war es nur konsequent, im Zusammenhang mit der Verabschiedung der Notstandsverfassung mit Artikel 20 Absatz 4 GG ein Grundrecht eines »jeden Deutschen« zum Widerstand in die Verfassung aufzunehmen. Seitdem gilt: »Gegen jeden, der es unternimmt, diese Ordnung zu beseitigen, haben alle Deutschen das Recht zum Widerstand, wenn andere Abhilfe nicht möglich ist.«

Eine Proklamation allein bleibt ein leeres Bekenntnis, wenn sie nicht praktische Konsequenzen hat. Politisches und soziales Verhalten bezieht sich auf die Ordnung des Grundgesetzes, das sich im Artikel 1 GG zur Verpflichtung aller staatlichen Gewalt bekennt, die »unantastbare Würde des Menschen« zu achten und zu schützen. Proklamiert wird mehr als ein Recht, sondern eine Verpflichtung, die alle Einwohner der Bundesrepublik betrifft. Hier wird kein Automatismus, auch kein vages Zukunftsprogramm formuliert, das in fernen Jahren zu verwirklichen ist, sondern ein Auftrag, eine Ermutigung, eigentlich eine Ermächtigung, die gegenwärtig gilt und der man eigentlich, bekennt man sich zu den Werten der Verfassung, nicht entsagen darf.

Wie aber, so ist zu fragen, soll angesichts dieses Maßstabs einer humanen Orientierung mit Rechtsverletzungen und Entwürdigungen umgegangen werden, an die wir uns in den vergangenen Jahren angesichts der Massenflucht aus Syrien, angesichts der Lebensgefahr der Bootsflüchtlinge, angesichts der Kriegsgefahren in einem Maße gewöhnt haben, das vor den Debatten über die millionenfach verkauften und gelesenen Bücher des ehemaligen sozialdemokratischen Finanzsenators Sarrazin nicht vorstellbar war? Gilt angesichts der tektonischen Verschiebung, die mehr als die politische Sprache und die Schlagworte berührt, nicht in besonderer Weise der selbstverpflichtende Imperativ: »Nicht wegschauen!«? Als Historiker bin ich überzeugt, dass historische Erfahrung auch die Erwartungen beeinflusst, die unser Handeln motivieren. Das zielt nicht auf geschichtspolitische Sinndeutung, sondern auf historisch-politische Begründung von Grundwerten.

Gewiss, Debatten über Grenzen historischer Deutungen hat es auch vorher gegeben. Die stellvertretende Diffamierung eines Emigranten wie Willy Brandt, der Historikerstreit und die Auseinandersetzung über die Wehrmachtsausstellung haben seit den 1960er-Jahren historisch reflektierte Maßstäbe gefestigt, die nicht zuletzt auch durch die Debatten über die nationalsozialistischen Gewaltverbrechen und die Notwendigkeit des Widerstehens ebenso begründet wie gefestigt wurden. Semantische Fehltritte damaliger Politiker wurden rasch aufgegriffen und entschieden zurückgewiesen. Im Vergleich dazu scheinen wir heute viel abgestumpfter zu sein. Begriffe wie »Messermänner«, »Sozialschmarotzer« und »Massenvergewaltiger« verändern nicht nur Wahrnehmungen, sondern auch Empfindlichkeiten.

Gewiss, eine diffamierende Sprache hat es ebenso wie postnationalsozialistische, rechtsextremistisch agierende Parteien wie die NPD oder die Republikaner immer gegeben. Neu ist, dass die zeithistorischen Umdeutungsversuche immer selbstverständlicher hingenommen werden und den Ausbrüchen der Intoleranz und des Antipluralismus zunehmend weniger entgegengesetzt zu werden scheint. Es geht dabei nicht um irgendwelche Meinungsäußerungen und schon gar nicht um Meinungsfreiheit, sondern um die Verschiebung der Tektonik eines freiheitlichen Gemeinwesens, das sich zur Würde der Menschen bekennt.

Muhterem Aras, Präsidentin des Landtags von Baden-Württemberg, erklärte vor Schülern in Königsbronn, dem Heimatort von Johann Georg Elser, die Rechtfertigung des Widerstands durch das Grundgesetz mache jeden Bürger zum Verfassungsschützer. Aras, die kurdische Eltern hat, zog sich wiederholt den Zorn der AfD-Fraktion im Landtag von Baden-Württemberg zu. Die Ablehnung der Präsidentin des Landtags von Baden-Württemberg steht im Zusammenhang mit den vielfachen Diffamierungen, die sich gegen Muslime und Flüchtlinge, zunehmend auch gegen Juden und Israelis richten. Die Aufforderung Gaulands, die Muslima Aydan Özoğuz nach Anatolien zu entsorgen, nachdem man sie in das Eichsfeld eingeladen hätte, um ihr deutsche Kultur zu präsentieren, verhallte so überraschend schnell. Nicht wegschauen bedeutet aber, nicht nur punktuell und situativ zu reagieren, sondern Ziele und Methoden dieser Entwürdigungen bewusst zu machen. Es bedeutet, denen an die Seite zu treten, die unter einen rassistischen Generalverdacht gestellt werden. Wer nicht offen widerspricht, sollte zumindest durch Rückfragen Erklärungen verlangen und so einen argumentativen Gegendruck aufbauen.

Die angebliche Besorgnis um Grundlagen der viel beschworenen europäischen, antiken, christlichen und abendländischen Kultur zielt ebenso wie der Begriff Leitkultur auf Ausgrenzung und Entwertung von Menschen, denen unterstellt wird, aus kulturellen Herkunftsgründen nicht integrationsfähig oder -willig zu sein. Die Beschwörung von Werten wie Toleranz und Pluralismus dient häufiger der Exklusion als der Inklusion von Menschen, denen aufgrund ihrer Herkunft, ihrer Kultur und ihrer Konfession als selbstverständlich zugestanden werden sollte, zur deutschen Gesellschaft gehören zu wollen. Die Einforderung von Toleranz und das Bekenntnis zur Menschenwürde und zu den Grundwerten der Verfassung, zu Gleichheit und Gleichberechtigung werden zum Ausgangspunkt einer Ausgrenzung.

Sie sind weniger Ausdruck unserer Sorge um die Grundlagen unserer Kultur und unseres Zusammenhalts und wirken spaltend und bedrohlich. Verkündete die Seherin Kassandra früher aber ein tatsächlich drohendes Unheil, so trüben heute viele öffentliche Warnungen und Prophezeiungen von Verschwörungsideologen weniger die Realität als nebulöse Zukunftsvorstellungen. Vernebelnde Begriffe befördern die Kultur des Verdachts und Verschwörungserzählungen. Sie verletzen ein zivilisiertes Miteinander. Kampfbegriffe zerstören politische Zivilität und lädieren Vertrauen, guten Willen und die Sorge um eine demokratische, das heißt kompromissbereite Willensbildung.

Vertrauen gegenüber den Mitbürgern und Mitmenschen ist die Voraussetzung jeder demokratischen Entscheidungsfindung. Das immer gebotene Misstrauen gegenüber den politischen und gesellschaftlichen Eliten widerlegt diesen Gedanken nicht. Hatte nicht einer der amerikanischen Verfassungsväter, nämlich Thomas Jefferson, inzwischen als Sklavenhalter im Zuge der »Black Lives Matter« Bewegung in die Kritik geraten, gesagt, eine »freiheitliche Regierung (sei) auf Argwohn aufgebaut, nicht auf Vertrauen« gegenüber den Machthabern? Allerdings verpflichtete die Verfassung zum Minderheitenschutz und gab mit der Presse-, Meinungs- und Vereinigungsfreiheit der Öffentlichkeit ein Instrument in die Hand, die eigenen Vorstellungen, Erfahrungen und Erwartungen zu reflektieren.

Diese Konfrontation mit Vielfalt und Widerspruch bleibt die wichtigste Voraussetzung für die kritische Erörterung politischer Ziele. Ein Konsens entsteht nicht aufgrund einer politischen Entscheidung, durch Zuspitzung von Konflikten und auch nicht durch eine polemische oder scharfe Debatte, sondern auf der Grundlage von Begründungen. Jede Auseinandersetzung folgt Regeln und verletzt nicht die Würde des anderen. Nur gegenseitiger Respekt verpflichtet auf Ergebnisse, selbst dann, wenn Anhänger der unterlegenen Meinung überzeugt sind, dass Mehrheit und Wahrheit nicht immer in Deckung zu bringen sind.

In diesen Debatten geht es niemals um letzte Dinge, weil nahezu jede politische Entscheidung reversibel ist. Allerdings tun die Kontrahenten oft, als hinge »das Schicksal der Dinge« von den Augenblickssiegen in Debatten ab, die in öffentlichen Arenen der Parlamente, auf den Meinungsseiten von Tageszeitungen, auf Nachrichtenplattformen und in Talkshows ausgetragen werden. Es geht in der Politik um nichts mehr als um Etappensiege im Kampf um Meinungen und Stimmungen. Entscheidungen können revidiert werden. Politik bleibt geprägt durch die Notwendigkeit der Politikfolgenbewältigung, der Reformen und Korrekturen.

Gerade weil Auseinandersetzungen heftiger werden, weil Kampfbegriffe, Übersteigerungen, Übertreibungen, schließlich bewusst falsche Behauptungen, false news, fake news Emotionen wecken sollen, ehe sie politisch zu nutzen sind, gilt es hinzuschauen. In das Arsenal mancher Unbedingtheit gehören Schlüsselbegriffe wie »Wertewandel, Verlust des Anstands, Werteverfall«, die warnen: Wer den Werteverfall beklagt, muss sich ebenso wie derjenige, der den Verlust des Anstands bedauert, selbstkritisch und selbstreflexiv fragen, ob er nicht selbst durch sein Fehlverhalten zum Werteverfall beiträgt.

Hinter uns liegen Banken-, Euro- und Staatsfinanzkrisen. Wir werden mit Dieselskandalen konfrontiert, mit Kartellabsprachen und Cum-Ex-Geschäften. Wie oft wurde achselzuckend behauptet, das Geld sei weg, ohne zu fragen, wohin es geflossen ist? Wer aber war der Nutznießer gefallener Kurse, der verlorenen Wetten an den Börsen, der fehlgeschlagenen Spekulationen mit Rohstoffen und Land? Fakten bleiben erklärungsbedürftig, verfahrene Situationen bieten viele Auswege, brauchen Alternativen und fordern eine ständige Abwägung. Warnungen vor dem angeblichen Kulturzerfall verbergen sich zu oft in der Warnung vor dem Fremden, den Folgen von Globalisierung und Digitalisierung.

Wer vor dem Verfall der Kultur warnt, richtet sich stets an andere und lenkt von sich selbst ab. Sein eigenes Handeln und Verhalten nimmt er nicht in den Blick. Wir beklagen die Verrohung der Sprache, den Verfall des Stils, den Niedergang der politischen Kultur und lenken von unseren eigenen Fehlwahrnehmungen und dem daraus folgenden Fehlverhalten ab.

Die Angst ist auf der anderen Seite

Mo Asumang

»Nie wegsehen« – das sagt sich so leicht.

Aber was ist, wenn es um Rassisten, Antisemiten, um Menschenfeinde geht, die sich über dich und andere erheben? Da hast du Wut und vor allem Angst. Hast du dann den Mut hinzusehen? Wenn sie vor dir stehen? Sei ehrlich.

Die Welt ist im Schockmoment. Der brutale Mord an dem Afroamerikaner George Floyd lässt uns erstarren. Wir haben die Wahl, hin- oder wegzuschauen. Die Welt von Rassismus zu befreien oder die Chance zu strukturellen Veränderungen zu verpassen. Was geschehen wird, das weiß niemand.

Und dann #Corona. Hier in Deutschland sind alle mächtig auf sich selbst zurückgeworfen, sind am Grübeln, Kämpfen, Trauern. Was da im Vorübergehen am rechten Augenrand aufblitzt: hasserfüllte Menschen, die unsere Gemeinschaft zu spalten drohen, die blinzelt manch einer jetzt einfach mal weg. Auch wenn das Pöbelvolk in den letzten Wochen wieder vermehrt Flüchtlingskindern, asiatisch aussehenden Deutschen und Migranten aller Couleur vor die Füße spuckt.

Ich jedenfalls kann nicht wegschauen, schon lange nicht mehr, muss in die Höhle des Löwen, auch mit zitternden Knien, muss zu den Rassisten hin. Spüre diesen inneren Zwang, das Rätsel mit dem Hass zu lösen, der uns alle abhält hinzuschauen.

Vielleicht bin ich so, weil meine Großmutter, bei der ich ab meinem fünften Lebensjahr aufwuchs, in der größten Hassanstalt der Nationalsozialisten, der SS, gearbeitet hat. Und weil diese Frau, obwohl sie die komplette NS-Zeit mit dabei war, indoktriniert, mit Hass infiziert, mit Wut gefüttert wurde, dann trotzdem später für mich da war. Vielleicht ist es auch normal, dass ich wieder und wieder versuche rauszufinden, wer die Hater's sind. Und warum eine ehemalige »Nazifrau« ein kleines Schwarzes Mädchen – also mich – in ihre Wohnung lässt, für mich kocht, mich kleidet, sich mit mir auf dem Spielplatz zeigt, mir ihre Liebe schenkt. Würde ich den Hasserfüllten einfach nur ein gepfeffertes »Rassisten raus« entgegen schleudern, wäre meine Liebe zu ihr dann noch da? Ich weiß es nicht.

Ein Sprung in die USA. Das Ganze fängt mit Angst an, nachts, am Waldesrand und meinem Versuch, mich mit US-amerikanischen Ku-Klux-Klan Mitgliedern zu treffen. Die KKKs, das sind die, die seit 155 Jahren gegen Menschen mit dunkler Hautfarbe hetzen, ihre Häuser anzünden oder sie heimtückisch ermorden. Mich zieht's dahin. Warum, das ist wohl klar.

Den ersten Hinweis, wie ich es trotz der Angst schaffe hinzuschauen, wo es ungemütlich werden könnte, gibt mir ausgerechnet mein kaputtes Knie. Ja, ehrlich. Da ist das olle Arthroseding doch mal zu was nützlich. Auf dem immer noch heißen Asphalt, es ist Mitternacht, am Waldesrand, irgendwo in Midwest Amerika, in Virginia, der Grenze zu North Carolina, mache ich aus Furcht davor, was jetzt passieren könnte, mit knirschenden Kniegelenken allerlei wilde Körperübungen. Das Krachen im Knie ist dabei lauter als die Grillen in der Dunkelheit. Gut so. Entkräftet, voll Muffensausen lerne ich eine erste Lektion in Sachen »hinschauen« trotz Angst und kaputtem Knie. Ich frage mich: Kann ich aus dieser Situation was machen?

Wenn man schwach ist, entwickelt man andere Strategien gegen Angst. Wegrennen fällt flach, dem anderen auf die Glocke hauen auch, und dann steht man einfach da, schutzlos. So fühle ich mich jetzt, und da vorne lauert etwas im Dunklen. Schwachsein holt das Beste aus dir raus, sage ich mir.

Ich steigere mich in folgendes Bild hinein: Dort drüben im Dunklen, was ist da? Wer ist da eigentlich? Ich versuche – mich selbst – dort zu sehen, dort hinten in der Dunkelheit. Wenn ich es selbst bin – die dort auf mich lauert – werde ich milde mit mir selbst sein, oder? Gedanklich setze ich mich in den Wald, und wenn ich aus dem Dunklen rauskomme, sage ich: »Hallo Mo«, und ich werde mir nichts tun. Kaum zu glauben, aber das Bild funktioniert.

Mein kleiner Trick, eine andere, sanftere Energie gegen das Dunkle und die Angst zu setzen, hat natürlich nur geklappt, weil ich schon einigermaßen *d'accord* mit mir selbst bin. Ehrlich, es gab Zeiten, da hätte ich es nicht gewagt, dieses Bild von mir in den dunklen Wald zu setzen. Da wäre so viel Wut, also meine Wut, gespiegelt worden. Da wäre ich zur Furie mutiert, wie auf meinen ersten Anti-Nazi-Demos. Doch das ist schon lange her.

Und dann kommen sie, die KKK Männer, und machen schon mal als Vorwarnung aus dem fahrenden Pick-up-Truck heraus »Heil Hitler« als Begrüßung. Ich versuche, ich selbst zu bleiben, wie eben bei meinem Trick.

Der eine Klansmann trägt ein bodenlanges weißes Gewand, das im oberen Teil der Mütze nur zwei dunkle Löcher freilässt, hinter denen sich irgendwo seine Augen verbergen. Während wir voreinander stehen, überprüfe ich nochmal meine Erkenntnisse.

Also: »hinsehen« heißt zuallererst einmal den Mut zu haben, sich selbst im dunklen Wald anzuschauen. Sich die Frage zu stellen, wie sieht es eigentlich in mir drin aus. Also lange bevor die doofen Nazis oder der Ku-Klux-Klan vor einem stehen. Bin ich in Balance? Oder brodelt da was in mir? Wenn es brodelt, überträgt sich das auf dein Gegenüber. Und wenn dein Gegenüber ein Antisemit oder ein Klansmann ist, wie mir jetzt einer gegenübersteht, macht es doppelt »wums«. Das gilt es zu vermeiden.

Der allererste Schritt zum »Niewegsehen« sollte also sein, an sich selbst zu arbeiten, bevor man mit dem nackten Finger auf angezogene Klansmänner und Rassisten zeigt. Oder wie es die Älteren schon sagten: »Wie es in den Wald hineinschallt, so schallt es auch wieder heraus« oder wie meine Oma zu sagen pflegte: »Erst mal vor der eigenen Hütte kehren«.

Au waia, in diesem Kontext klingen die Worte komisch. Nun laufen die Ku-Klux-Klan-Männer und ich zu einer lichten Stelle.

Hundegebell in der Ferne. Seine Halsschlagader pumpt. Ich seh's. Wenigstens etwas, was er von sich preisgibt. Er sagt, Gewalt und Mord, das komme kaum noch vor. Was heißt »kaum«?, frage ich. Naja, nicht mehr jeden Tag.

Ich sehe seine Augen nicht, versuche herauszufinden, wann die Stimmung kippt, und wann er die 20 Schritte zu seinem Truck zurückläuft, um die beiden Maschinengewehre zu holen, die jetzt – noch – auf seinem Rücksitz liegen.

Ich frage weiter. Warum tragen Sie dieses Gewand? Was hat das zu bedeuten? Seine Antwort, das hätte mit einer Zeremonie zu tun und er sei *kein Rassist*, provoziert erstmal ein Hüsteln bei mir. Ich unterdrücke es und frage weiter.

Mit Fragen kann man sehen lernen.

Zu jeder Frage bekomme ich eine Antwort, die ich wie kleine Puzzlestücke zusammensetze, um eine Ahnung davon zu bekommen, mit wem ich es zu tun habe. Meine Frage – seine Antwort – meine Frage – seine Antwort – meine Frage – seine Wut.

Natürlich versucht mein Unterbewusstsein jetzt dazwischen zu grätschen und aufzugeben und mich in alte Muster zurückzuziehen. Muster, die mich daran hindern sollen, in innere Balance zu gehen. Muster, die mir befehlen – jetzt – wegzusehen. Gedanklich werde ich zurück ins Kinderheim geschleudert, in das ich mit fünf Wochen gegeben wurde, danach zu den Pflegeeltern. Da war sicher auch Angst im Spiel und Zittern und Unsicherheit. Etwas zerrt an mir, scheucht weitere Bilder auf. Auch der Moment, in dem wir – meine Mutter, Oma und ich – aus dem Haus geworfen wurden, taucht auf. Sie sagten damals, mein ghanaischer Vater und ich, das wäre ein bisschen zu viel Farbe in dem Haus.

Aber ich will jetzt nicht aufgeben, hier vor dem Kapuzenmann, dem Gesichtslosen, der sich nicht zeigt. Da scheint es, als verrät mir die Dunkelheit noch ein Geheimnis:

Ich habe mich immer gefragt, warum der Kapuzenmann wie in »Scary Movie« oder der Sensenmann oder die Nazgûl, die Ringgeister aus »Der Herr der Ringe«, deren Gesichter man nicht sieht, als

Sinnbild für unsere Angst stehen? Die zeigen uns einen dunklen Abgrund, eine schwarze Höhle dort, wo sonst ein Gesicht zu sehen ist, dunkle Löcher dort, wo sonst Augen sind. Hier, vor dem Klansmann stehend, weiß ich plötzlich, was das bedeutet. Es ist gar nicht mein Abgrund, es ist auch nicht meine Angst. In mir rumort es. Das Gesichtslose ist das Sinnbild ihrer Angst – ihrer Unsicherheit. Ein angstvolles Wesen, das Dunkelheit verbreitet, weil es nicht in der Lage ist, offen auf andere zuzugehen. Ich schaue den Klansmann an. Atme langsam durch meine Nase ein und aus. Hole einmal tief Luft. Sie ist weg. Meine Angst ist weg.

Befreit! Ruhig! Nachdenklich! Ich beäuge mein Gegenüber. Weil ich weiß: die Angst ist auf der anderen Seite. Weil ich es ganz klar weiß. Und das war schon immer so. Ob bei den Nationalsozialisten oder dem Ur-ur-ur-Großvater des Klansmanns. Und der Mörder von George Floyd: War der auch voller Angst? Ja! Denn Hass entsteht aus Angst. Also ist es ihre Angst. Punkt.

Wieder in Deutschland

Jede Woche marschieren irgendwo in Deutschland Rechte, ...gidas, AfDler und andere ängstlich zusammengerotteten Menschen. Wenn ich jetzt hinschaue, dann überströmt mich nach all dem, was ich auf meinen Reisen zu den Rassisten gelernt habe, ein warmes Gefühl. Ach ja? Und das – da bestehe ich drauf – ist ganz allein meins. Denn wenn ich jetzt hier stehe und diese Angstnasen vorbeitraben sehe, dann weiß ich: Euer Antlitz schwappt nie mehr auf mich über. Mit diesem warmen Gefühl, dem neuen Ich, kann ich wirklich hinsehen.

Versuch's mal.

Natürlich, die Leute mussten uns sehen

Walter Sittler

Der Zivilisationsbruch fand nicht nur im fernen Auschwitz, sondern hier vor unserer Haustür statt. Weil wir nie wieder wegschauen dürfen, wenn Menschen ausgegrenzt und gedemütigt werden und willkürlicher Gewalt ausgesetzt sind, lese ich jungen Leuten autobiografische Zeugnisse von Überlebenden des Holocaust vor.

Bericht des jüdischen Häftlings Israel Arbeiter, der Auschwitz überlebte und im November 1944 zusammen mit 600 Leidensgenossen von Stutthof bei Danzig in das KZ-Außenlager Hailfingen/Tailfingen deportiert wurde:

»Nach einigen Tagen im Viehwaggon kamen wir an einen Ort in Deutschland namens Tailfingen, ungefähr 30 Kilometer von Stuttgart entfernt. Die Deutschen bauten dort einen Nachtjägerflugplatz, um die Stadt Stuttgart zu schützen. Es gab Hallen für die Nachtjäger auf dem Platz. Wir mussten eine Straße von der nächsten Autostraße zum Flugplatz bauen. Wir wurden in verschiedene Gruppen eingeteilt.

Eine Gruppe arbeitete auf dem Flugplatz. Es war November, und es begann zu schneien. Alle arbeiteten auf dem Flugplatz, eine Gruppe arbeitete an der Straße, ich arbeitete in einem Steinbruch. Aus dem Felsen wurden die Steine gebrochen und zerkleinert zu Schotter und Sand, die für den Bau der Straße und die Instandhaltung des Flugplatzes benötigt wurden. Wenn es schneite, mussten alle die Landebahn freischaufeln, damit die Flugzeuge starten konnten, um Stuttgart vor den alliierten Bombern zu schützen. (...)

Wir wurden in einem Hangar untergebracht. Es gab keine Heizung, ein Hangar hat keine Heizung. Die Ernährung war etwas besser als in Stutthof, wo wir praktisch nichts zu essen bekommen hatten außer einer Suppe. Wir bekamen morgens Kaffee und ein Stück Brot, und tagsüber wurde vom Platz Essen zum Kommando gefahren. Der LKW, der Schotter und Steine zum Flugplatz oder zu der Straße fuhr, brachte um 12 Uhr eine Suppe für uns. Wenigstens war es Suppe. Am Abend bei der Rückkehr zum Lager gab es wieder ein Stück Brot mit Marmelade, Margarine und Kaffee, was sie eben Kaffee nannten, aber es war kein Kaffee. Natürlich hatten wir keine warmen Kleidungsstücke und es war ein strenger Winter, und alle mussten draußen arbeiten.

Wir arbeiteten zwölf Stunden; zu Beginn gingen wir zu Fuß vom Lager weg; der Hangar stand auf dem Flugplatz. Mein Arbeitsplatz war am weitesten weg, wir mussten durch drei Dörfer zum Steinbruch. Ungefähr 4 Kilometer.

Wurden Sie von der Bevölkerung gesehen?

Natürlich, die Leute mussten uns sehen. Wir waren die einzigen in Sträflingskleidung und mit Holzschuhen. Nach dem Krieg wusste niemand in den Dörfern, wer wir waren und dass dort ein Lager war. Dabei gingen wir täglich durch diese Dörfer.

Sahen Sie die Leute?

Natürlich. Wir gingen ja zweimal am Tag. Morgens hin zur Arbeit und abends zurück.

Versuchte jemand zu helfen?

Ja, es gab da Bauern. Das Kriegsende war ja absehbar. Sie ließen absichtlich oder unabsichtlich etwas fallen, wenn sie von den Feldern kamen: Karotten. Für uns war das lebensrettend. Wir liefen hin, nahmen es und aßen.

Sahen das die Wachleute?

Ja, und einige wurden erschossen, weil sie aus der Kolonne herausgingen. Das hing von den Wachleuten ab. Einige von ihnen sahen, dass der Krieg zu Ende ging und sahen weg. Manche nicht, und man konnte erschossen werden. (…)

In Tailfingen gab es kein Krematorium. Sie wussten nicht wohin mit den Leichen. Sie wurden am Rand des Lagers aufgestapelt. Es gab keinen Platz, um sie zu beerdigen. Der Bürgermeister von Tailfingen erlaubte nicht, die Juden auf dem deutschen Friedhof zu beerdigen. Als wir den Platz verließen, wollten sie nicht, dass die Leichen dort liegen blieben, wo sie die Alliierten sehen würden. So mussten wir am Ende des Flugplatzes ein Grab graben und die Leichen dort beerdigen. (...)«

Sag du bist 15

Der 1929 geborene Salomon Abrahamovitz kam zusammen mit seinem Bruder Berko und seinem Vater nach Hailfingen/Tailfingen.

»Wir liefen 4 Kilometer bis zum Bahnhof. Sie beluden die Viehwaggons. Sie stießen so viele Menschen rein, wie sie konnten. Ich war zusammen mit Vater und Mutter und den Brüdern.

Keine Toilette – nichts.

Ich weiß nicht, wie es geschah: Als sie den Waggon öffneten, sagte meine Mutter zu mir – das waren ihre letzten Worte – »Du schaffst es.« Ich war groß, mein älterer Bruder war groß, mein Vater war bei der Polizei – gesund –, meine Mutter war ebenfalls eine gesunde Frau – groß. Meine Mutter, mein jüngster Bruder und meine kleine Schwester mussten zu einem anderen Ort gehen, wir wussten nicht wohin. Als wir zur Entlausung kamen, fragte mich ein Gefangener: »Wie alt bist du?« »14« »Nein, du bist ein Jahr älter. Sag, du bist 15.« Ebenso mein Bruder: Er war 16 und jetzt 17. Sie stellten einen Transport zusammen zum Arbeiten. Immer hatte ich ein Problem, weil ich so jung war. Ich sah wie ein Kind aus. Mein Vater und mein Bruder hatten kein Problem, weil sie älter waren. Aber ich hatte ein Problem, ich wollte mit meinem Vater sein. Es war immer schwierig, mit ihnen zu sein. Ich zeigte meine Muskeln, die ich nicht hatte. Wir kamen in ein Arbeitslager, auch in Birkenau. Nach und nach er-

fuhren wir, was passiert war: Ich hatte keine Mutter mehr, ich hatte keinen Bruder mehr – für immer.
    Wir haben durchgehalten – die ganze Zeit.
    Mit meinem Vater und meinem Bruder bin ich in dieses Lager gekommen. Hier bin ich krank geworden. Es gibt hier ja nichts. Keine sanitären Einrichtungen. Eine Mahlzeit am Morgen, nichts bis um sieben Uhr am Abend. Verrückt, ich habe es geschafft. Mein Vater ist in eine tiefe Depression gefallen. Von Tag zu Tag ist es ihm schlechter gegangen. Wenn ich abends von der Arbeit gekommen bin, habe ich mit ihm gesprochen. Er wollte nicht zur Arbeit gehen. Wir haben ihn inständig gebeten: »Versuch es, versuch es doch!« Er war fertig. Er hat sich aufgegeben. Der Blockälteste hat ihn geschlagen. Ein Jude hat ihn geschlagen – kein Deutscher. Ein Jude. Mein Bruder und ich haben das Kaddisch gesprochen. Sein toter Körper liegt nun bei den anderen Leichen vor dem Hangar.«
    Berko starb kurz vor der Befreiung in Bergen-Belsen.

Moralische Globalisierung und die Erklärung von Stockholm

Micha Brumlik

Der ökonomisch und technisch unabweisbare, politisch noch kaum gestaltete Prozess der Globalisierung hat – nicht zuletzt kraft weltumspannender Medien – ein auch den Subjekten zugängliches Wissen von der Einheit des Menschengeschlechts geschaffen, das welthistorisch seinesgleichen sucht. Heute ist die Weltgesellschaft Wirklichkeit geworden. Zugleich stellt der globale Raum, den politisch und moralisch zu beurteilen sowie zu formen wir alle gefordert sind, alles andere als einen verheißungsvollen Ort dar. Vielmehr gilt ungebrochen, was Theodor W. Adorno und Max Horkheimer bereits 1947 fest stellten:

«Aber die vollends aufgeklärte Erde strahlt im Zeichen triumphalen Unheils.»[1]

Lassen sich in dieser Weltgesellschaft universalistische Werte überhaupt noch theoretisch nachvollziehen, sozialwissenschaftlich plausibilisieren und pädagogisch konkretisieren? In dieser Weltgesellschaft – und es gibt nur noch diese eine Gesellschaft – werden territoriale, von Recht und Politik bestimmte Grenzen durch Wissenschaft, Kultur und Ökonomie ständig durchkreuzt. Die Ordnungs- und Störgrößen der alten, noch nicht globalisierten Welt, nämlich politisch geordneter Raum und personal strukturierte menschliche Körper, scheinen angesichts elektronischer Telekommunikation stetig an Bedeutung zu verlieren.[2] Welches wäre das politische System und welches die Öffentlichkeit kurz, welches wäre die Kultur, in der universal bedeutsame Werte erörtert werden?

Als Kandidat für diese universal bedeutsamen Werte scheinen heute die Menschenrechte zunehmend an Ansehen zu gewinnen.

Aber hat die Weltgesellschaft auch eine eigene Öffentlichkeit, in der die Menschenrechte kommuniziert werden können? Als Äquivalent für das politische System des Nationalstaats stehen neu entstehende, rechtlich mehr oder minder dicht strukturierte politische Großräume wie etwa die EU oder GUS, eventuell sogar die UN zur Verfügung, als Öffentlichkeit vor allem grenzüberschreitende elektronische Medien – vom Web bis zu CNN – sowie eine zunehmend monopolistisch homogenisierte Produktion von Printerzeugnissen. Die demokratische Öffentlichkeit des Globalisierungszeitalters[3] - als deren Akteure heute vor allem die NGO's gelten – wäre demnach Sachwalter der positiv kodifizierten Menschenrechte, die sie im Rahmen weltumspannender Elektronik und den Institutionen der UN gegenüber den Vertretern der politischen Weltgemeinschaft zu vertreten hätten.[4] In welcher Weise werden diese Werte heute aufgenommen und kulturell verbreitet? Werden sie abstrakt oder über spezifische Narrative, über große Erzählungen konkretisiert? Kann der vom nationalsozialistischen Deutschland an sechs Millionen europäischen Juden begangene Mord als jene »große Erzählung« gelten, die weltweit das Menschenrechtsbewusstsein vorantreibt?

»Neue Räume«, so die Soziologen Daniel Levy und Natan Sznaider in einer Studie über »Erinnerung im globalen Zeitalter« öffnen sich. Und die von vielen Historikern geschmähte Massenkultur drängt sich in den frei gewordenen Raum. Dieser Erinnerungsraum wird das kosmopolitische Gedächtnis werden ... Damit zusammenhängende Fragen der Einzigartigkeit und Vergleichbarkeit des Holocaust führen dazu, dass diese Unterscheidungen aufgehoben werden. Der Holocaust wird als einzigartiges Ereignis vergleichbar. Die partikulare Opfererfahrung der Juden kann universalisiert werden.«[5]

Als Beleg für ihre These präsentierten Levy und Sznaider eine Anzeige in der »New York Times«, in der die drei bedeutendsten amerikanisch-jüdischen Organisationen, das »American Jewish Committee«, der »American Jewish Congress« sowie die »Antidiffamation League« schon vor mehr als zwanzig Jahren, am 5. August

1992, nachdem erste Bilder von in serbische Lager eingesperrten Bosniern um die Welt gingen, Folgendes feststellten:

»Zu den blutigen Namen von ›Auschwitz‹, Treblinka und anderen Nazi-Todeslagern scheinen die Namen von Omarska und Brcko hinzuzufügen sein… Ist es möglich, dass fünfzig Jahre nach dem Holocaust die Nationen der Welt, unsere eingeschlossen, passiv dastehen und nichts tun und vorgeben, hilflos zu sein? Es sei hier betont«, so schließt die Anzeige, »dass wir jeden notwendigen Schritt tun werden, inklusive der Gewalt, um diesen Wahnsinn und dem Blutvergießen ein Ende setzen.«[6]

In diesem Sinne versammelten sich vor mehr als fünfzehn Jahren schon, zur Jahreswende 2000/2001, in Stockholm auf Einladung des schwedischen Staates Vertreter von vierzig Staaten, um über humane Werte im globalen Zeitalter vor dem Hintergrund eines wieder erstarkten Rassismus zu diskutieren und um dabei die allfälligen Lehren aus dem »Holocaust«, das heißt aus der industriellen Massenvernichtung der europäischen Juden und nicht nur der Juden, sondern auch von Millionen von Polen, Sowjetbürgern und weiteren Minderheiten durch das nationalsozialistische Deutschland zu ziehen. Die maßgeblich von dem israelischen Historiker Jehuda Bauer verfasste Abschlusserklärung des »Stockholm International Forum on the Holocaust« stellt dementsprechend fest:

»Da die Menschheit immer noch an den Wunden des Völkermordes, der ethnischen Säuberung, des Rassismus und des Fremdenhasses leidet, teilt die internationale Gemeinschaft die schwerwiegende Verantwortung, das Böse zu bekämpfen… Wir sind« – so schließt dieses Dokument – »verpflichtet, uns der Opfer, die umgekommen sind, zu erinnern, die Überlebenden, die noch unter uns weilen, zu respektieren und das der Menschheit gemeinsame Streben nach gegenseitigem Verständnis und Gerechtigkeit zu betonen.«[7]

Mit dieser Erklärung haben sich eine Reihe von Staatschefs – nicht nur der EU – dazu verpflichtet, in ihren Ländern pädagogische Bemühungen mit dem Ziel in Gang zu bringen, Fremdenhass, Rassismus und Antisemitismus einzudämmen. Die Erinnerung an die massenhafte Vernichtung der europäischen Juden durch das nationalsozialistische Deutschland soll so einem zukunftsgerichteten Zweck dienen. Damit wird die kollektive und individuelle Erinnerung an ein ebenso herausragendes wie grauenhaftes zeitgeschichtliches Ereignis zum Mittel, einer friedlicheren, gerechteren und demokratischen Welt den Weg zu bereiten. Allerdings ist – realistisch betrachtet – nicht davon auszugehen, dass die Kenntnis dieses Verbrechens unter den jeweiligen Bevölkerungen über undeutliche, ja ungenaue Fragmente hinausgeht – wie überhaupt ein mehr als oberflächliches historisches Wissen weltweit weder bei Erwachsenen noch gar bei Kindern und Jugendlichen vorausgesetzt werden kann. Damit käme der Pädagogik eine besondere Rolle für die Vergegenwärtigung von Geschichte zu.[8]

Im Übrigen hat die im Dokument von Stockholm ausgesprochene Verpflichtung nicht nur das Gedenken globalisiert, sondern auch die innere Struktur der deutschen Gedenkkultur und damit des deutschen Nachkriegsbewusstseins verändert. Der Verfasser einer immerhin vor dem 11. September 2001 erschienenen Studie zur deutschen Vergangenheitsbewältigung diagnostiziert, dass gegenwärtig, da die Massenvernichtung der europäischen Juden zum zentralen Thema einer weltgesellschaftlichen Erinnerungskultur wird, eben das eintritt, was während des Historikerstreits noch erbittert bekämpft wurde: die unwiderrufliche Historisierung der nationalsozialistischen Vergangenheit. Globalisierung und Historisierung gehen so Hand in Hand: mit dem wachsenden zeitlichen Abstand zu den Mordtaten wächst ihre geografische Bekanntheit.[9]

So entsteht ein Paradox: War es doch gerade die intensive, erst zögernd in Gang kommende, dann immer intensiver werdende Auseinandersetzung mit der Massenvernichtung, die in Deutschland dazu geführt hat, dass mittlerweile alle Verbrechen offen zu Tage liegen und somit: ihrer Eingliederung in die Geschichte nichts mehr im Wege steht. Die weltgesellschaftliche Indienstnahme von »Auschwitz« benimmt die Massenvernichtung endlich über die Stationen nicht nur der deutschen, sondern auch einer globalisierten Erinnerungskultur ihrer Einzigartigkeit.

In diesem Sinn lässt sich – wie in der oben zitierten Abschlusserklärung des Stockholm International Forum on the Holocaust – festhalten, dass die Erinnerung an den Holocaust zu einem zentralen Thema jedenfalls der westlichen Zivilisation – von New York über Ingolstadt bis Jerusalem geworden ist:

»Der Holocaust (Shoah) hat die Fundamente der Zivilisation in ihren Grundlagen herausgefordert. Der beispiellose Charakter des Holocaust wird immer eine universale Bedeutung haben.«[10]

Und das entspricht auch unserer Verfassung, dem Grundgesetz, das ja nicht von ungefähr die Würde des Menschen an seinen Anfang stellt.

In dem kristallklaren und nüchternen Bericht des italienisch-jüdischen Chemikers Primo Levi über seine Lagerhaft in Auschwitz wird den Erfahrungen absoluter Entwürdigung Rechnung getragen; der Ausdruck von der »*Würde* des Menschen« beziehungsweise der »Würde des *Menschen*« gewinnt vor der Kulisse von Auschwitz eine gebieterische und einleuchtende Kraft:

»Mensch ist«, so notiert Levi für den 26. Januar 1944, einen Tag vor der Befreiung des Lagers, »wer tötet, wer Unrecht zufügt oder erleidet; kein Mensch ist, wer jede Zurückhaltung verloren hat und sein Bett mit einem Leichnam teilt. Und wer darauf gewartet hat, bis sein Nachbar mit Sterben zu Ende ist, damit er ihm ein Viertel Brot abnehmen kann, der ist, wenngleich ohne Schuld, vom Vorbild des denkenden Menschen weiter entfernt als (...) der grausamste Sadist.«

Unter diesen Bedingungen schwindet dann auch die natürliche Neigung zur Nächstenliebe. Levi fährt fort:

»Ein Teil unseres Seins wohnt in den Seelen der uns Nahestehenden: darum ist das Erleben dessen ein nicht-menschliches, der Tage gekannt hat, da der Mensch in den Augen des Menschen ein Ding gewesen ist.«[11]

Es war die jüdische Mystik, die Kabbala, die diesen Gedanken theologisch ausgedrückt hat. »*Das Vergessen verlängert das Exil und das Geheimnis der Erlösung heisst Erinnerung.*« Ich danke für Ihre Aufmerksamkeit.

1   M. Horkheimer, Th. W. Adorno: Dialektik der Aufklärung, Frankfurt a. M. 1981, S. 7.
2   N. Luhmann: Die Gesellschaft der Gesellschaft, Frankfurt a. M. 1997, S. 145-170; ders.: Das Paradox der Menschenrechte und drei Formen seiner Entfaltung, in: ders.: Soziologische Aufklärung 6, Opladen 1995, S. 229-236.
3   J. B. Thompson: Die Globalisierung der Kommunikation, in: Deutsche Zeitschrift für Philosophie, 6/1997, S. 881-894; G. Koch: Die neue Drahtlosigkeit. Globalsierung der Massenmedien, in: ebd. S. 919-926.
4   Damit wäre die Schere zwischen einem kurzschlüssigen Universalismus allgemein unverbindlicher Moral und einem iterativen Universalismus der partikularen Kontexte geschlossen, da die entstehenden Großräume, zumal die in den Menschenrechten und der UN Mitgliedschaft politisch verfasste Weltgesellschaft, in einem universal und partikular ist.
5   D. Levy, N. Sznaider: Erinnerung im globalen Zeitalter: Der Holocaust, Frankfurt a. M. 2001.
6   A. a. O., S. 180.
7   Zitiert nach a. a. O., S. 213.
8   Vgl. M. Angvik, B. v. Borries: Youth and History, Hamburg 1997.
9   M. Jeismann: Auf Wiedersehen Gestern. Die deutsche Vergangenheit und die Politik von morgen, Berlin 2000.
10 Levy, Sznaider, a. a. O., S. 212.
11 P. Levi: Ist das ein Mensch. Die Atempause, München 1986, S. 164.

In »die dunklen Seiten des Herzens« schauen

Intellektuelle und emotionale Bildung gegen Antisemitismus

Michael Blume

Dass es das Amt eines Beauftragten gegen Antisemitismus braucht, ist eigentlich ein bedrückender Umstand. Ich selbst habe vor meiner Berufung zum Beauftragten der Landesregierung Baden-Württemberg gegen Antisemitismus nicht damit gerechnet, dass eine solche Stelle gebraucht werden würde. In meiner langjährigen Arbeit zwischen den Kulturen und Religionen war es meine Auffassung gewesen, dass Antisemitismus sich mit der Zeit durch Bildung und Begegnung abschwächen würde. Als ehrenamtlicher Vorsitzender einer christlich-islamischen Gesellschaft hatte ich mich erfolgreich dafür stark gemacht, auch Jüdinnen und Juden in den Dialog einzubeziehen – um so antijüdischen Vorurteilen unter Musliminnen und Christen entgegen zu wirken. Heute weiß ich, dass das noch zu optimistisch gedacht war: Zu stark verortete ich die Feindschaft gegen Jüdinnen und Juden in der Vergangenheit.

Als ich 2010 als Fachreferent an den Verhandlungen für einen Staatsvertrag zwischen dem Land Baden-Württemberg und den jüdischen Gemeinden mitwirken durfte, rief noch keine Verhandlungsseite die Themen Antisemitismus oder gar Sicherheit auf. Sichtbares, jüdisches Leben schien das beste Gegenmittel gegen »noch« bestehende Vorurteile und Hass zu sein.

2012 warnte dann erstmals ein unabhängiger Expertenkreis des Bundes vor einem Wiedererstarken des Antisemitismus auch im Gefolge der Finanzkrise, für die zunehmend »jüdische Kapitalisten« verantwortlich gemacht wurden. 2013 ergab eine europaweite Umfrage der Europäischen Agentur für Grundrechte (FRA), dass Jüdinnen und Juden einen Anstieg antisemitischer Beschimpfungen und Bedrohungen vor allem im Internet wahrnahmen.

2015 und 2016 wurde ich dann als Leiter einer humanitären Rettungsaktion in Kurdistan-Irak in unzähligen Gesprächen mit Vertretern von Politik, Religionen und Gesellschaft mit antisemitischen Verschwörungsmythen konfrontiert: Der sogenannte »Islamische Staat« sei vom israelischen Geheimdienst Mossad gegründet und geführt worden. Der selbsternannte Kalif al-Baghdadi sei ein jüdisch-amerikanischer CIA-Agent namens Shimon Elliot. Jedermann wisse doch, so bekam ich zu hören, dass schon der Anschlag des 11. September 2001 »ein Insider-Job« gewesen sei und »alle 4.000 Juden kurz vor dem Anschlag das World Trade Center verließen«. In meinem Buch »Islam in der Krise« reflektierte ich auch diese Beobachtungen und widmete dem Erstarken des Antisemitismus auch – aber nicht nur – in der arabischen Welt ein Buchkapitel.

Kurz nachdem mein Team und ich dann Ende Januar 2016 den Irak-Einsatz mit dem Ausfliegen von rund 1.100 vor allem ezidischen Frauen und Kindern, die Opfer des sogenannten »Islamischen Staates« gewesen waren, beenden konnten, zog erstmals die rechtsgerichtete AfD in unseren Landtag ein. Darunter befand sich ein – erst 2020 aus der Partei ausgeschlossener – Abgeordneter, der in seinen Schriften einen massiven Antisemitismus auf Basis der erwiesenermaßen gefälschten »Protokolle der Weisen von Zion« vertrat.

Nun also begann ich, zunächst ehrenamtlich und wissenschaftlich über die Wiederkehr des Antisemitismus zu arbeiten, zu publizieren und – auch in Kirchen, Moscheen und jüdischen Gemeinden – vorzutragen.

Und zu meiner Überraschung schlugen mich dann im Frühjahr 2018 die jüdischen Gemeinden bei Ministerpräsident Kretschmann und den demokratischen Landtagsfraktionen für das neu zu schaffende Amt eines Regierungsbeauftragten gegen Antisemitismus vor. Auf meine verblüffte Nachfrage, warum sie nicht jemanden aus den jüdischen Gemeinden selbst vorgeschlagen hatten, bekam ich die Antwort, die mich bis heute verpflichtet: »Michael, uns wirft man immer vor, wir wären übersensibel oder wollten nur Kritik am Staat Israel abblocken. Aber du bist Christ, bist mit einer Muslimin verheiratet und bist Wissenschaftler. Vielleicht glauben die Leute ja dir.«

Nach einem Beschlussantrag gegen Antisemitismus in unserem Landtag, dem alle Fraktionen außer der AfD zustimmten, trat ich mit der Rückendeckung des Ministerrates sowie von Grünen, CDU, SPD und FDP noch vor meinem Kollegen Dr. Felix Klein als bundesweit erster Regierungsbeauftragter gegen Antisemitismus im März 2018 mein Amt an. Seitdem arbeiten mein kleines Team und ich hart daran, dass es diese Stelle in Zukunft nicht mehr braucht.

Als eine der Hauptaufgaben wurde mir die Aufklärung der Bevölkerung über Antisemitismus aufgetragen. Schulen sind dabei ein wichtiger Ort, an dem ich immer wieder mit jungen Menschen über Antisemitismus diskutiere und Fragen zum Thema beantworte. Klassischerweise werden Schülerinnen und Schüler im Geschichtsunterricht mit der Bearbeitung der Feindschaft gegenüber Jüdinnen und Juden konfrontiert als Teil des Unterrichts über die deutsche Geschichte während der NS-Zeit. Die Aufarbeitung der deutschen Schuld an Krieg und Holocaust stehen dabei völlig zu Recht im Mittelpunkt. Die Auseinandersetzung mit der Schuld derer, die zur NS-Zeit dem Menschheitsverbrechen Vorschub geleistet haben, ist nötig und richtig.

Dennoch bemerkte ich bei vielen Diskussionen mit Schülerinnen und Schülern eine Verschiebung des Diskurses, welche offene Fragen zurückließ. In einer Gesellschaft, in der jeder vierte Mensch einen Migrationshintergrund hat, wird es zunehmend schwerer, den jungen Menschen einen persönlichen Bezug zu den Verbrechen Deutschlands zu vermitteln. Die Frage nach der »Schuld« wurde nicht nur oft falsch gestellt – kein Mensch trägt persönliche Schuld an den Taten von Vorfahren –, sondern konnte Klassenverbände mit Schülerinnen und Schülern verschiedener Herkunft geradezu zerreißen. Nicht wenige Jugendliche mit deutschen Vorfahren fühlten sich zu Unrecht »angeprangert«. Umgekehrt nutzten manche Jugendliche mit Migrationsgeschichte den Vorwurf,»Deutsche« wären »schon immer Nazis« gewesen, um wiederum die Auseinandersetzung mit Rassismus und Antisemitismus in den eigenen Traditionen zu verweigern.

Hinzu kommt das zunehmende Fehlen von Zeitzeuginnen und Zeitzeugen, deren Auftritte an Schulen von pädagogisch großer Bedeutung waren. Ohne sie bleiben die jüdischen NS-Opfer abstrakt, fremd und auch grafisch in Schwarz-Weiß in eine mediale Vergangenheit entrückt: Man soll sie bemitleiden, doch sie bleiben »die Anderen«, auch sprachlich in der Gegenüberstellung von »Juden und Deutschen«.

Entsprechend waren und sind die Rückmeldungen gerade auch engagierter Lehrerinnen und Lehrer häufig und klar: Die sogenannte Holocaust-Pädagogik funktioniere nicht mehr. Wenn sie nicht durch neue Ansätze, vor allem Begegnungsmöglichkeiten, Schulmaterial und Fortbildungen erneuert werde, dann werde man das Thema zukünftig eben meiden. Und dies, während gleichzeitig Vorfälle etwa mit antisemitischen Memes (Internetbildern) via WhatsApp & Co. massiv zunehmen.

Also nein: Der Antisemitismus verschwindet nicht im Nebel der Vergangenheit und löst sich nicht einfach nach der Befreiung Europas und Deutschlands vom Nazi-Terror von alleine auf. Mit offenem Blick müssen wir uns den Befunden stellen, dass Antisemitismus weitergegeben wurde und sich heutzutage in neuen, vor allem digitalen Formen regt. So fantasierten manche deutsche Politikerinnen und Politiker davon, dass Jüdinnen und Juden – namentlich vor allem George Soros – schuld seien an der Flüchtlingskrise. In dieser Fantasie steckten hinter der Flucht von Menschen aus dem arabischen und afrikanischen Raum verschiedene Mächte, die sich gegen die europäischen Völker verschworen hätten und diese »umvolken« wollten. Die als autochthon angesehene Bevölkerung Europas sei also ein Opfer dunkler Verschwörer, die sie ihres angestammten Landes berauben oder gar ganz vernichten wollen würden.

Und diese Fantasie, dieser Mythos vom sogenannten Bevölkerungsaustausch steht in einer direkten Tradition zur NS-Propaganda beispielsweise in Hitlers »Mein Kampf« und hat eine einfache Erklärung für diejenigen, die hinter den als bedrohlich wahrgenommenen Migrationsbewegungen stecken: Es seien »die Juden« oder wahlweise die »Zionisten«, die sich verschworen hätten und Flüchtlinge als »Massenwaffe« gegen Europa schicken würden.

Der digital verbreitete Antisemitismus baut dabei auf nie überwundenen Fehlvorstellungen und -begriffen auf. So wird noch bis in die Alltagssprache hinein behauptet, bei »Semiten« handele es sich um eine »Rasse« aus Juden und Arabern. Schon in der NS-Zeit wurde dieser Mythos aggressiv propagiert, nach dem Europa eigentlich der sogenannten »arischen Rasse« gehören würde, dass aber »die Juden« beziehungsweise »die Semiten« diese Herrschaft sabotieren würden. Und auch nach dem Zerfall des Naziregimes hielt sich diese Vorstellung in den Köpfen vieler Menschen innerhalb, aber auch außerhalb Deutschlands und wurde über Familien- und Freundeskreise, Verbände und extreme Parteien sowie auch Medien in unterschiedlichen Ausformungen bis heute weitergetragen. Diese Fantasie ist nur eine der vielen Vorstellungen, die über Jüdinnen und Juden kursieren. Aber immer wieder werden Jüdinnen und Juden dabei zu vermeintlichen Anführern einer Weltverschwörung gemacht. Egal ob es um Wirtschaftskrisen geht, Kriege, unterschiedlichste Ungerechtigkeiten oder die Covid-19-Pandemie: Immer wieder werden die althergebrachten Verschwörungsmythen gegenüber Juden reaktiviert, neu ausgelegt und damit ihnen die Schuld an diesen Zuständen unterstellt.

Die Bereitschaft, hinter den komplexen und immer wieder auch überwältigenden Zuständen in der Welt eine einfache Erklärung anzunehmen, beruht auf bestimmten psychologischen Wirkungsweisen. In der Leipziger Autoritarismus-Studie (2018) sprechen Oliver Decker und Elmar Brähler davon, dass antisemitische Weltsichten eng mit autoritären Einstellungen verzahnt sind. Diese Einstellungen werden, wie der Kinderarzt Herbert Renz-Polster in seinem Buch »Erziehung prägt Gesinnung« (2019) ausführt, durch eine Erziehung begünstigt, bei der die Meinung und Weisung des/der Erziehungsberechtigten an erste Stelle gesetzt werden und wenig Raum bleibt für eigenständige Reflexion. Dadurch kommt es zu einem Defizit im Umgang mit Ambiguitäten und Polyvalenzen – also mit Sachverhalten in der Welt, die nicht eindeutig und abschließend bestimmbar sind. Die vielen Graubereiche der Welt, die man unter unterschiedlichsten Perspektiven betrachten kann, verunsichern Personen, die sich im Spektrum autoritärer Charakterzüge bewegen. Da diese Unklarheiten nicht akzeptiert und ausgehalten werden können, sehnen sich autoritär veranlagte Menschen nach »Schuldigen« für die unklaren Zustände und damit nach eindeutigen Antworten im Sinne von Schuldzuweisungen. In Krisensituationen, egal ob gesellschaftlich oder persönlich, ist die Vorstellung eines einzelnen Gegners in der Welt, der diese Schicksalsschläge erklären kann, eine wichtige Entlastung für Personen, die autoritär geprägt wurden.

Diese leider sehr starke Erzählung setzte sich fest in der Weltsicht von Generationen von Menschen und ist bis heute ein Mythos, auf den in Krisensituationen leicht zurückgegriffen werden kann. Autoritären Persönlichkeiten steht somit eine vermeintliche Erklärung zur Verfügung, dessen Reaktivierung wenig Nachdenken erfordert.

Wie gefährlich nah dieser Glaube an eine jüdische Verschwörung an der Schwelle der Zivilisation liegt, sieht man an den vielen besorgniserregenden Verschwörungserzählungen, die zur Zeit der Corona-Krise aufgetaucht sind. So wird die Pandemie von antisemitischen Kommentatoren als Ergebnis einer amerikanisch-zionistischen »Biowaffe« und jüdisch dominierten Weltverschwörung zugeschrieben, die sich entweder an Impfmitteln bereichern wollen würde oder gleich die Zerstörung der Welt im Sinn hätte.

Menschen, die sich diesem radikalen Glauben an solche Mythen über längere Zeit hinweg verschrieben haben, sind kaum mit Argumenten zu überzeugen, werden doch alle Gegenstimmen nicht als bedenkenswert erachtet, sondern als Machenschaften der »Bösen« und der vermeintlichen Verschwörer abgestempelt. Ein rationales oder auch emotionales Durchdringen ist dann kaum mehr möglich.

Doch es gibt genug – nicht nur junge – Menschen, die immer noch angesprochen werden können und nicht vollends einem Verschwörungsglauben zum Opfer gefallen sind. Eine Aufklärung, ein bewusstes Hinschauen und Vermitteln der Wirkungsmechanismen von antisemitischen Verschwörungsgedanken kann gegen diesen zersetzenden Glauben immunisieren. Konkret bitte ich all meine Zuhörerinnen und Zuhörer sowie Leserinnen und Leser – und also auch Sie – dazu um drei Punkte:

1. Klären Sie für sich und für andere, dass es bei »Semiten« nicht um eine »Rasse« von Jüdinnen und Arabern geht.
Es gibt keine Menschenrassen und das Judentum ist eine Religion mit Angehörigen aller Hautfarben.
Der Noah-Sohn Sem steht in der jüdischen Überlieferung gerade nicht als Begründer einer »Rasse«, sondern als der Begründer des ersten Lehrhauses, in dem in Alphabetschrift gelehrt wurde. Das Judentum war die erste »semitische« Religion auf Basis einer Schrift mit weniger als 30 Zeichen. Bis heute steht die Thora – mit 304.805 von Hand geschriebenen Buchstaben – im Zentrum des Kultes, mit ihr wird jedem Kind das Lesen und Schreiben vermittelt und in der Bar beziehungsweise Bat Mitzwa gefeiert. Der Begriff »Bildung« selbst ist direkt aus der Bibel abgeleitet und zum Programm entwickelt worden. Der Semitismus ist keine »Rasse«, sondern eine Bildungstradition auf Basis der Alphabetschrift (diese übrigens bis heute benannt nach hebräisch Aleph, Beth). Der Anti-

semitismus hat seinen Grund also nicht in Genetik, sondern in Neid, Hass und schließlich Verschwörungsmythen gegen die erste Buch- und Bildungsreligion.

2. Sprechen und schreiben Sie bitte von »Verschwörungsmythen« statt von »Verschwörungstheorien«.

Der leider immer noch gängige Begriff »Verschwörungstheorien« verniedlicht und adelt teilweise jahrhundertealte Verschwörungserzählungen etwa über Ritualmorde, Brunnenvergiftungen und angeblich die Demokratien beherrschende Geheimbünde. Verschwörungsgläubige brauchen nur auf reale Verschwörungen verweisen, um die Kritik an »Verschwörungstheorien« ins Leere laufen zu lassen.

Theorien sind empirisch überprüfbar, Mythen dienen der Orientierung. Es gibt gute und schlechte Theorien ebenso wie gute und schlechte Mythen. Hier gibt es keine Entschuldigungen mehr für unsauberes Sprechen und Denken: Antisemitische Verschwörungserzählungen sind keine wissenschaftlichen Theorien, sondern schlechte Mythen.

3. Rassismus ist keine wissenschaftliche Theorie, sondern eine Mythentradition.

Gerne wird noch immer behauptet, erst die Wissenschaften des 19. Jahrhundert hätten die bis dahin geltende »Judenfeindlichkeit« rassistisch radikalisiert. Auch das ist grob falsch.

Der Begriff »razza« von arabisch raz = Kopf, Herkunft, vgl. hebräisch Rosch, entfaltete sich schon im 15. Jahrhundert in Spanien auch in der Diffamierung von Christinnen und Christen, die – oft unter Zwang – aus dem Judentum oder dem Islam konvertiert waren. Zumal sie selbstverständlich etwa ihre Bildungsabschlüsse behalten hatten, wurde ihnen nun vorgeworfen, sie hätten die falsche »razza« – Herkunft, Blutlinie – und als »Kinder Sems« (!) eine doppelte Erbschuld. Entsprechend wurde bestritten, dass die christliche Taufe bei ihnen wirke. Bald zirkulierten antisemitische Verschwörungswerke wie die »Schildwache gegen die Juden« (1674), wonach sie »bis in die 21. Generation« geheime

Verschwörer blieben und im christlichen Gottesdienst nur besonders fromm täten. Mit analogen, mythologischen und letztlich auch gegen kirchliche Dogmen gerichtete Lehren wurden die Versklavung von Afrikanerinnen und Afrikanern (»negroes«) sowie generell Ureinwohnerinnen und Ureinwohnern in Amerika und Fernost – etwa auf den Philippinen – gerechtfertigt. Wer die Geschichte des Rassismus erst im 19. Jahrhundert anfangen lässt, übersieht die massive Verflechtung von Antisemitismus, Rassismus und Kolonialismus seit der Einführung des Buchdrucks.

Die Unsicherheiten von Verschwörungsglauben betroffener Menschen sollen dabei nicht beiseitegeschoben werden. Wir müssen diese auch ernst nehmen, so wie wir unsere eigenen inneren Widersprüche, Unklarheiten und Sorgen ernst nehmen sollen. Unser Blick muss sich auch auf unser Inneres, unsere Psyche richten und damit auch auf unsere Emotionen. Durch das Wegsehen, das Verdrängen dessen, was uns unsicher oder möglicherweise sogar Angst macht, wird der Impuls nur stärker, die einfachen Antworten und Lösungen für die komplexe Welt zu finden. Verschließen wir uns unseren (auch negativen) Emotionen, verschließen wir uns der Möglichkeit, die Ambivalenzen in unserer Psyche, unserem Umfeld und der Welt insgesamt anzuerkennen. Zu Recht hat der Holocaust-Überlebende und spätere Friedensnobelpreisträger Ellie Wiesel appelliert, beim Kampf gegen Antisemitismus mutig in »die dunklen Seiten des Herzens« zu schauen; jeden Herzens.

Als Beauftragter gegen Antisemitismus habe ich dem Landtag von Baden-Württemberg einen Bericht mit insgesamt 76 Handlungsempfehlungen für alle Bereiche der Politik vorgelegt: von Bildung über Strafverfolgung bis zu deutsch-israelischer Begegnung, Integrationsarbeit und Erinnerungskultur. Und gemeinsam mit den jüdischen Gemeinden unseres Landes möchte ich regelmäßig Bilanz darüber ziehen, welche Maßnahmen bereits umgesetzt werden konnten – auch dann, wenn sie Geld und hier insbesondere Personaleinsatz, etwa in der Fortbildung, kosten. Jeder ernsthafte Kampf gegen Antisemitismus beinhaltet mehr als eine Abwehr der NS-Vergangenheit und mehr als eine ritualisierte Bestätigung deutscher Schuld. Antisemitismus steckt immer noch zum Teil im Gewebe unserer Gesellschaft und unserer Psyche. Und Antisemitismus trifft nicht nur Jüdinnen und Juden. Der Verschwörungsglaube, der mit dem Antisemitismus eng verwoben ist, kann letztlich alle freiheitlichen, demokratischen und rechtsstaatlichen Prinzipien und deren Vertreterinnen und Vertreter treffen. Der britische Lord Rabbi Jonathan Sacks hat es 2016 in seiner Rede im Europäischen Parlament eindrucksvoll formuliert: »The hate that begins with Jews never ends with Jews.« – Der Hass, der bei Juden beginnt, endet nie bei ihnen. Die Verfolgungsgeschichte zum Beispiel der europäischen Roma und Sinti oder der kurdischen Eziden bezeugen die Wahrheit dieser Beobachtung. Antisemitismus und Rassismus bedrohen immer – immer! – die Grundlagen eines demokratischen Rechtsstaates. Und ich hoffe: Aus diesem Problembewusstsein kann letztlich ein Verständnis erwachsen, mit dem wir gemeinsam Hass und Verschwörungsglauben abwehren und unser aller Zukunft gestalten können – eine hoffnungsvolle Zukunft als gleichberechtigte Bürgerinnen und Bürger in pluralistischen, rechtsstaatlichen Demokratien.

Ohne Donner

Lena Gorelik

Wenn Vertrauen bricht, so ist das ein leises Gefühl, obwohl die Konsequenz eine gewaltige ist. Man lernt dann die vielleicht wichtigste Lektion von allen: auf sich selbst vertrauen zu müssen. Es fehlt das Donnergrollen, das dem Vertrauensbruch gebührt.

Als Kinder vertrauen wir, so sagt man das, blind. Wir lassen die Augen verbunden und uns führen, wir tun das später mit unseren eigenen Kindern: Wir führen sie, sie halten die Augen geschlossen. Es ist bis heute ein Wunder für mich: Wie Kinder einem, eben blind, glauben. Zum Beispiel, dass das eine riesengroße, wundersam aussehende Tier, der Dinosaurier, ausgestorben sein soll, während das andere riesengroße, wundersam aussehende Tier, der Elefant, in Afrika lebt, dass man als Kind das so hinnimmt als gültige Wahrheit, auch bevor man den Elefanten mit eigenen Augen im Zoo gesehen hat und sich darüber Gedanken machen kann, dass die anderen, die Dinosaurier, nur in Bilderbüchern vorkommen. Da ist es, das zarte Vertrauen, das eben deshalb so groß ist, aber vielleicht bleibt es auch für immer so, auch wenn wir keine Kinder mehr sind: Vertrauen ist groß, weil es zart ist. Als ich Kind war, da haben sie mir da, wo ich aufwuchs, in der Sowjetunion nämlich, erzählt, dass unser Land, die Sowjetunion, das größte und großartigste Land der Welt ist, und ich habe ihnen beides geglaubt, das »groß« und das »großartig«, und von Dinos haben sie mir erstaunlich wenig erzählt. Ich habe ihnen vertraut, weil Glauben auch immer ein Vertrauen ist, eine Voraussetzung oder ein Synonym, ich habe ihnen auch alles andere geglaubt: Als sie mir sagten, dass Menschen gleich sein sollen, dass das gut ist, wenn Menschen gleich sind, ich habe blind daran geglaubt, und die Augen auch dann geschlossen halten wollen, als ich sah, dass manche eben gleicher waren.

Später, nachdem meine Familie das große und großartige Land verlassen hatte, um in dem kleineren, aber großartigeren Deutschland zu leben, haben sie mir das Gegenteil erzählt: Dass es nicht gut ist, wenn die Menschen gleich sind. Sie erzählten mir auch etwas von Demokratie, das Wort Rechtsstaat fiel zum ersten Mal, das war im Russischen nie gefallen. Menschenrechte, das gefiel mir, überhaupt bewunderte ich all die großen Worte; das ist so, wenn man neu ist in der Demokratie. Sie fühlten sich an wie Gott, aber von Menschen geschaffen; wie etwas, das auf mich aufpasst, eine große Decke, ich war noch ein Kind, deshalb vielleicht. Ich wollte eines Tages Reden halten, vor der UN-Versammlung vielleicht, ich wollte die großen Worte werfen und den großen Worten Taten voran gehen oder folgen lassen, ich wollte diesen Glauben weitergeben, den an das Gute im Menschen. Es war das Alter, in dem ich Anne Franks Tagebuch mit Tränen und mit Bleistift unterstrichenen Sätzen las, die Taschenbuchausgabe.

Das blinde Vertrauen ist rein, ihm ist noch nicht das Menschliche begegnet, die einfache Tatsache, dass wir fehlbar sind. Dass das Leben dazwischen kommt: Die Unmöglichkeit, sich an Versprechen zu halten, und manchmal wird die Unmöglichkeit ein Unwille sein. Darauf, in einem Rechtsstaat, in einer Demokratie zu leben, in einem Land, in dem Menschenrechte ein haltbarer Wert sind, vielleicht der höchste, in dem Menschen Lichterketten gegen Fremdenhass bilden (wir kamen Anfang der Neunziger nach Deutschland, hielten ebenfalls Kerzen in der Hand, und meine Mutter weinte), wollte ich blind vertrauen, ich wollte mich suhlen in diesem Glauben, in einer Möchtegerne-Gewissheit. Ich hatte keine Angst, keine vor Fremdenhass, von dem ich glaubte, das Kerzenlicht würde für immer dagegen brennen, und auch keine vor Antisemitismus, immerhin wir hielten auch am 9. November Kerzen in der Hand. Ich wuchs in einer schwäbischen Kleinstadt auf, und auf dem ehemaligen Synagogenplatz stand ich zwischen

Freunden und Lehrern; das war das kleine, aber das großartige Land.

Später habe ich Vertrauen brechen mehr gespürt, denn gehört; das ist ein leises Gefühl. Ich beobachtete mit wachsender Unruhe, der ich verbot, eine Angst zu werden: Wie an Montagen erst Pegida-Anhänger demonstrierten, in diesem inzwischen meinem Land, wie Diskurse immer häufiger verdreht wurden, dass als besorgte Bürger die Angreifer bezeichnet wurden, nicht die Angegriffenen, wie eine Partei mit rechtsradikalen Tendenzen in den Bundestag einzog. Wie immer lauter geschrien wurde, dass Menschen gleich sein sollten, dass alles, was fremd war, zu einem Feindbild wurde; dass diejenigen, die anders denken, sprechen, glauben, lieben, Begriffe wie Heimat anders fühlen, sich anders identifizieren für so erstaunlich viele eine Gefahr zu sein scheinen, etwas, das nicht hierher gehört, in das Land, das sie plötzlich für sich vereinnahmen wollten. Die Zahlen wuchsen an, während das Vertrauen kleiner wurde, es zog sich sozusagen zusammen, ein erschrecktes Knäuel, das sich verkriechen muss: wachsende Zahlen von AfD-Anhängern, rechtsradikalen Übergriffen, antisemitischen Vorfällen. Das schwindende Vertrauen in die Menschlichkeit dieser Gesellschaft: der Glaube daran, dass das bei uns nicht passieren kann. Nicht hier, wo man das Nie, nie wieder in der Schule lernte, wo es gilt. Oder sollte ich das Verb ins Präteritum setzen: galt.

Wenn das Vertrauen schwindet, so muss man die Augen öffnen. Man muss sie weit aufreißen und sich umsehen, man muss versuchen zu erkennen, was da geschieht. Statistiken, die steigende Übergriffe mit antisemitischem Hintergrund vermelden, jüdische Eltern, die sich Sorgen machen, Sorgen, die auf Erfahrungen beruhen, ihre Kinder könnten gemobbt werden, weil sie jüdisch sind, neue Antisemitismusbeauftragte, das sagt vielleicht auch schon alles: Dass man nicht nur den Posten, sondern auch das Wort erschaffen musste. Man schiebt das gerne auf den sogenannten neuen Antisemitismus, auf die Geflüchteten aus Syrien und anderen muslimisch geprägten Ländern, man sagt den Menschen aus diesen Ländern gern – und nicht zu Unrecht – nach, dass sie uns fremde Rollenbilder, und darunter dieses, mit hierher importieren: dass Juden böse sind und ausgerottet gehören. Das stimmt in vielen Fällen: Den Hass auf die Juden, den innigsten Wunsch, deren Land, Israel, im buchstäblichsten Sinne auszulöschen, haben viele Geflüchtete zum Teil mit der Muttermilch aufgesogen. Auf die Straßen, auf denen »Tod den Juden« gepinselt stand, haben sie ihre »Himmel und Hölle«-Kästchen gemalt, in den Serien, die sie im Fernsehen sahen, und in den Geschichten, die sie von ihren Großmüttern hörten, waren die Juden die Bösen, und in den Geschichtsbüchern lernten sie aus Weltkarten, auf denen sich ein Land nicht fand: Israel. Das lässt sich nicht verleugnen, aber das ist – und das lässt sich nicht oft genug wiederholen – noch kein Grund für nichts. Erst recht nicht dafür, Menschen im Stich zu lassen, unsere Hilfe zu verweigern, unseren Wohlstand und unsere Demokratie nicht zu teilen. Die Angst darf niemals größer als die Menschlichkeit werden. Den neuen Antisemitismus in den Fokus zu rücken, ist übrigens eine ziemlich kindliche Geste: die mit dem Finger auf andere zeigt. Da sind sie, die neuen, die bösen Antisemiten. Als hätten wir unsere eigenen nicht. Die, die schon immer da gewesen sind, und die, die sich plötzlich zeigen und trauen und auf Straßen skandieren, weil ein Virus im Umlauf ist, hier in Deutschland und in anderen europäischen Ländern, weil etwas mit uns und um uns herum geschieht: Ängste werden in Abwehr, Hass und Gewalt materialisiert. Was anders ist, wird zum Feindbild, zu etwas, was ausgeschlossen gehört.

Wo ein Vertrauen in andere schwindet, erwächst das Vertrauen in sich selbst. Wenn Kinder nicht mehr blind den Eltern, den Erwachsenen vertrauen, wissen sie um das eigene Hinterfragen. Sie vertrauen Menschen, die sie sich selbst aussuchen, vertrauen dieser eigenen Wahl. Wenn das Vertrauen darauf, dass in diesem Land jeder Gruppen angreifende Hass im Keim erstickt wird, dass die Demokratie per se ein automatisch greifender Schutzmechanismus ist, schwindet, so wächst im besten Fall das Vertrauen in die eigene Kraft. In das handlungsbestimmende Ich, und, lieber noch, in die vielen Ichs, die sich zu einem Wir zusammen schließen können, einem Wir, das für eine Gesellschaft kämpft, der sie vertrauen darf. Das Vertrauen in die eigene Stimme, sie erklingen zu lassen, wenn zum Beispiel Unrecht geschieht, wenn die Demokratie als solche angegriffen wird, wenn das, woran man geglaubt hat, angegriffen wird, wenn Menschenrechte außer Kraft gesetzt werden sollen. Vertrauen in sich selbst ist, was einem Gestaltungsfreiheit ermöglicht. Auch die, eine Gesellschaft zu gestalten, in der Hass keinen Raum hat, in die man wieder Vertrauen haben kann.

Nie wegsehen – Antiziganismus ächten

Romani Rose

Der Mordanschlag in Hanau war der – wir müssen wahrscheinlich sagen: vorläufig – letzte rechtsterroristische Anschlag in Deutschland. Unter den Opfern waren drei Angehörige der Sinti und Roma, ein weiterer Sinto wurde schwer verletzt. Mindestens 208 Menschen wurden seit dem Wendejahr 1990 Opfer rechter Gewalt, und die Anschläge von München, Kassel, Halle oder Hanau zeigen, dass wir in der Bundesrepublik Deutschland inzwischen ein politisches und gesellschaftliches Klima haben, in dem Rassismus, Antiziganismus und Antisemitismus von weiten Teilen der Bevölkerung als offenbar »normal« betrachtet wird. Wir dürfen nicht vergessen, dass diese Serie von rechtsterroristischen Anschlägen schon viel früher einsetzte, das Bombenattentat auf das Münchner Oktoberfest 1980 galt selbst bis vor Kurzem noch als Tat eines Einzeltäters. Hoyerswerda, Rostock-Lichtenhagen, Mölln, Solingen waren dann die Attentatsorte nach der Wiedervereinigung: der mörderische Ausdruck einer aggressiven Debatte in Medien und Politik um die Einschränkung des Asylrechts und um die Abweisung von Flüchtlingen.

Hierzu haben politische Akteure wie die AfD und ihr weggetauchter »Flügel« maßgeblich beigetragen, aber ebenso auch staatliche Institutionen wie Verfassungsschutzämter und Polizeibehörden, die jahrzehntelang die Gefahren des Rechtsterrorismus ignoriert, geleugnet oder verharmlost haben. Wir erinnern uns noch sehr genau, dass die Täter der NSU-Morde zuerst in den Familien der Opfer gesucht wurden und dass selbst gut im rechten Spektrum vernetzte Täter in der Regel als »Einzeltäter« eingestuft werden.

Für den Zentralrat Deutscher Sinti und Roma zeigen diese mörderischen Anschläge auf brutale Weise auf, wie weit die Hemmschwelle unter Rechtsradikalen und Rassisten gesunken ist, auch dadurch, dass demokratische Parteien der AfD immer mehr Raum geben und damit die Abgrenzung zu den Extremisten unterlaufen wird. Die staatlichen Verfolgungsbehörden von Polizei und Verfassungsschutz haben diese Entwicklungen jahrzehntelang geduldet und unterstützt.

Die aktuell vorgelegten Zahlen zu antiziganistischen Straftaten für das Jahr 2019 zeigen einen Zuwachs von 15 Prozent im Vergleich zum Vorjahr. Dabei ist die Dunkelziffer wahrscheinlich sehr hoch. Eindeutig ist, dass die Straftaten fast ausschließlich von rechtsradikalen Tätern verübt werden. Straftaten mit antiziganistischer Motivation werden erst seit sehr kurzer Zeit überhaupt erfasst; der Antiziganismus ist – obwohl diese spezielle Form des Rassismus tief in der deutschen Gesellschaft verwurzelt ist – bislang kaum in seinen Ursachen und Ausformungen erforscht und dokumentiert.

Am 27. März 2019 berief die Bundesregierung deshalb – nach langen Verhandlungen mit dem Zentralrat Deutscher Sinti und Roma – die Mitglieder der im Koalitionsvertrag vereinbarten unabhängigen Expertenkommission Antiziganismus. Minister Seehofer unterstrich die Bedeutung der Expertenkommission für die zukünftige politische Ausrichtung bei der Bekämpfung des Antiziganismus. Es sei sein Wunsch und der Wunsch seines Ministeriums, dass die Kommission einen Abschlussbericht mit substanziellem Gehalt liefere, der Bundestag, Bundesregierung und der Minderheit der Sinti und Roma gleichermaßen Vorgaben für einen respektvollen Umgang liefern möge.

Mit der Einrichtung dieser Unabhängigen Kommission, die im Auftrag der Bunderegierung Antiziganismus dokumentiert, seine historischen Wurzeln und seine aktuellen Ausprägungen untersucht und darauf aufbauend entsprechende Maßnahmen zur Bekämpfung des Antiziganismus vorschlagen wird, hat unsere Politik und damit auch unsere Gesellschaft einen wichtigen Schritt getan, um bei Antiziganismus nicht länger wegzusehen. Denn noch immer sind Sinti und Roma im Alltag oftmals massiven Diskriminierungen ausgesetzt, und noch immer wird unsere Minderheit als Sündenbock für Versäumnisse und Fehler in der Politik wie auch in der Gesellschaft missbraucht.

Dabei spielen die Medien oftmals eine besondere Rolle. Gerade der Drittanbieter Spiegel-TV fällt mittlerweile, wenn es um Sinti oder Roma geht, durch einen andauernden Rassismus und dezidierten Antiziganismus in der Medienlandschaft auf. Die in der Reihe *Akte 20.19* gezeigte Pseudo-Dokumentation *Roma: Ein Volk zwischen Armut und Angeberei*, die von Spiegel-TV produziert und am 7. August 2019 von SAT.1 ausgestrahlt wurde, diffamiert die Angehörigen von Sinti und Roma auf eine widerwärtige und rassistische Art. Der Zentralrat reiht diesen Film ausdrücklich in die rassistische Tradition eines *Jud Süß* oder jenes Nazi-Propagandafilms über das Ghetto Theresienstadt *Der Führer schenkt den Juden eine Stadt* ein. Wie im NS-Film über Theresienstadt durchziehen den Sat.1-Film immer wieder Sequenzen, in denen Roma in unterschiedlicher Weise mit Ratten in Zusammenhang gebracht werden, insbesondere die Wohnsituation in den Ghettos in Rumänien wird auf diese Weise charakterisiert. Damit wird gleichzeitig diese menschenunwürdige Situation als vorgeblich der Mentalität von Roma entsprechende Lebensweise dargestellt – ohne den der desolaten Lage großer Teile der Roma-Bevölkerung zugrundeliegenden massiven Rassismus in ihren Heimatländern als Ursache zu benennen. Sat.1 wie Spiegel-TV bedienen mit derartigen Beiträgen dezidiert rechtsextreme Positionen. Sie tragen damit direkte Verantwortung für die zunehmende Gewaltbereitschaft in unserer Gesellschaft.

Was sich hier zum wiederholten Male abspielt, kennen Juden, Sinti und Roma seit langem: ein Problem (sei es real oder sei es in Zeiten des Wahlkampfs lanciert) wird dadurch zugespitzt und eine Lösung suggeriert, indem eine Minderheit zum Sündenbock erklärt wird. In diesem Kontext aber durch eine gezielte, an der Abstammung festgemachte Kennzeichnung, die die Angehörigen der Minderheit zur alleinigen Ursache eines Problems macht, steht in der Tradition der Herstellung von Sündenböcken und birgt, gerade jetzt, die Gefahr von Gewalt gegen Sinti und Roma in Deutschland und in Europa.

In vielen Ländern Europas leben große Teile der Roma-Bevölkerung unter extrem desolaten Lebensbedingungen, die durch die Corona-Krise nochmals erheblich verschärft werden. Infolge des bestehenden strukturellen Rassismus in vielen Regionen haben große Teile der Roma-Bevölkerungen keinen Zugang zu Trinkwasser und leben oftmals in unzumutbaren Wohnverhältnissen. Die Regierungen dieser Länder tragen seit Jahrzehnten die Verantwortung für die systematischen Versäumnisse beim Aufbau einer vernünftigen Infrastruktur in den vielen ausschließlich von Roma bewohnten Stadtvierteln und Siedlungen. Der Zentralrat forderte deshalb diese Regierungen und die Europäische Union auf, ihrer Verantwortung jetzt endlich gerecht zu werden und nicht zuzulassen, dass Roma erneut als Sündenböcke von Nationalisten und Rassisten missbraucht werden. Denn genau das passiert gegenwärtig in Mitgliedsstaaten der Europäischen Union wie Bulgarien oder Rumänien, wo rechtsextremistische Politiker in alter Tradition die Minderheit verantwortlich machen wollen für die Infektionen durch den Corona-Virus. Vielfach wurden von Roma bewohnte Stadtviertel jetzt, im April 2020, von der Polizei abgeriegelt, Roma werden mit Polizeigewalt daran gehindert, Lebensmittel zu kaufen oder ihren ohnehin nahezu vollständig weggebrochenen Einkommensmöglichkeiten nachzugehen. Der Rassismus gegen Roma, der in diesen Ländern massiv und gewaltbereit seit Jahren existiert, bekommt durch dieses staatliche Handeln eine neue Qualität. Damit wird die Gefahr von neuen Pogromen gegen Roma wieder real.

Antiziganismus und Antisemitismus sind bekanntlich keine neuen Phänomene, sie sind in Europa seit Jahrhunderten virulent. Manche der alten Bilder sind oft für lange Zeit verschwunden – wie zum Beispiel in der Bundesrepublik Deutschland nach dem 2. Weltkrieg –, um dann unvermittelt wieder aufzutauchen. Während der Antisemitismus nach 1945 politisch geächtet wurde (gleichwohl hatten die antisemitischen Einstellungen in der Bevölkerung noch lange Jahre Bestand), konnte der Antiziganismus selbst in den staatlichen Institutionen der neuen Bundesrepublik fortwirken. Der NS-Völkermord an über 500.000 Sinti und Roma in Europa wurde erst 1982 und nur nach dem Einsetzen der Bürgerrechtsarbeit von Sinti und Roma selbst vom damaligen Bundeskanzler Helmut Schmidt anerkannt. Die Geschichte der Nachkriegsverfolgung, Ausgrenzung und Stigmatisierung unserer Minderheit war geprägt von fortgesetzter Sondererfassung durch die Polizeibehörden, in denen das alte Personal aus dem Reichssicherheitshauptamt (RSHA) mit den alten NS-Akten arbeiten konnte. Die gleichen Beamten konnten dann auch noch Gutachten für Entschädigungsverfahren verfassen – wie etwa Adolf Eichberger im Bayerischen Landeskriminalamt, der im RSHA die gleiche Funktion für die Vernichtung der Sinti und Roma innehatte wie Adolf Eichmann für die der Juden. Man stelle sich vor, Adolf Eichmann hätte nach 1945 als Beamter eines Landeskriminalamtes Gutachten über die Deportation von Juden erstellen können.

Gerade weil der Antiziganismus in Deutschland und in Europa so tief verwurzelt ist, sind die nach 1945 aufgebauten demokratischen Strukturen, wozu auch die Auseinandersetzung mit der NS-Vergangenheit gehörte, nach dem Trauma des Holocaust ein positiver Ansatz für unsere Identität. Die Verfassung der 1949 gegründeten Bundesrepublik Deutschland, die in Artikel 1 und 3 unseres Grundgesetzes die Würde und Gleichheit aller Menschen festschrieb, war und ist für uns Grundlage unserer Identität als deutsche Staatsbürger und als Angehörige einer nationalen Minderheit. Diese Entwicklung unseres Staates hin zu der Demokratie, in der wir heute leben, war und ist keine Selbstverständlichkeit, wir dürfen bei jeder Form von Ausgrenzung oder Angriffen auf Minderheiten nicht wegsehen, wir müssen vielmehr genau hinsehen. Vor allem aber muss eines sehr klar sein: Der rechtsradikale Terror richtet sich zunächst gegen Minderheiten, aber er zielt im Kern auf die Sicherheit und das Zusammenleben in Deutschland, um damit Rechtsstaat und Demokratie zu zerstören.

Willy

Konstantin Wecker

Mei, Willy
Jetz wo i di so doliegn sich
So weit weg hinter dera Glasscheibn
Genau oa Lebn zweit weg
Da denk i ma doch
Es hat wohl so kumma müaßn
I glaub oiwei
Du hast as so wolln, Willy
Ogfanga hat des ja alles 68
Woaßt as no
Alle zwoa san ma mitglaffa
Für die Freiheit und fürn Friedn
Mit große Augn
Und plärrt habn ma
Bürger laßt das Glotzen sein
Kommt herunter
Reiht euch ein
Und du warst halt immer
Oan Dreh weiter wia mir
Immer a bisserl wuider
Und a bisserl ehrlicher
Mia habns eana zoagn wolln, Willy
Und du hast ma damals scho gsagt
Freiheit, Wecker, Freiheit des hoaßt
Koa Angst habn, vor nix und neamands
Doch san ma ehrlich
A bisserl a laus Gfühl habn ma doch damals scho ghabt,

Wega de ganzen Glätzen, die einfach mitglaffa san, weils aufgeht,
Wega de Sonntagnachmittagrevoluzzer: d'Freindin fotzen,
Wenns an andern oschaugt,
aber über de bürgerliche Moral herziagn!
Die gleichn, Willy,
Die jetzt ganz brav as Mei haltn, weils eana sonst naß nei geht!
Und du hast damals scho gsagt, lang halt des ned,
Da is zvui Mode dabei,
Wenn scho die Schickeria ihrn Porsche gegan 2 CV umtauscht,
Dann muaß was faul sei an der großen Revolution,
miItlaffa ohne Denken ko heut nia guat sei,
aa ned für a guate Sach.

Gestern habns an Willy daschlogn,
Und heit, und heit, und heit werd a begrobn.

Dann hast plötzlich mim Schlucka ogfanga,
Und i glaub, a bisserl aufgebn hast damals scho.
I versteh di, des is ja koa Wunder,
Wenn man bedenkt, was alles wordn is aus de großen Kämpfer.
Heit denkas ja scho mit 17 an ihr Rente,
Und de Madln schütteln weise an Kopf,
Wenn d'Muater iam Mo as Zeig hischmeißt und sagt,
mach doch dein Krampf alloa, i möcht lebn, trotzdem, Willy,
Ma muaß weiterkämpfen, kämpfen bis zum Umfalln, a
Wenn die ganze Welt an Arsch offen hat, oder grad deswegn.
Und irgendwann hast dann ogfanga,
Die echten Leit zum suacha, de wo ned dauernd
»Ja Herr Lehrer!« sagn,
Hinten in dene Kneipn am Viktualienmarkt und am Bahnhofseck.
Echter san de scho, Willy, aber i hab di gwarnt,
Aufpassen muaßt bei dene, weil des san Gschlagene,
Und wer dauernd treten werd, der tritt halt aa amoi zruck,
Aber du hast koa Angst ghabt, i kenn di doch, mia duad koana was,

Mei, Willy, du dummer Hund du,
Jetzt sickst as ja, wia da koana was duad.

Gestern habns an Willy daschlogn,
Und heit, und heit, und heit werd a begrobn.

Sakrament, Willy!
Warst gestern bloß aufm Mond gwesen oder
aufm Amazonas in am Einbaum
Oder ganz alloa aufm Gipfel,
Drei Schritt vom Himme weg, überall,
bloß ned in dera unselign Boazn!
I hab in da Früah no gsagt, fahrn ma raus, as Wetter is so glasig,
Die Berg san so nah, schwänz ma a paar Tag,
Wia damals in da Herrnschui,
An Schlafsack und die Welt in der Taschn,
Aber du hast scho wiederamoi oan sitzn ghabt in aller Früah,
Und am Abnd hast as dann wiedar amoi
Zoagn müaßn, daßd doch no oana bist.
Am Anfang wars ja no ganz gmüatlich.
Und natürlich habn ma den alten Schmarrn wieder aufgwärmt,
wieder amoi umanandgstritten,
Wer jetz eigentlich mim Lehrer Huber seiner
Frau poussiert hat am
Faschingsball, sentimental san ma gwordn, so richtig schee wars,
Bis der Depp an unsern Tisch kumma is mit seim
Dreikantschlüsselkopf, kloa, schwammig und braun.
Und dann hat a uns gfragt, ob ma beim Bund gwesen san, na ja,
Des habn ma ja noch ganz lustig gfunden, und daß a so froh wär,
daß jetzt wieder Ordnung kummt in die rote Staatssauce,
Und die Jugend werd ja aa wieder ganz vernünftig,
Und die Bayern wissens as eh scho lang, wos lang geht politisch,
Willy, i hab gnau gwußt, des haltst du ned lang aus,
Und dann hat a plötzlich as Singa ogfanga, so was vom

Horst Wessel.
Hinten an de andern Tisch habns scho leise mitgsummt,
Und dei Birn is ogschwolln, und plötzlich springst auf und plärrst:

Halts Mei, Faschist!

Stad wars, knistert hats.
Die Luft war wiara Wand.
Zum Festhalten.
Da hätt ma no geh kenna, Willy, aber na, i verstehs ja,
Du hast bleibn muäßn,
und dann is losganga an de andern
Tisch: Geh doch in d'Sowjetunion, Kommunist!
Freili, Willy, da muaß ma narrisch werdn,
Wenns scho wieder soweit is, aber trotzdem, laßn geh, hab i gsagt,
Der schad doch neamands mehr, der oide Depp, nix, hast gsagt,
Alle schadens, de oiden und de junga Deppen,
Und dann hat der am Nebentisch plötzlich sei Glasl daschlogn,
Ganz ruhig, und is aufgstanden, Willy, du dumme Sau,
I hab di bei da Joppen packt und wollt di rausziagn,
Obwohl i's scho nimmer glaubt hab, und du hast di losgrissen:
Freiheit, des hoaßt koa Angst habn vor neamands,
Und bist auf ean zua und nacha hat a halt auszogn...
Willy, Willy, warn ma bloß weggfahrn in da Früah, i
Hätt di doch no braucht,
Wir alle brauchen doch solche, wia du oana bist!

Gestern habns an Willy daschlogn,
Und heit, und heit, und heit werd a begrobn

Stets weggesehen: Der verlogene Diskurs der »Mitte« zum neuen Rechtsradikalismus in Deutschland

Matthias Quent

War in Deutschland alles, was vielen empörten Kommentaren zufolge heute im Netz und mit der AfD wieder sagbar ist, zuvor in Deutschland tatsächlich unsagbar? Antisemitismus, Geschichtsrevisionismus, Rassismus, Sexismus, Politikerbeleidigung und zynische Menschenverachtung – gab es all das früher nicht? Ich und viele andere, insbesondere Angehörige von sogenannten Minderheiten, haben andere Erfahrungen gemacht. Hass, Rassismus und Gewaltverherrlichung haben stets dazugehört. Auch langjährige Einstellungsstudien zeigen: Rechtsextremismus war hierzulande immer Teil einer »Mitte«, die sich über ihre angebliche Liberalität selbst getäuscht und all das Toxische auf einige wenige »Extremisten« oder nach Ostdeutschland entsorgt hat, anstatt sich zu hinterfragen.

Verstehen Sie mich nicht falsch: Empörung und Betroffenheit über Bedrohungen und Menschenfeindlichkeit sind richtig und wichtig, sie begegnen der Normalisierung und dem weiteren Erstarken rechtsradikaler Positionen, Bewegungen und Parteien. Es rüttelt jene wach, die in den vergangenen Jahrzehnten offenbar in einem anderen Land gelebt haben als zum Beispiel die Angehörigen und Opfer des NSU-Terrorismus, die von Behörden, Medien und der Gesellschaft nicht ernst genommen, rassistisch kriminalisiert und stigmatisiert wurden. Wie entmenschlichend und rassistisch der über viele Jahre in den Medien verwendete Begriff »Dönermorde« zur Beschreibung der planvollen Tötung von neun Menschen aus Einwanderergeschichte ist, das wurde der gesellschaftlichen »Mitte« erst bewusst, als 2011 klar war, dass für die Morde ein von Sachsen aus operierendes, doch in die gesamte Bundesrepublik vernetztes Neonazis-Netzwerk verantwortlich war. Nicht Selbstreflexion von Medien, Intellektuellen oder Politiker*innen stoppte die Verwendung des diskriminierenden Begriffes – erst das Auffliegen der Nazibande hielt der Gesellschaft den Spiegel vor und offenbarte das hässliche Gesicht des deutschen Alltagsrassismus.

Während der juristischen und politischen Aufarbeitung des NSU-Komplexes wurde am Rande die Normalität der rechten Alltagsgewalt diskutiert, aus der heraus sich der NSU radikalisierte. Die Pogrome und zum Teil tödlichen Anschläge von Rostock-Lichtenhagen, Solingen, Mölln und Hoyerswerda stehen dafür prototypisch. Sie prägten das Bewusstsein einer Neonazijugend, dass sich durch ein komplizenhaftes Vorgehen einer rechtsterroristischen radikalen Flanke politische »Erfolge« erzielen lassen – namentlich in Form des sogenannten Asylkompromisses von 1993 –, begleitet durch den Applaus und das Verständnis von Teilen der Behörden, Gesellschaft und Politik. Mit dem Twitter-Hashtag »Baseballschlägerjahre« gab 2019 der Zeit-Journalist Christian Bangel jenen eine Stimme, die in den vergangenen Jahren von Rechtsradikalen terrorisiert, verprügelt, gejagt und überfallen wurden. Hunderte Berichte von alltäglicher Neonazigewalt und dem häufigen Nichteingreifen von Polizei, Justiz und anwesenden Bystanders bezeugen: Politik und Gesellschaft haben sehr oft alles andere getan, als hinzusehen oder gar den »Anfängen zu wehren«. Als junger Mensch zwischen 14 und 18 Jahren erfuhr auch ich dies immer wieder am eigenen Leib, im Schulbus und im Zug, vor dem Gymnasium und auf dem Stadtfest, am helllichten Tag und im Schutz der Dunkelheit: Immer wieder griffen Neonazis meine Freunde und mich an, meist ohne rechtsstaatliche Konsequenzen zu spüren. Einmal sagte der unter dem Notruf 110 erreichte Polizist: »Wir können Dir nicht helfen« – und legte auf.

Die faktische Kapitulation des Rechtsstaates vor der braunen Alltagsgewalt muss einbezogen werden, wenn man die Situation in Ostdeutschland versucht zu verstehen – und die großen Gefahren durch den Schulterschluss rechter Hooligans, Schlägernazis und Terroristen mit der AfD, dem parlamentarischen Arm der radikalen Rechten. Dieser Schulterschluss verläuft mal offener, wie bei den Ausschreitungen in Chemnitz im Sommer 2018, und mal weniger offen, etwa bei der freundschaftlichen Beziehung des Thüringer AfD-Chefs Björn Höcke mit Thorsten Heise, der seit Jahrzehnten eine Schlüsselfigur der gewaltaffinen Neonaziszene und des internationalen, in Deutschland verbotenen Blood-and-Honour-Netzwerkes ist. Die faktische Kapitulation des Rechtsstaates vor der braunen Alltagsgewalt und die damit einhergehenden Ohnmachtserfahrungen müssen auch bei Analysen über antifaschistische Bewegungen und Konfrontationsgewalt bedacht werden.

Opfer der rechtsradikalen Gewalt waren meist Migrant*innen, Punks, Linke, Obdachlose, Homosexuelle – Menschen, die Gruppen zugerechnet werden, die auch von relevanten Teilen der Gesellschaft abgewertet werden und denen mit Verachtung begegnet wird. Regelmäßig weisen repräsentative Befragungen der Universitäten Bielefeld und Leipzig das Ausmaß abwertender Einstellungen gegen Minderheiten nach. Die Daten zeigen Erstaunliches: Entgegen der öffentlichen Lautstärke der Rechtsradikalen nehmen diese abwertenden Einstellungen keineswegs durchweg zu, sondern gehen zurück. Rechtsextremes Denken war stets ein zumeist unthematisierter Bestandteil der pathologischen Normalität einer politisch oft selbstgefälligen »Mitte« – und das ist es noch heute. Dass rechtsextreme Einstellungen nicht zunehmen, sondern zurückgehen, ist ein Paradox. Wir haben es nicht mit einem Durchmarsch von rechts außen zu tun, sondern mit reaktionären Abwehrgefechten, weil eher weniger als mehr Menschen bereit sind, die pathologische Normalität des Rechtsradikalismus zu akzeptieren – eher weniger als mehr Menschen sehen heute weg.

Die »Mitte« rutscht nicht nach rechts: Vielmehr hat das rechtsradikale Potenzial in der rechtsradikalen AfD eine authentische Repräsentation gefunden. Über 200 Menschen sind in Deutschland nach Recherchen der Amadeu Antonio Stiftung seit 1990 durch rechte Gewalt zu Tode gekommen, aber längst nicht alle sind als Todesopfer rechter Gewalt staatlich anerkannt. Zuletzt dauerte es drei Jahre, bis das rassistische Tatmotiv des Münchner OEZ-Attentäters, belegt durch Betroffene, rechtsradikale Äußerungen des Täters und wissenschaftliche Gutachten, auch von der bayerischen Polizei offiziell anerkannt wurde. Der Täter erschoss am 22. Juli 2016 neun Menschen aus Einwanderer- beziehungsweise Sintifamilien. In Sachsen misshandelten und töteten drei Rechtsradikale im April 2018 einen Homosexuellen, doch das politische Tatmotiv erkennen die sächsischen Behörden nicht an. Unter den 208 Todesopfern seit 1990 finden sich auch ein Politiker und sechs Polizeibeamte; fünf von ihnen töteten Rechtsradikale in Konfrontationssituationen. Der Kasseler Regierungspräsident Walter Lübcke, ermordet am 2. Juni 2019, und die Polizistin Michele Kiesewetter, ermordet am 25. April 2007, sind die einzigen Repräsentant*innen des Staates, die in den vergangenen mindestens fünf Jahrzehnten gezielt von Rechtsradikalen umgebracht wurden. Zwei weitere zivile Todesopfer waren 2019 zu beklagen: Ein Rechter, der sich vor allem im Internet radikalisierte, tötete Jana L. und Kevin S. bei einem antisemitisch und rassistisch motivierten Anschlag am 9. Oktober 2019 in Halle. Ferhat U., Mercedes K., Sedat G., Gökhan G., Hamza K., Kaloyan V., Vili P., Said H., und Fatih S. fielen am 19. Februar 2020 in Hanau einem rassistisch motivierten Anschlag zum Opfer. Der Täter tötete außerdem seine Mutter und sich selbst. Bundestagspräsident Wolfgang Schäuble stellte danach fest, dass der Staat die rechtsextreme Gefahr unterschätzt hat.

Nach der Ermordung des CDU-Politikers Walter Lübcke, nach mehreren Anschlägen und zahllosen Bedrohungen auf Politiker*innen reagieren die Sicherheitsbehörden im Bund endlich – Bundeskriminalamt und Verfassungsschutz sehen genauer hin. Viel zu spät. Die große Mehrheit in Behörden und Politik, in Medien, Wissenschaft und Zivilgesellschaft muss sich eingestehen, immer wieder weggesehen zu haben. Sie tragen dadurch eine Mitverantwortung für das große Selbstbewusstsein und die pathologische Normalität, mit der rechte Hetzer und Gewalttäter dieser Tage auf Straßen, in Parlamenten und im Internet zuschlagen. Nicht nur Alltagsrassismus, selbst der militante Rechtsradikalismus wurde und wird verharmlost, gedeckelt, unterstützt, geschützt und bestätigt. Das Wegsehen rächt sich und die extreme Gewalt ist nur die Spitze des Eisberges. Sehen wir heute besser hin? Und schauen wir auf die richtigen Stellen?

In den Parlamenten arbeitet die AfD auf Lokal-, Landes- und Bundesebene daran, den Rechtsstaat zu untergraben und vor allem die Zivilgesellschaft, die hinsieht und die liberale Demokratie vor Ort verteidigt, zu schwächen, zu diskreditieren und finanziell trocken zu legen. In einigen lokalen Kontexten ist diese Strategie bereits erfolgreich. Im sächsischen Döbeln etwa hat das soziokulturelle Zentrum »Treibhaus« bereits auf Druck der AfD Fördermittel verloren. Und der Druck steigt weiter. Vor unseren Augen geschieht im Kleinen bereits das, was in Polen und Ungarn im Großen festzustellen ist: die autoritäre Abwicklung liberaler und rechtsstaatlicher Fortschritte. Durch Bedrohungen und regelrechte Hasskampagnen werden auch hierzulande Menschen angegriffen, diskreditiert, eingeschüchtert und zum Schweigen gebracht. Die Möglichkeit und Realität tödlicher Gewalt von rechts außen schwingt dabei immer mit. Wieder geht die Bewegung arbeitsteilig vor – auf den Straßen, im Internet und in den Parlamenten marschiert sie getrennt, doch schlägt vereint zu. Hinsehen und Toleranz sind nicht mehr genug. Es kommt auf Eingreifen und Solidarität an.

Aus dem Lexikon der Mörder

Matthias Heine

Wenn es darum ging, Hüllwörter für den Mord zu finden, war das nationalsozialistische Regime sehr erfinderisch. Eine Übersicht über bekannte und weniger bekannte grausige Sprachschöpfungen der Nazis.

Gut zwei Wochen vor seinem Tod, kurz bevor Berlin eingeschlossen wurde und er sich in seinem Bunker verkroch, hatte Adolf Hitler keinen Grund mehr, seine Sprache zu verstellen. Im Tagesbefehl an die Soldaten der deutschen Ostfront gab er eindeutige Anweisungen für den Umgang mit Leuten, die am Sinn des bedingungslosen Weiterkämpfens zweifelten: »Wer euch Befehle zum Rückzug gibt, ohne daß ihr ihn genau kennt, ist sofort festzunehmen und nötigenfalls augenblicklich umzulegen, ganz gleich welchen Rang er besitzt.« Das Wort »umlegen« war bis dahin zwar schon hinter den Kulissen gebraucht worden, um das Mordgeschehen zu rechtfertigen, aber die Leser der gleichgeschalteten Presse, die Hitlers Aufruf noch lesen konnten – kannten das Wort eher aus Kriminalromanen. Nun war jedoch keine Zurückhaltung mehr nötig. Ungehemmt redete der Diktator wie der Gangsterboss Arturo Ui, als den ihn Bertolt Brecht in einem Theaterstück karikiert hatte.

In den zwölf Jahren zuvor hatte sich das Regime lange Mühe gegeben, sein mörderisches Planen und Handeln zu verschleiern. Für die Tötung von politischen Gegnern, Kranken und Menschen, die als rassisch minderwertig betrachtet wurden, ließ man sich eine Menge mehr oder weniger kaschierender Vokabeln einfallen. Das Regime hatte großen Bedarf an Synonymen für Mord. Und ganz pragmatisch wählte man seine Ausdrucksweise je nachdem, wer angesprochen war und was man damit erreichen wollte.

Wenn der Mord relativ klar benannt werden sollte, um eine Drohung an die Lebenden zu senden, nutzte die Propaganda oft das Verb *ausmerzen*. So berichtet der »Völkische Beobachter« am 11. Januar 1942 über die Hinrichtung eines Mannes, der Militärgüter unterschlagen hatte: »Schnell und hart hat das Sondergericht ein gemeines Verbrechen gesühnt und einen Volksschädling ausgemerzt, der einen gemeinen Betrug am Volksgut begangen hatte, das für die Soldaten der Ostfront bestimmt ist.« In den Anfangstagen war die Bedeutung dieses Wortes noch offener gewesen. Man bezog es im Sinne einer Säuberung auf die Kultur und Politik. Im »Völkischen Beobachter« wird schon Anfang März 1933 angekündigt: »Das jüdische Gift, das bewußt das deutsche Kulturleben jahrelang beeinflußt hat und eine moralische Verkommenheit aller Kreise zur Folge hat, wird durch rücksichtslose Maßnahmen unserer Regierung restlos ausgemerzt werden.« Da konnten sich manche noch der Illusion hingeben, mit *ausmerzen* wäre ein eher administrativ-politischer Vorgang gemeint.

Ganz ähnlich wurden die Wörter *säubern* und *Säuberung*, die man heutzutage gemeinhin eher mit dem Terror Stalins und seiner »Tschistka« 1937/38 in Verbindung bringt, von den Nazis zur Einschüchterung und Drohung benutzt – mit ihnen sprach man recht offen vom Mord, ohne ihn ganz direkt zu benennen. Hitler selbst rühmte damit 1944 die Konsequenzen aus dem gescheiterten Attentat vom 20. Juli: »So wie ich aber im Jahre 1934 die Revolte einer kleinen Gruppe innerhalb der Bewegung zum Anlaß ihrer Säuberung genommen habe, so wurde die neue Revolte jedenfalls zum Beginn einer gründlichen Überholung des gesamten Staatsapparates.« Jeder wusste, dass 1934 im Rahmen der genannten »Säuberung« die SA-Spitze ermordet worden war und dass allen, die mit der Juli-Verschwörung zu tun hatten, nun Ähnliches drohte.

Auch als Synonym für den Massenmord an Juden ist das Wort üblich gewesen: Am 31. Mai 1942 berichtet Ernst Zörner, der Gouverneur des Distrikts Lublin, dem Generalgouverneur des besetzten Polens Hans Frank: »Man hoffe, im Laufe der Zeit eine möglichste

Säuberung des Distrikts von Juden zu erreichen.« Hier hat es aber eher einen akteninternen Charakter.

Noch häufiger findet man in solchen internen Dokumenten den Ausdruck *Sonderbehandlung*, dem der Historiker Joseph Wulf 1964 eine mit vielen Belegen aus Akten der SS grundierte Monographie namens »Aus dem Lexikon der Mörder« gewidmet hat. Darin schreibt er einleitend: »Kein faschistischer Staat hat den vorbedachten, wohlüberlegten und also absolut vorsätzlichen Mord so bürokratisch genau geplant, gründlich organisiert und dann auch pedantisch nach dem Schema durchgeführt wie das Dritte Reich. Allein das nationalsozialistische Deutschland schuf in seiner Sprache so viele Worte, Ableitungen oder Zusammensetzungen für den Begriff Mord. Die nationalsozialistische Amtssprache ist in der Beziehung einmalig.« Nicht von allen diesen Wörtern ist heute noch bekannt, welche grausige Bedeutung sie in der Todesbürokratie des NS-Regimes hatten.

Das heute wohl bekannteste Hüllwort der Nazis für Mord ist *Euthanasie*. Zwar hatte Hitler das Wort gar nicht gebraucht, als er 1939 den sogenannten »Euthanasiebefehl« gab, in dem er die Tötung von Erkrankten und Behinderten anordnete. Doch unter den Ärzten, die so etwas guthießen und ausführten, war das Wort als Bezeichnung ihres Tuns ganz offensichtlich gang und gäbe. Was sich hinter diesem wohlklingenden bildungsgriechischen Ausdruck verbarg, war allgemein bekannt. So bekannt, dass 1941 nach einer geheimen Konferenz mit Propagandaminister Goebbels protokolliert wurde: »Der Minister betont, dass Thema ›Euthanasie‹ dürfe jetzt auf keinen Fall berührt werden.« Als im gleichen Jahr der Film »Ich klage an« in die Kinos kam, wurde per Presseanweisung verboten, im Zusammenhang damit von *Euthanasie* zu schreiben. 1943 wurde die Universitätskinderklinik Jena aufgefordert, *Euthanasie* nicht mehr für beantragte oder durchgeführte Morde in ihren Krankenakten zu verwenden.

Zu diesem Zeitpunkt war der Ausdruck längst zum Schreckwort geworden. In den »Meldungen aus dem Reich« des SD heißt es im

März 1942: »Es hätten sich zum Beispiel viele Volksgenossen geweigert, an der Röntgenreihenuntersuchung teilzunehmen, da sie nach den Hetzpredigten des Bischofs von Münster und des Bischofs von Trier u. a. eine Ausscheidung (Euthanasie) als ›unproduktive‹ Menschen befürchteten.«

Weniger bekannt ist, dass auch *evakuieren* neben seiner offiziellen Bedeutung als Hüllwort für Mord diente. Im öffentlichen Sprachgebrauch bezeichnete man damit durch Kriegsfolgen bedingte Umquartierungsmaßnahmen, die durch den verstärkten Bombenkrieg immer häufiger wurden. Auch die angebliche Umsiedlung von Juden wurde so genannt. Aber in den Akten, internen Befehlen und im mündlichen Sprachgebrauch der SS hatte das Wort ganz eindeutig die Bedeutung »töten« oder noch viel deutlicher: »ausrotten«. Bezeugt hat das kein geringerer als der Reichsführer SS Heinrich Himmler, der in seiner ersten Posener Rede am 4. Oktober 1943 vor Brigade-, Gruppen- und Obergruppenführern sagte: »Unter uns soll es einmal ganz offen ausgesprochen sein, und trotzdem werden wir in der Öffentlichkeit nie darüber reden. (...) Ich meine jetzt die Juden-Evakuierung, die Ausrottung des jüdischen Volkes.«

Gelegentlich wurde auch das heute allgegenwärtige Bürokratiewort *betreuen* in den Akten des Regimes verwendet, um nicht allzu deutlich vom Mord zu reden. Meist war mit diesem schon von Victor Klemperer und den Autoren von »Aus dem Wörterbuch des Unmenschen« als Lieblingswort der Nazisprache identifizierten Ausdruck zwar die ideologische Indoktrination der sogenannten *Volksgenossen* gemeint. Doch wenn man es auf Menschen bezog, die außerhalb der *Volksgemeinschaft* standen, konnte damit auch Mord bezeichnet werden. Der Schriftsteller und KZ-Überlebende H. G. Adler bezeugte, dass *betreuen* in diesem Sinne im Lager Theresienstadt gebräuchlich war.

In seinem Buch »Der verwaltete Mensch« zitiert Adler aus »Tätigkeitsberichten« der SS über die Ermordung von Juden: »Die Judentransporte trafen in regelmäßigen Abständen in Minsk ein und wurden von uns betreut. So beschäftigten wir uns bereits am 18.

und 19. Juni 1942 wieder mit dem Ausheben von Gruben im Siedlungsgelände.«

Auch die Rolle, die *Sonderbehandlung* im NS Wortschatz spielt, ist nicht sehr bekannt. Sonst wäre es wohl kaum einer Spiegel-Redakteurin 2018 unterlaufen, davon zu fabulieren, dass die »Sonderbehandlung Israels« durch die deutsche Außenpolitik beendet werden müsse.

Den frühesten Beleg für *Sonderbehandlung* im Sinne von »Hinrichtung« fand Wulf in einem Brief von Reinhard Heydrich, der per Fernschreiben am 20. September 1939, knapp drei Wochen nach Kriegsbeginn, verbreitet wurde. Darin unterscheidet der Chef der Sicherheitspolizei und des Sicherheitsdienstes Fälle von Bürgern des Deutschen Reichs, die durch ihre Äußerungen die Geschlossenheit und die Kampfmoral untergraben, »zwischen solchen, die auf dem bisher üblichen Wege erledigt werden können, und solchen, welche einer Sonderbehandlung zugeführt werden müssen. Im letzteren Falle handelt es sich um solche Sachverhalte, die hinsichtlich ihrer Verwerflichkeit, ihrer Gefährlichkeit oder ihrer propagandistischen Auswirkung geeignet sind, ohne Ansehung der Person durch rücksichtsloses Vorgehen, nämlich durch Exekution, ausgemerzt zu werden.«

Das Wort *Sonderbehandlung* taucht massenhaft in den Akten des Regimes auf und bezeichnet immer ganz unumwunden die Ermordung von Kriegsgefangenen, KZ-Häftlingen oder Deutschen im Reich, die sich irgendeines Vergehens schuldig gemacht hatten. Ursprünglich hatte es eine Tarnfunktion, aber die muss irgendwann so durchsichtig gewesen sein, dass seine Benutzung in den Medien und Heeresberichten genau wie die von *liquidieren* verboten wurde. 1943 forderte schließlich sogar Heinrich Himmler einen Inspekteur für Statistik auf, einen Bericht über die »Endlösung der europäischen Judenfrage« umzuformulieren. Er wünsche, »dass an keiner Stelle von Sonderbehandlung der Juden gesprochen wird«. Stattdessen sollten gefälligst Formulierungen wie *Transportierung nach dem russischen Osten* oder *durchschleus*en verwendet werden.

Auch die Benutzung des Wortes *liquidieren* wurde der gleichgeschalteten Presse untersagt. Das Verbot musste mehrmals wiederholt werden, weil der Ausdruck so gängig war, dass er immer mal wieder durchschlüpfte. Im Nürnberger Kriegsverbrecherprozess berichtete der ehemalige Offizier der militärischen Abwehr Erwin von Lahousen, sein Chef Admiral Wilhelm Canaris habe am 12. September 1939 von Außenminister Ribbentrop den Auftrag bekommen, einen Aufstand in der galizischen Ukraine zu inszenieren, der als Vorwand für die Ausrottung der dort lebenden Juden und Polen zu dienen hätte und bei dem »alle Gehöfte in Flammen aufgehen« sollten. Diese Formulierung habe ihn überrascht, denn: »Ansonsten wurde nur von ›liquidieren‹ oder ›umlegen‹ gesprochen.«

Den der Kaufmannsprache entstammenden Ausdruck *liquidieren* hatten zuerst die erklärten Todfeinde der Nazis als Euphemismus für Mord gebraucht: In Stalins Terrorregime war er schon im Sinne von »beseitigen« und »töten« im Gebrauch, bevor er im Dritten Reich aufkam.

Das und alle Verbote hielten Hitler selbst nicht davon ab, den Ausdruck noch ganz am Schluss in seinen letzten Allmachtsfantasien zu verwenden. In dem Film »Der Untergang«, der 2004 in die Kinos kam und weitestgehend auf historischen Quellen und Zeugenaussagen beruht, die Antony Beevor und Joachim Fest kompiliert haben, schreit Hitler bei einem Wutanfall im Führerbunker: »Ich hätte gut daran getan, vor Jahren alle höheren Offiziere liquidieren zu lassen, wie Stalin!«

Sprachkritik als gesellschaftliche Aufgabe

Demokratiefeindlicher und menschenverachtender Sprachgebrauch

Heidrun Deborah Kämper

Einleitung

Gesellschaft wandelt sich und damit auch die Sprache, als das zentrale soziale Medium menschlicher Gesellschaft und Gemeinschaft. Dieser Befund an sich ist natürlich trivial. Denn immer sind Gesellschaft und Sprache Wandelprozessen unterzogen – das ist ihre Grundeigenschaft als historisch geprägte kulturelle Instanzen.

Und auch der Sprachgebrauch der Empathielosigkeit und der Aggression ist natürlich kein neues Phänomen – in bestimmten Situationen der Nichtöffentlichkeit, in bestimmten gesellschaftlichen Gruppierungen ist solches auch sprachliche Verhalten die Regel. Was aber nicht trivial ist und neu: Regelverletzungen sind ein sowohl allgemeines als auch öffentlich gewordenes gesellschaftliches Phänomen.

Radikalisierung und Verrohung. Es ist in ein breiteres Bewusstsein gelangt, dass sich Sagbarkeitsgrenzen verschieben, dass Sprachgebrauch ein soziales Regelsystem ist, unauffällig, solange sich alle an die Regeln halten, über das aber zu sprechen ist und über das gesprochen wird, wenn dieses System ins Wanken gerät, wenn Regel- und Tabubrüche stattfinden. Wer nach Sprachgebrauch in unserer Gesellschaft fragt und deren Veränderung reflektiert, drückt die Erkenntnis aus, dass Sprache, als unser zentrales Medium, eine zentrale gesellschaftliche Instanz ist. In Bezug auf *hate speech* und Diskriminierung sieht Judith Butler diese Fokussierung als neuere Entwicklung, wenn sie feststellt: »[D]er gegenwärtige politische Umgang [fokussiert] mit hate speech die sprachliche Form, die diskriminierendes Verhalten annimmt« (Butler 2006, 114).

Regel- und tabubrechende sprachliche Gewalt als Phänomen der öffentlichen Kommunikation ist medial in den sozialen Medien zu verorten (vgl. Marx 2019). Sie ist als Ausdruck von hoch entwickelter Empörungsbereitschaft ein allgemeines gesellschaftliches Phänomen. In politischer Hinsicht ist sie – dies ist evident – in den rechtsextremen Kontext zu stellen: »zur Lösung des Flüchtlingsproblems Dachau wieder öffnen«; »Vogelschiss!«; »alimentierte Messermänner«; »wir werden von Idioten regiert«; »Heiko Maas, dem jeder Anzug zu groß ist«. Regelverletzungen sind insbesondere Praxis des Rechtsextremismus, die nicht mit Provokation abgetan werden können, sondern die Einstellung und politisches Programm dokumentieren. Da diese Regelverletzungen sehr häufig den gesellschaftlichen Konsens bezüglich unseres Redens über den Holocaust missachten, ist darauf zu verweisen, dass es die radikalste Form des Rechtsextremismus war, die diesen Zivilisationsbruch begangen hat, sodass hier und heute eine besondere entsprechende Aufmerksamkeit gefordert ist.

Sprachliche Gewalt: Inklusion – Exklusion

Nicht nur aggressivste Facebook- und Twitterposts, nicht nur frauen- und fremdenfeindliche verbale Ausfälle, nicht nur der Furor einer auf Dauer gestellten Empörungsbereitschaft in sozialen Medien, nicht nur Beleidigungen demokratisch gewählter FunktionsträgerInnen – kurz: nicht nur all diese ungezählten Beispiele eines von ungebremster Libido im ich-hier-jetzt-Modus vorgetragenen

Sprachgebrauchs sind sprachliche Gewalt. Sprachliche Gewalt geht viel weiter, setzt viel früher ein. Sie drückt sich zum Beispiel in Formulierungen aus, die Gleichheits- und Gerechtigkeitsprinzipien des Grundgesetzes missachten, mit denen Menschen aufgrund ihrer Herkunft bewertenden Kategorien zugeordnet werden, die rassistischen Denkmustern zugrunde liegen. Sprachliche Gewalt funktioniert in diesem Zusammenhang nach sprachlichen Inklusions-/Exklusionspraktiken.

Dabei geht es weniger um Wörter wie Überfremdung oder Zuschreibungen wie *volkstreue Aktivisten* oder *art- und kulturfremde Asylanten*. Auch die Aufforderung des ehemaligen Vorsitzenden der AfD-Fraktion im Landtag von Sachsen-Anhalt, André Poggenburg, mitzuhelfen, *die Wucherung am deutschen Volkskörper endgültig loszuwerden* (gemeint ist die Linke), ist kaum eine linguistische Herausforderung, wenngleich solcher Sprachgebrauch natürlich nicht unkommentiert bleiben darf: Xenophobie und die Nähe zum Nationalsozialismus können und müssen mit dem Vorkommen solchen Sprachgebrauchs in rechten Texten leicht nachgewiesen und belegt und als Regelbruch bewertet werden. Solcher Sprachgebrauch ist in einer Weise wider Ethik und Moral, dass die reine Feststellung seiner Faktizität die Wertung selbst ist.

Rechten Sprachgebrauch kennzeichnet aber auch bildungs- und intellektualistischer Stil mit entsprechendem Gebrauch von selten verwendetem Vokabular, schwer verständlich beziehungsweise kalkuliert irreführend mehrdeutig:

> Wir wollen den Erhalt der ethnokulturellen Identität im Grundgesetz verankern. (*Homepage Identitäre Bewegung*); Der Islamismus ist eine hochgepushte thymotische Bewegung. (*Marc Jongen*); Das indigene Volk der Deutschen (*https://philosophia-perennis.com/2018/02/21/news-wohnungen/*; 9.7.18); Unter Ethnopluralismus verstehen wir die Vielfalt der Völker, wie sie sich über Jahrtausende entwickelt hat. (*Homepage Identitäre Bewegung*)

All diesen Beispielen ist gemeinsam: Sie dokumentieren ein Denken in Kategorien der Inklusion/Exklusion. Rechtsextreme spalten die Gesellschaft durch sprachliche Umsetzung dieser Denkfigur und geben damit Aufschluss über ihr Menschenbild, das geprägt ist von dem Prinzip ›das Eigene – das Fremde‹, nicht von dem Prinzip der Gleichheit der Menschen. Dabei wird das Eigene auf-, das Fremde abgewertet und im Sinn ethnonationalistischen Denkens präsentiert: Rechtsextreme setzen auf die ethnische Herkunft als nationales Zugehörigkeits- beziehungsweise Ausschlusskriterium.

Ein in- und exkludierendes Leitwort dieses Bio-Nationalismus ist natürlich *deutsch*, das die Differenz markiert und das Eigene kennzeichnet und als Legitimationsvokabel nicht nur eine Herkunft angibt, sondern eine Eigenschaft bewertet. Folgende Formulierungen sind Beispiele aus dem AfD-Programm 2016:

> deutsche Schriftsteller, deutsche Musiker, deutsche Designer, Deutsche Literatur, deutsche Literaturfachleute, deutsche Literaturwerke; die Alternative für Deutschland bekennt sich zur deutschen Leitkultur; die deutsche kulturelle Identität selbstbewusst verteidigen; die deutsche Staatsangehörigkeit [ist] untrennbar mit unserer Kultur und Sprache verbunden.

Deutsch ist im Kontext dieses Denkens ein Wert- und damit ein Differenz- und Ausschlussbegriff. Die idealisierte Gemeinschaft der Deutschen ist die hoch bewertete geschlossene Gesellschaft der *Deutschstämmigen*. Damit gerät ein nationalistisch-rassistisches Menschenbild zur Legitimationsgrundlage rechtsextremer politischer Forderungen (vgl. Kämper 2017).

Ein anderer Ausdruck, der diese Spaltung realisiert, ist das unscheinbare Pronomen *unser*, das vorzugsweise Partnerwort solcher Bezeichnungen ist, die sich auf hoch bewertete Sachverhalte beziehen. Damit wird ein alleiniger Anspruch auf diese hochbewerteten Sachverhalte formuliert:

> Wiederherstellung unseres Rechtssystems; die deutsche Staatsangehörigkeit ist untrennbar mit unserer Kultur und Sprache verbunden; römisches Recht, auf dem unser Rechtsstaat fußt; der hohe Standard unseres Bildungssystems; die

Einhaltung des Rechts (...) ist Voraussetzung für unsere Freiheit.

Deutsch und *unser* sind Beispiele für die sprachliche Umsetzung der Inklusionsstrategie (zu Inklusion/Exklusion als Konzept vgl. Raphael 2013).

Exklusionsstrategien von Rechtsextremen setzen auf das Schüren von Ressentiments und grenzen durch Kriminalisierung, soziale Stigmatisierung, verallgemeinernde Xenophobie aus (Beispiele aus AfD 2016):

> Niedrigqualifizierte wandern überwiegend über missbräuchliche Asylanträge zu; Mehrzahl der Täter im Bereich der organisierten Kriminalität sind Ausländer; Einwanderung in die Sozialsysteme; Einwandererkriminalität – nichts verschleiern, nichts verschweigen.

Als kulturfremde Nicht-Deutsche erklärte Personengruppen werden mit den Eigenschaften »ungebildet«, beziehungsweise »schlecht gebildet«, »Sozialhilfeempfänger«, »kriminell«, »kinderreich« versehen. Es wird behauptet, dass sie die Gesellschaft der »Einheimischen« belasten.

Dieses Denken beruht auf einer biologistisch-nationalistischen Weltanschauung nicht nur mit Ungleichheitsvorstellungen, die gegen ›Nicht-Zugehörige‹ gerichtet sind, sondern mit dem Denkmuster der Ungleichwertigkeit von Menschen. Und: Es wird ein ursächlicher Zusammenhang hergestellt zwischen bestimmten Eigenschaften und ethnischer Zugehörigkeit.

Diese Denkmodelle haben Vorbilder in völkisch-rassistischen Texten der Weimarer Zeit. Wenn zum Beispiel Rechtsextreme Migranten mit der Behauptung *Einwanderung in die Sozialsysteme* stigmatisieren, verwenden sie damit dieselbe Denkfigur, die Antisemiten und die Nazis in Bezug auf Juden gebrauchten: Der Metapher *Parasiten* liegt exakt dasselbe Denkmuster – Schädigung einer Gemeinschaft, gegen die sich diese nicht wehren kann – zugrunde.

Sprachliche Ethik: Political Correctness

Wenn es um sprachliche Regelverstöße geht, gerät eine gesellschaftliche Praktik in den Fokus, die als »Political Correctness« (PC) den respektvollen sprachlichen Umgang in der öffentlichen Kommunikation gewährleisten soll. PC ist ein Terminus, der diskriminierungsfreien Sprachgebrauch bezeichnet, dessen Missachtung bedeutet:

> Vergehen gegen Verbindlichkeiten in der Sprache, die (…) unabhängig von der individuellen Zustimmung gelten und mit denen Schutz vor Verletzungen von Herkunft, Konfession, Körper, Geschlecht und Gesundheit verbunden ist.

(Anastasopoulos 2013, 62)

Prinzipien politisch korrekten Sprachgebrauchs sind Ausdruck verantwortungsethischen[1] Denkens und sollen sprachliche soziale Diskriminierung verhindern. »Verantwortungsethisch« meint im Sinne Max Webers, dass »man für die (voraussehbaren) Folgen seines Handelns aufzukommen hat« (Weber 1919, 232). Damit wird eine durch einen solchen Sprachgebrauch ausgedrückte Haltung beschrieben. Politisch korrektes Sprechen ist Ausdruck eines ethischen Bewusstseins von der Verantwortlichkeit der Sprechenden (vgl. Roth 2004, 243). Die Grundidee von PC geht auf dieselben Ursprünge zurück wie die in der Aufklärung formulierten Prinzipien der Menschenrechte und der Menschenwürde und gründet auf der Erfahrung von Unterdrückung und Diskriminierung.

Was tun die Gegner politisch korrekten Sprechens? Sie fühlen sich dann zum Widerstand aufgerufen, wenn es darum geht, solche Bevölkerungsgruppen gleich zu behandeln, die bislang diskriminiert wurden (vgl. Stefanowitsch 2018). Sprachliche Gleichbehandlung ist für die Gegner von PC kein Kriterium und kein Wert. Sie verunglimpfen PC als »*Tugendterror von Gutmenschen*«. Und weil Rechtsextreme nicht zuletzt von der Verletzung von PC-Regeln leben, schmähen sie sie: »*Politisch korrekte Sprachvorgaben lehnen wir ab*« lässt man im Grundsatzprogramm der AfD apodiktisch verlauten, bewertet die Praxis als »*gesellschaftsschädigend*« und als Lüge. Alice Weidel befördert sie in einer Wahlkampfrede »*auf den Müllhaufen der Geschichte*«.

Und im Strategiepapier zur Wahl 2017 gibt sie sich selbst die Anweisung:

> Die AfD muss (...) ganz bewusst und ganz gezielt immer wieder politisch inkorrekt sein, zu klaren Worten greifen und auch vor sorgfältig geplanten Provokationen nicht zurückschrecken (AfD 2017, 10 f.)

Was liegt hier vor? Die AfD setzt PC gleich mit *Lüge* und *Unwahrheit*, den Verstoß besetzt sie positiv als *klare Worte* – auch ihr Slogan *Mut zur Wahrheit* gehört in diesen Zusammenhang. Ein rechtsextremer Blog trägt den programmatischen Namen »Politically Incorrect« (abgekürzt PI) und gibt auf seiner Website mit den bekannten Leitwörtern *Gutmenschen*, *Zensur*, *Diktat* seine denunzierende Richtung vor (http://www.pi-news.net/).

Mit dem Wissen von der Wirklichkeit schaffenden Kraft der Sprache liegt PC die Annahme zugrunde, dass das Vorhandensein sprachlicher Diskriminierung sozialer Gruppen im herrschenden Sprachgebrauch einen Widerspruch gegen den in allen Demokratien geltenden Anspruch auf Gleichbehandlung darstellt (Roth 2004, 242).

Da der Effekt politisch korrekten Sprachgebrauchs die diskriminierungsfreie, inklusive Gleichbehandlung aller Menschen ist, ist PC insofern eine in hohem Maß politische Kategorie, als die Agenda rechter Parteien und politischer Strömungen gerade gegen eine solche Gleichbehandlung gerichtet ist und die Diskriminierung – in diesem Fall von nicht-deutschen Menschen – zu ihrem politischen Programm erhoben haben. Mit ihren zum Teil rassistischen Sprachhandlungen stellen sie sich »offensiv und grundsätzlich außerhalb des demokratischen Konsenses« (Roth 2004, 244). Dieser demokratische Konsens manifestiert sich im Diskriminierungsverbot des Artikels 3 Absatz 3 unseres Grundgesetzes:

> Niemand darf wegen seines Geschlechtes, seiner Abstammung, seiner Rasse, seiner Sprache, seiner Heimat und Herkunft, seines Glaubens, seiner religiösen oder politischen Anschauungen benachteiligt oder bevorzugt werden.

Jemanden aus den in Artikel 3 Absatz 3 GG genannten Gründen rechtlich zu benachteiligen, gesellschaftlich auszugrenzen, Zugänge zu Bildung und Beruf zu verwehren et cetera ist Diskriminierung und geschieht sprachlich. Jemanden aufgrund seines Geschlechts, seiner Abstammung, seines Glaubens et cetera herabzusetzen, zu beleidigen oder abzuwerten, sind sprachliche Handlungen mit dem Ziel zu verletzen, zu beleidigen, Macht auszuüben und politischen Vorteil zu ziehen – etwa, wenn die Ausgrenzung bestimmter Menschengruppen zum politischen Programm wird. Jeder Tabubruch verletzt die Prinzipien der Political Correctness und macht damit deutlich, wie notwendig ein durch die ethische Grundidee politisch korrekter Sprache geprägtes Prinzip von Sprachgebrauch ist.

Fazit:
Plädoyer für eine verantwortungsethische Sprachkritik

Im Bewusstsein von der Wirklichkeit schaffenden Kraft von Sprache ist eine wesentliche Aufgabe der heutigen Gesellschaft: Verletzungen von sprachlichen Regeln aufdecken und benennen. Damit bekennt sie sich zu den Prinzipien einer sprachlichen Ethik und stellt sich gegen die Praxis von Gewalt, gegen gesellschaftliche Entwicklungen der Verrohung und der Diskriminierung. Sie tut dies in dem Bewusstsein, dass sprachliche Gewalt und physische Gewalt in einem engen Zusammenhang stehen. Dies ist verantwortungsethische Sprachkritik, die sprachlich ausgedrückte Normverstöße, Missachtungen des gesellschaftlichen Wertekonsenses und Tabubrüche aufzeigt und diese gegebenenfalls als sprachliche Gewalt bewertet. Sie ist politisch-gesellschaftlich positioniert und nimmt eine politisch-gesellschaftliche Beteiligungsrolle ein. Denn: Verantwortungsethische Sprachkritik ist nicht nur den linguistischen Profis vorbehalten.

1   Ich folge Max Webers Unterscheidung von Vernunft- und Gesinnungsethik: »Wir müssen uns klarmachen, daß alles ethisch orientierte Handeln unter zwei voneinander grundverschiedenen, unaustragbar gegensätzlichen Maximen stehen kann: es kann ›gesinnungsethisch‹ oder ›verantwortungsethisch‹ orientiert sein. Nicht daß Gesinnungsethik mit Verantwortungslosigkeit und Verantwortungsethik mit Gesinnungslosigkeit identisch wäre. Davon ist natürlich keine Rede. Aber es ist ein abgrundtiefer Gegensatz, ob man unter der gesinnungsethischen Maxime handelt – religiös geredet: ›Der Christ tut recht und stellt den Erfolg Gott anheim‹ – oder unter der verantwortungsethischen: daß man für die (voraussehbaren) Folgen seines Handelns aufzukommen hat.« (Weber 1919, S. 232).

Literatur

AfD (2016): Grundsatzprogramm der Alternative für Deutschland. Vorlage zum Bundesparteitag am 30.4.2016/01.05.2016. Zit. nach ‹https://www.alternativefuer.de/wp-content/uploads/sites/7/2016/03/Leitantrag-Grundsatzprogramm-AfD.pdf› [Abruf 4.2.2020].

AfD (2017): Strategiepapier zum Wahljahr 2017. ‹http://rettetdiewahlen.eu/wp-content/uploads/2017/02/338294054-AfD-Strategie-2017.pdf› [Abruf derzeit nicht möglich].

Anastasopoulos, Charis (2013): Korrekte Sprache, in: Roth, Hans-Joachim/Henrike Tenhart/Charis Anastasopoulos (Hg.): Sprache und Sprechen im Kontext von Migration. Worüber man sprechen kann und worüber man (nicht) sprechen soll, Wiesbaden: Springer, S. 61-82

Butler, Judith (2006): Haß spricht. Zur Politik des Performativen, 5. Auflage Frankfurt a. M.: Suhrkamp 2016.

Kämper, Heidrun Deborah (2017): Das Grundsatzprogramm der AfD und seine historischen Parallelen. Eine Perspektive der Politolinguistik, in: Aptum. Zeitschrift für Sprachkritik und Sprachkultur, 13. Jg., Heft 1, S. 16-41.

Marx, Konstanze (2019): Sprachkritik: Auch Kulturkritik. Ethisach-moralische Impulse für eine Linguistik in der digitalen Zivilgesellschaft, in: Aptum. Zeitschrift für Sprachkritik und Sprachkultur Band 15/2019, Heft 2, S. 134-148.

Raphael, Lutz (2013): Inklusion / Exklusion – ein Konzept und seine Gebrauchsweisen in der Neueren und Neuesten Geschichte, in: Patrut, Iulia-Karin, Uerlings, Herbert (Hg.): Inklusion / Exklusion und Kultur. Theoretische Perspektiven und Fallstudien von der Antike bis zur Gegenwart, Weimar/Köln/Wien, S. 235-256.

Roth, Kersten Sven (2004): Politische Sprachberatung als Symbiose von Linguistik und Sprachkritik. Zur Theorie und Praxis einer kooperativ-kritischen Sprachwissenschaft, Tübingen: Niemeyer.

Stefanowitsch, Anatol (2018): Eine Frage der Moral. Warum wir politisch korrekte Sprache brauchen, Berlin: Dudenverlag.

Weber, Max (1919): Politik als Beruf, in: Wende, Peter (Hg.) (1994): Politische Reden III 1914–1945, Frankfurt a. M.: Deutscher Klassiker Verlag, S. 176-243

Unbehausbare, Unbewirtbare: Zu Botho Strauß' »Anschwellender Bocksgesang«

Karl Braun

Am 8. Februar 1993 publizierte Der Spiegel 6/1993 einen Text von Botho Strauß mit dem Titel »Anschwellender Bocksgesang«. Diese sechs Seiten waren von einer längeren Vorstellung des damals doch recht (aber noch nicht als wirklich rechts) bekannten Autors begleitet. Die redaktionelle Präsentation von Strauß kündigte einen Gesinnungswandel des Schriftstellers und damaligen Haus-Dramatikers der *Berliner Schaubühne*, »oft Mißverständnissen ausgesetzt« (AB 203), bereits an.

> Als Lyriker traf ihn gar der Vorwurf einer »Propagandasprache der neuen Mystik«. Von linken Gewißheiten hat sich Strauß, 48, früh befreit. (...) Wem sich bei mancher Reizvokabel nicht gleich die alten klemmenden Schubladen im Kopf auftun, der wird den Aufsatz von Strauß, eine seltene Wortmeldung, als Seismographie einer im Wachsen begriffenen Tragödie lesen, einer von Fremdenhaß und Desorientierung erschütterten Gegenwart. (AB 203)

Eine »seltene Wortmeldung« des »konsequent den Auftritt in der Öffentlichkeit« meidenden Strauß (AB 202): laut Spiegel Seismografie einer anschwellenden gesellschaftlichen Tragödie – Bocksgesang ist die deutsche Übersetzung des griechischen Begriffs. Aber war der *Anschwellende Bocksgesang* nur Seismografie, also sensible Aufzeichnung von gesellschaftlichen Vorgängen, oder trug er – die Rolle eines Bebenschreibers weit überschreitend – als befeuernder und rechtfertigender Faktor zur benannten Tragödie entscheidend bei: ein Auslöser-Text?

So zumindest bezeichnet Götz Kubitschek, Verleger des *Antaios-Verlags* und Mitgründer des *Instituts für Staatspolitik*, Ideengeber für den – offen völkisch-nationalistischen – *Flügel* der AfD um Björn Höcke, den Anschwellenden Bocksgesang: »ein Auslöser-Text«; vorgetragen am 15. Februar 2018 bei einer Kopenhagener Tagung zum 25. Jahrestag des Erscheinens von Straußens Text. Dort liest man:

> Strauß hatte mit diesem Fanfarenstoß dem Reiz einer Gegen-Aufklärung von rechts einen hallenden Ton gegeben und war schlagartig ins Zentrum der politischen Wahrnehmung gerückt. Die Aufnahme seines Textes in den Sammelband Die selbstbewußte Nation (1994) räumte letzte Zweifel an einem Mißverständnis aus: Hier deutete einer die Lage aus rechter Sicht, und die Panik vor dieser Perspektive lenkte den fassungslosen Weggefährten von links den Blick ab von der Ambivalenz des Textes. (Kubitschek, ohne pag., Internet-Zählung 1)

Und er stellt fest, dass trotz der Vieldeutigkeit und Ambivalenz des Textes auch in seinem Verlagsprogramm

> bisher kein Beitrag über Strauß ohne einen Verweis auf den ›Anschwellenden Bocksgesang‹ auskam, ja daß auf diesen Grundpfeiler unserer Selbstvergewisserung als Rechtsintellektuelle Balken und Streben und Sparren aufgesetzt wurden, die ohne ihn bloß einen weit minder soliden Halt gefunden hätten. (ebd. 2)

Die aus Sätzen gezimmerten *Balken und Streben und Sparren*, wie sehen diese aus? Nur drei Beispiele, die bei Kubitschek (ebd. 13, 15, 3) zitiert sind:

> Intellektuelle sind freundlich zum Fremden, nicht um des Fremden willen, sondern weil sie grimmig sind gegen das Unsere und alles begrüßen, was es zerstört. (AB 203)
> Von der Gestalt der künftigen Tragödie wissen wir nichts. Wir hören nur den lauter werdenden Mysterienlärm, den Bocksgesang in der Tiefe unseres Handelns. (AB 205)
> Zwischen den Kräften des Hergebrachten und denen des ständigen Fortbringens, Abservierens und Auslöschens wird es Krieg geben. (...) Da die Geschichte nicht aufgehört hat,

> ihre tragischen Dispositionen zu treffen, kann niemand voraussehen, ob unsere Gewaltlosigkeit den Krieg nicht bloß auf unsere Kinder verschleppt. (AB 203)

Auffällig ist die durchgängige Diktion des »Unseren«, dessen Inhalt, Umfang und Geschichtlichkeit im *Vagen*, im *Ungefähren*« verbleibt. Kubitschek kommentiert ein Zitat von Strauß:

> »Das Genaue ist das Falsche. Es läßt den Hof, den Nimbus nicht zu. Unsere Lebenssphäre ist das Vage, das Ungefähre.« Man hat das sein »Geraunen« genannt.
> (Kubitschek 14; Strauß-Zitat aus: Lichter 21. Hier fehlt die im Original nach dem ersten Satz stehende Aussage: »Das Genaue ist halsabschneidend«.)

Mit dem, was Kubitschek hier – sprachlich etwas ungenau – das *Geraunen* nennt, konnte und kann die populistische und extreme Rechte gut leben. Ungenau und vage soll das *Unsere* sein, hochstilisiert als »das (...) Wahre, unvermittelt Einsichtige« (ebd.). Nicht allen ist es unvermittelt einsichtig: Es ist nötig, dazu zu gehören, den Code zu kennen.

> Man liest und will »gemeint« sein. Der »Anschwellende Bocksgesang« legt Formulierungen fest wie Codes: Wer sie künftig nicht kennt, wer die Anspielungen nicht versteht, kann nicht ganz dazugehören. Der »Bocksgesang« befreite uns vor 25 Jahren von der Einbildung, daß kleine, wohldurchdachte Trippelschritte zu einem nennenswerten Ziel führen könnten. Er stellte zugleich unserem Wunsch, auszugreifen, eine denkbar schlechte Prognose. (Kubitschek 15)

Den Code zu kennen, mit dem Herum-Geraunen vertraut zu sein, gehört zum Grundbestand der sogenannten *konservativen Revolution*, wie Armin Mohler seine Dissertation benannt hat – ein Buch, welches zentrale Figuren der radikalen Rechten wie Carl Schmitt oder Ernst Jünger zu Säulenheiligen eines *politisch unbefleckten* Konservativismus erklärte – jenseits ihrer jeweiligen Verstrickung in den Nationalsozialismus. In einem Interview erklärt Mohler jedoch hinsichtlich seiner geleisteten *Scheidungsarbeit* und hinsichtlich des Verständnisses der deutschen Geschichte:

Ich habe es vielleicht zu weit auseinanderdividiert – Konservative Revolution und Nationalsozialismus. Es war schon sehr schwer zu unterscheiden; in der historischen Wirklichkeit überschneidet es sich schon sehr. Man kann aber nicht alles erklären. Gewisse Zonen bleiben eben im Unklaren. Man muss nicht meinen, man könne sie ganz entschlüsseln. (Mohler, Gespräch 41 und 84)

Als Sekretär von Ernst Jünger, 1949-1953, begrüßt Mohler vor allem dessen Veröffentlichung »Der Waldgang« (1951); in diesem Text erkannte er endlich den Ernst Jünger des elitär-faschistischen Werks »Der Arbeiter. Herrschaft und Gestalt« (1932) wieder.

Nur einmal schöpfte Mohler wirklich Hoffnung, daß die Sorge, Jünger könne sich untreu werden, ganz unbegründet war. Das Erscheinen von Der Waldgang (1951) begrüßte er enthusiastisch. Er wußte von Jünger, daß es sich um einen ausgesprochen politischen Text handelte, der den Arbeitstitel »Über den Widerstand bei übermächtiger Aggression« trug und eine Anknüpfung an die preußischen Maßnahmen nach der Niederlage von 1806 unter völlig anderen Umständen bieten sollte. Mohler teilte im Prinzip Jüngers Auffassung, daß man angesichts der Lage den Einzelgänger stärken müsse. Was sonst zu sagen sei, sollte getarnt werden. (Weißmann 85)

Ein Blick in Jüngers *Waldgang* wird erweisen, dass Straußens Vages, Ungefähres, Ungenaues – *das Genaue ist halsabschneidend* – Tarnung ist, nur für die in den Code Eingeweihten verständlich, Tarnung letztendlich, um unliebsame Hälse – wenn es sein muss – besser abschneiden zu können. Hier greift Straußens Opfertheorie: Sein Mysterien-Getön lebt aus – *kann nichts dafür, bin nur Bote einer ins mythische zurückreichenden* – Mordlust. Bevor der das Lynch-Opfer umspielende und sich davon scheinbar distanzierende Strauß zu Wort kommen soll, seien Zitate von Jünger angeführt, in denen dieser potenzielle Mord-Taten und Attentate von entschieden widerständigen Einzelnen oder Einzelgängern nicht klar als Möglichkeit, aber sie dennoch – unausgesprochen – umspielt.

Man könnte noch weiter abkürzen und statt des »Nein« einen einzigen Buchstaben setzen – nehmen wir an, das »W«. Das könnte dann etwa heißen: Wir, Wachsam, Waffen, Wölfe, Widerstand. Es könnte auch heißen Waldgänger. Das wäre ein erster Schritt aus der statistisch überwachten und beherrschten Welt. Und sogleich erhebt sich die Frage, ob denn der Einzelne auch stark genug zu solchem Wagnis ist.
Der Wahlspruch des Waldgängers heißt: »Jetzt und hier« – er ist der Mann der freien und unabhängigen Aktion. (...) Es ist die alte Freiheit im Zeitgewande: die substantielle, die elementare Freiheit, die in gesunden Völkern erwacht, wenn die Tyrannis von Parteien oder fremden Eroberern das Land bedrückt. (Jünger 25, 98)

Das »W«, in welches das »Nein« sich verkleidet, ist typografisch sowohl auf dem Umschlag wie im Text als ineinander verschränktes gedoppeltes V, klar abgesetzt von anderen W-Buchstaben gesetzt: VV – Volk Volk, das Volk kommt zu sich: völkisch. Für Jünger bedeutet der Wald »das überzeitliche Sein« (Jünger 58), das organologisch gedachte Volk jenseits jeder Geschichtlichkeit.

Es ist davon auszugehen, dass Ernst Jünger den Film »Ewiger Wald« von 1936 (Regie: Hanns Springer, Rolf von Sonjevski-Jamrowski) kannte. Nach einer langen Sequenz von Waldbildern setzt die Stimme aus dem Off ein mit den Sätzen »Ewiger Wald, ewiges Volk, es lebt der Baum wie du und ich, er strebt zum Raum wie du und ich, sein ›stirb und werde‹ webt die Zeit, Volk steht wie Wald in Ewigkeit« (Ewiger Wald, 9:43-10:15), und nach Bildern von Waldarbeit setzt die Stimme erneut ein mit: »Aus dem Wald kommen wir, wie der Wald leben wir, aus dem Wald formen wir Heimat und Traum« (ebd. 11:05-11:17). Im »Waldgang« formt und verklausuliert Ernst Jünger seinen Traum von deutscher Erhebung »Über den Widerstand bei übermächtiger Aggression« – laut Mohler in der Parallele zur Erhebung gegen die napoleonische Besetzung in den Befreiungskriegen: Der »Waldgang« wird so – trotz der allenthalben eingefügten allgemeinen Floskeln – zum Aufruf für eine Neuauflage der »Schlacht im Teutoburger Wald«, ein kryptischer Aufruf, ähnlich dem, wie ihn bereits Johann Gottlob Fichte in den »Reden an die deutsche Nation« formuliert hatte (siehe Braun 2009, S. 10).

Kubitschek wiederum verknüpft den »anschwellenden Bocksgesang« über die Bildlichkeit der Dachkonstruktion mit dem Film »Ewiger Wald«. Eine der ersten Arbeitsszenen ist das Setzen von »Sparren und Streben und Balken« für ein germanisches Haus, eine der letzten ist ein Richtfest, wobei aus dem Zusammenhang klar wird, dass es sich hier um ein metaphorisches Zeigen der Errichtung des neuen deutschen Reiches handelt. Kubitscheks Herum-Geraune über die Codes (»Wer sie künftig nicht kennt, wer die Anspielungen nicht versteht, kann nicht ganz dazugehören«) zieht so die Linie vom Bau des deutschen Reichs im »Ewigen Wald« (1936) über Jüngers »Waldgang« (1951) zu Straußens »Bocksgesang« (1993).

Straußens Sicht auf überzeitliches Sein – *das Unsere* – versteckt sich im Opfer-Ursprung der von Strauß herausgelauschten anschwellenden Tragödie. Hinter beiden Positionen aber steht die vermeintliche Krise der Herkunftsgemeinschaft des als ethnisch rein imaginierten Deutschen. Für Jünger wie für Strauß dürften Johann Gottlob Fichtes *Reden an die deutsche Nation* (1808) und sein dort gegen das napoleonische Frankreich entwickelte organologisch-biologistische Volkskonzept – das deutsche als das »Urvolk, das Volk schlechthin, Deutsche« (Braun 2009, S. 19) – Stichwort-Geber gewesen sein.

> Der Glaube des edlen Menschen an die ewige Fortdauer seiner Wirksamkeit auch auf dieser Erde gründet sich demnach auf die Hoffnung der ewigen Fortdauer des Volks, aus dem er selber sich entwickelt hat, und der Eigentümlichkeit desselben, nach jenem verborgenen Gesetze; ohne Einmischung und Verderbung durch ein Fremdes, und in das Ganze nicht Gehöriges. Diese Eigentümlichkeit ist das Ewige...
> (Fichte 132, zu Fichtes Reden siehe Braun 2009; 2010)

Was beide zudem mit Fichte verbindet, ist der radikal dezisionistische Hintergrund, die Annahme, Einzelne könnten entscheiden, was richtig und wahr und damit umsetzungswert sei und so – legitimiert allein durch ihre Entscheidung – *frei* handeln. Carl Schmitt radikalisierte diesen politisch motivierten Dezisionismus. Hieß es bei Thomas Hobbes noch »Auctoritas, non veritas facit legem« (Autorität, nicht Wahrheit schafft das Gesetz; zit. nach Lübbe, 951 f.), so heißt es bei Carl Schmitt: »Souverän ist, wer über den Ausnahmezustand entscheidet.« (Schmitt 13) Hermann Lübbe hat in seinem Aufsatz *Dezisionismus* gezeigt, dass Hobbes' Satz in der Zeit der Religionskriege die »Pragmatik einer Friedensraison« (Lübbe 952) repräsentierte – keine der Konfessionen konnte ihre *Wahrheit* durchsetzen. Dagegen sei Schmitts Dezisionismus durch Unverbindlichkeit gekennzeichnet und politisch kompromittiert; denn in seiner Theorie könne keine gesellschaftliche Aushandlung geschehen, sondern nur Durchsetzung von Machtinteressen:

> Die Geltung einer politischen Entscheidung bestehe, ›unabhängig von der Richtigkeit ihres Inhalts‹, die Entscheidung sei, ›normativ betrachtet, aus einem Nichts geboren‹ und sie schneide, nachdem sie einmal getroffen worden ist, ›die weitere Diskussion, ob noch Zweifel bestehen können‹, ab. (Lübbe 949; Zitate aus Schmitt: Politische Theologie 1922, ohne Nachweis)

In Jüngers wie in Straußens Denkstil dominiert die dezisionistische Entscheidung von Einzelnen, die Machtaneignung, die Herstellung des Ausnahmezustands jenseits jeder rechtlichen Grundlage oder politischen Aushandlung zur vermeintlichen Rettung eines selbstdefinierten *Unseren*. Was bei Jünger *Waldgängerei* heißt, Nein = W (Wir, Wachsam, Waffen, Wölfe, Widerstand), ein Nein, das in Einzelnen erwacht, die sich als Bewahrer und Beschützer eines imaginär gesunden Volkes sehen, und die sich die Freiheit nehmen, sich zu wehren, indem sie ein – meist mörderisches – Fanal setzen, tritt bei Strauß als erklingender Mysterienlärm, als Wiederkehr wüsten Opfergeschehens aus grauer Vorzeit auf.

> Rassismus und Fremdenfeindlichkeit sind »gefallene« Kultleidenschaften, die ursprünglich einen sakralen, ordnungsstiftenden Sinn hatten. In »Das Heilige und die Gewalt« schreibt René Girard: »Der Ritus ist die Wiederholung eines ersten spontanen Lynchmords, in dessen Folge in der Gemeinschaft

wieder Ordnung herrschte ...« Der Fremde, der Vorüberziehende wird ergriffen und gesteinigt, wenn die Stadt in Aufruhr ist. Der Sündenbock als Opfer der Gründungsgewalt ist jedoch niemals lediglich ein Objekt des Hasses, sondern ebenso ein Geschöpf der Verehrung. (AB 205)

Strauß distanziert sich zwar von den Tätern solch »*gefallener*« *Kultleidenschaften*, aber zugleich rettet er sie, denn sie gehören für ihn zu dem *Unserem* und sie sind durch das *Angerichtete*, denjenigen Schädigungen, die Aufklärung und heutzutage die Massenmedien dem als ewig behaupteten Volkskörper zugefügt, also in ihm *angerichtet* haben, als verwahrlost – schuldlos verwahrlost – zu betrachten: »Der Durst des Angerichteten nach weiterer Zerstörung wächst schnell.« (AB in Schwilk 26)

> Rechts zu sein, nicht aus billiger Überzeugung, aus gemeinen Absichten, sondern von ganzen Wesen, das ist, die Übermacht einer Erinnerung zu erleben (...) Der Rechte in solchem Sinn ist vom Neonazi so weit entfernt wie der Fußballfreund vom Hooligan (...) (Freilich: dürfen von uns verwahrloste Kinder zu unseren Feinden werden?) (AB 204)
> Harte, schmucklose, dramatische Dichotomie: Es ist verwerflich, ohne jede Einschränkung, sich an Fremden zu vergreifen – es ist verwerflich, Horden von Unbehausbaren, Unbewirtbaren ahnungslos hereinzulassen. (...) (AB in Schwilk 34)

An dieser Stelle, der Aufrechnung von Verwerflichkeiten, ist Strauß kein Seismograf mehr, sondern er wird hier zum Ideologen von Mordgeschehen in Opferverbrämung. *Unbehausbare? Unbewirtbare?* Für Strauß können *die Fremden* einfach nicht dazugehören, können nicht Teil des *Unseren* werden, nicht in zweiter, nicht in dritter Generation, Strauß behauptet die Unmöglichkeit jeglicher Integration und negiert so die lange Geschichte der Migration in Deutschland.

Als Straußens zentrale Aussage kann das Zitat von René Girard über *den spontanen Lynchmord, der die Ordnung wiederherzustellen vermag*, betrachtet werden. Zwar findet sich der als Zitat gekennzeichnete Satz bei Girard (Girard 142), aber die Fremden sind im Kontext nicht benannt, sondern die innergesellschaftliche Auseinandersetzung: Das Denken Girards zum Opfer kreist um die von ihm so benannte »Krise des Opfer-Kultes«. Die Ritualisierung des Opfers findet so statt, dass keine Kette an Rache ausgelöst werden kann; die Krise des Opferkultes ist die Gefahr der Rückkehr interner Rachehandlungen. Dem Satz von Girard, den Strauß zitiert, geht diese Aussage voran:

> Alle realen und imaginären Gefahren für die Stadt werden mit der größten Gefahr gleichgesetzt, der eine Gesellschaft ausgesetzt sein kann: der Krise des Opferkultes. (ebd.)

Strauß aber koppelt die »Krise des Opferkultes« an den Mord am *Fremden*, am *Vorüberziehenden*, wobei er ein bei Girard zitiertes Zitat aus der Opfertheorie von Henri Hubert und Marcel Mauss paraphrasierend aufnimmt und zugleich verwischt, indem er das auf mythischer Grundlage beruhende Fest, die *Lithobolia* in Trözene, als tatsächlich geschehenen ursprünglichen Lynchmord setzt:

> Dieses Fest galt dem Tod der fremden Göttinnen Damia und Auxesia. Nach der Überlieferung waren die beiden Jungfrauen aus Kreta gekommen und wurden, da die Stadt in Aufruhr war, gesteinigt. Die fremden Göttinnen sind der Fremde, der Vorüberziehende, der in den Erntefesten oft eine Rolle spielt ... (Hubert / Mauss: Essai sur la nature et la fonction du sacrifice, zitiert nach Girard 141 f.)

Die Perfidie Straußens besteht darin, dass er ein rituell durchgeführtes Opferfest mit einem ursprünglichen – also jenseits jeglichen rituellen Geschehens – Lynchmord gleichsetzt: So wird Girards Sicht auf den Opfervorgang, der rachelos und damit Gewalt verhindernd bleibt, weil rituell geschehend, zurückgenommen zugunsten der gewalttätig hergestellten Autorität eines Souveräns im Ausnahmezustand. Letztendlich schändet Strauß mit seiner Collage der direkten und indirekten Zitierung Girards dessen Opfer-Theorie, aber auch dessen Sicht auf die Tragödie: »man muss sich davor hüten, Mythos und Ritual mit der Tragödie zu verwechseln, denn letztere ist (...) grundsätzlich antimythisch und antirituell inspiriert«(Girard 143). Botho Strauß konnte die Opfertheorie von Girard nicht wirklich zur

Kenntnis nehmen; dafür hatte er sich schon zu lange im *deutschen Wald* herumgetrieben. Es ist anzunehmen, dass er die Bauchpinselei durch diejenigen, die sich als rechtsintellektuelle *Waldgänger* verstehen und keinen Abstand zum faschistischen Denkstil kennen, gerne und dankend annimmt.

Der *Anschwellende Bocksgesang* ist das Unheil selbst, das er ertönen lässt. Ein Mord-Raunen.

Literatur

Botho Strauß: Anschwellender Bocksgesang, in: Der Spiegel 6/93 vom 8. Februar 1993, S. 202-207. https://magazin.spiegel.de/EpubDelivery/spiegel/pdf/13681004 (zitiert als: AB + S.).

Botho Strauß: Anschwellender Bocksgesang, in: Heimo Schwilk/ Ulrich Schacht (Hg.): Die selbstbewußte Nation. Frankfurt a. M./Berlin 1994, S. 19-40 (zitiert als AB in Schwilk + S.).

Botho Strauß: Lichter des Toren, München 2013.

Karl Braun: Vom »Volkskörper«. Deutschnationaler Denkstil und die Positionierung der Volkskunde, in: Zeitschrift für Volkskunde 105 (2009), S. 1-27.

Karl Braun: »Der Waffenmeister neben den Kämpfenden«. Zur politischen sudetendeutschen Volkskunde, in: Steffen Höhne/ Ludger Udolph: Deutsche – Tschechen – Böhmen. Kuturelle Integration und Desintegration im 20. Jahrhundert, Köln/ Weimar/ Wien 2010, S. 265-285.

Johann Gottlob Fichte: Reden an die deutsche Nation. Mit einer Einleitung herausgegeben von Alexander Aichele, Hamburg 2008.

René Girard: Das Heilige und die Gewalt, Zürich 1987 (franz. EA 1972).

Ernst Jünger: Der Waldgang, Frankfurt a. M. 1953.

Götz Kubitschek: »Anschwellender Bocksgesang« – ein Auslöser-Text, ‹https://sezession.de/wp-content/uploads/2018/07/vortrag-bocksgesang-kubitschek.pdf›.

Hermann Lübbe: Dezisionismus – eine kompromittierte politische Theorie, in: Schweizer Monatshefte 55 (1975-1976), S. 949-960.

Armin Mohler: Die konservative Revolution in Deutschland 1918–1932. Grundriß ihrer Weltanschauungen, Stuttgart 1950 (Verschiedene Auflagen und Erweiterungen bis hin zum *Handbuch* 1989 bei der Wissenschaftlichen Buchgesellschaft Darmstadt).

Armin Mohler: Das Gespräch. Über Linke, Rechte und Langweiler, Dresden 2001.

Carl Schmitt: Politische Theologie. Vier Kapitel zur Lehre von der Souveränität, Berlin 2009, S. 13 (= Nachdruck der 2. Auflage von 1934; mit einem Vorwort vom November 1933, S. 7-9).

Film »Ewiger Wald« (1936; Regie, im Film nicht genannt: Hanns Springer, Rolf von Sonjevski-Jamrowski; Länge 1:11:20) [zu sehen in restaurierter Fassung (Vorspann: »German Division The Great Sunwheel presents«; »unzensiert«: bitchute als rechte Plattform für von Youtube u. a. entfernten Filmen) unter ‹https://www.bitchute.com/video/O06LXvN90mFD/›. Die Youtube-Version ‹https://www.youtube.com/watch?v=1MJk3HUTtCU› ist von der Bildqualität sehr schlecht; alle Bezüge zum Nationalsozialismus und den dazu gehörigen und massiv gezeigten Symbolen sind gelöscht].

Flüchtlingsrechte, Menschenrechte und wir

70 Jahre Europäische Menschenrechtskonvention

Günter Burkhardt

Wir erleben heute eine Zeit, in der sich viele nicht erinnern wollen, dass Menschenrechte das Fundament der Demokratien in der Europäischen Union sind. Es gerät in Vergessenheit, warum die Väter und Mütter der Europäischen Menschenrechtskonvention (EMRK) und des Grundgesetzes die Menschenrechte in Europa zu verbindlichem Recht machten. Das Grundgesetz spricht von der Würde des Menschen – und nicht der Würde des Deutschen. Und die EMRK garantiert individuell einklagbare Menschenrechte für jede und jeden, die sich in ihrem Geltungsbereich befinden. Menschenrechte sind die unveräußerliche Grundlage unserer Gesellschaft. Genau dies wird gegenwärtig immer wieder infrage gestellt. Die zentralen Normen des Zusammenlebens werden unterminiert oder für unverbindlich erklärt.

Das Recht auf Leben, das Recht auf Schutz vor Folter und unmenschlicher Behandlung, den Zugang zum Recht auf ein faires Asylverfahren, das Recht auf einen Rechtsstaat, in dem Behördenentscheidungen durch Gerichte geprüft werden. All diese Rechte werden missachtet, wenn Tausende von Menschen im Mittelmeer ertrinken und Europa tatenlos zuschaut. Sie werden missachtet, wenn Europa mit der Türkei ein rechtlich zweifelhaftes Abkommen schließt, das juristisch gesehen eine Presseerklärung der einzelnen EU-Mitgliedsstaaten ist und sich damit außerhalb des Zuständigkeitsbereichs des Europäischen Gerichtshofs (EuGH), der über die

Einhaltung von Europarecht wacht, befindet. Damit ist das höchste europäische Gericht gehindert, die Rechtmäßigkeit des EU-Türkei-Deals zu überprüfen. Die Kontrollinstanz des EuGH, der über die Einhaltung des Europarechts zu wachen hat, ist damit ausgeschaltet. Sie werden missachtet, wenn in Griechenland Haftlager entstehen sollen und Menschen dort unter unwürdigsten Bedingungen festgehalten werden.

Systematische Aushebelung des Zugangs zum Asylrecht in Europa

Für die Betroffenen bedeutet der EU-Türkei-Deal, dass der Zugang zu einem fairen Asylverfahren in Europa verhindert wird. Alle in Griechenland ankommenden Schutzsuchenden sollen zurück in die Türkei – ohne Prüfung der individuellen Asylgründe. Ihr Asylantrag wird als unzulässig eingestuft. Die Türkei soll ihnen Schutz und Asyl gewähren. Die Türkei selbst hat zwar in hohem Maße syrische Flüchtlinge erstversorgt, einen Zugang zu einem Asylrecht nach der Genfer Flüchtlingskonvention gibt es jedoch nicht. Das nimmt selbst das Auswärtige Amt (AA) zur Kenntnis und bestätigt: Ein Asylverfahren nach europäischem Vorbild gibt es in der Türkei nicht. Flüchtlinge aus Afghanistan und anderen Kriegs- und Krisengebieten sind de facto rechtlos. Syrische Flüchtlinge erhalten lediglich einen vorübergehenden Schutzstatus und dies allzu oft nur auf dem Papier. In der Praxis vegetieren Hunderttausende ohne rechtlichen Status am Rande der Ballungsgebiete, inzwischen sind sogar schon syrische Flüchtlinge über die Grenze zurück nach Syrien gebracht worden. Und das obwohl in Syrien die Verfolgungsgefahr durch das Assad-Regime unverändert hoch ist, wie auch das AA im Lagebericht zu Syrien konstatiert. Dass die Türkei ein Rechtsstaat sein soll, der Flüchtlingen Schutz gemäß der Genfer Flüchtlingskonvention bietet, kann noch nicht einmal mehr die Bundesregierung behaupten. Die Türkei hat als eine Folge des EU-Türkei-Deals ihre Grenzen abgeriegelt. An der türkischen Küste wird durch verschärfte Kontrollen die Flucht nach Europa verhindert. Die Fluchtwege sind dadurch länger und der Weg über das Meer gefährlicher geworden.

Haftlager in Griechenland

Über Griechenland kommen insgesamt – auf dem See- und dem Landweg – die meisten Schutzsuchenden in Europa an. Heute, fast vier Jahre nach dem EU-Türkei-Deal, sitzen mehr als 35.000 Schutzsuchende in Elendslagern auf den griechischen Inseln fest – unter menschenunwürdigen Bedingungen. Sie leben im Elend, in bewusst und künstlich geschaffenen Slums auf Lesbos, auf Chios, Samos und Kos. Zehntausende harren in Dreck und Schlamm aus, zimmern sich selbst ihre Zelte, versuchen ihre Kinder vor Schlangen und Skorpionen zu schützen, wissen nicht, wie sie ohne Gefahr nachts auf die Toilette gehen können. Teilweise stehen die Menschen bereits nachts an, damit sie tagsüber etwas zu Essen haben. Slums und Massenlager sind Orte der Gewalt und Erniedrigung. Sie wurden als Orte der Abschreckung eingerichtet, die Menschen auf der Flucht davor abhalten sollen, sich auf den Weg nach Europa zu machen.

Diese Elendslager sollen nun sogar in Haftlager umgewandelt werden. Das deutsche Bundesministerium für Inneres (BMI) prescht im Vorfeld der deutschen EU-Ratspräsidentschaft im zweiten Halbjahr 2020 mit weiteren Vorschlägen für eine Reform des Europäischen Asylsystems voran. Kernelemente sind Grenzverfahren, geschlossene Zentren an den Grenzen, Zwangsverteilung ohne Rechtsschutz. Statt eines Zugangs zum Recht auf Asyl gibt es eine Vorsortierung. An den Grenzen sollen unterschiedliche Prüfungen je nach der Schutzquote des Herkunftslandes vorgesehen werden. Demnach würden Personen aus Ländern mit einer hohen Schutzquote, vermutlich Syrer*innen und Eritreer*innen und weitere je nach Limit, nur eine kurze Prüfung durchlaufen und danach einreisen und verteilt werden. Bei ihnen würde wahrscheinlich primär die

Registrierung, Sicherheitsüberprüfung und Verteilungsentscheidung stattfinden.

Für Staatsangehörige von Ländern mit niedrigen Schutzquoten würde eine Prüfung durchgeführt werden, ob sie als »unzulässig« oder »offensichtlich unbegründet« abgelehnt werden können. Offensichtlich unzulässige oder unbegründete Anträge sollen unmittelbar an der Außengrenze abgelehnt werden. Eine Europäische Asylagentur soll eigenständig die Vorprüfungen durchführen. Die Schutzsuchenden bleiben in Haft. Solche Prüfungen in Grenz- oder Transitverfahren haben eins gemeinsam: Sie sollen besonders schnell ablaufen. Die kurzen Fristen und vor allem die Bedingungen in diesen Massenlagern verhindern einen Zugang zum Rechtssystem und erschweren es, gegen eine solche Entscheidung vorzugehen, denn gerade bei großen Lagern an der Grenze steht dafür kaum Unterstützung zur Verfügung. So drohen Menschen, die Schutz brauchen, in Gefahrensituationen abgeschoben zu werden, ohne dass je irgendeine Instanz in einem fairen Verfahren inhaltlich die Schutzbedürftigkeit geprüft hätte.

Wer sich diesen menschenunwürdigen Zuständen entzieht und in ein anderes EU-Land unerlaubt weiterreist, dem droht auch hier die Inhaftierung. »Niemals ankommen« ist die Perspektive für unerwünschte Schutzsuchende in Europa.

Europa trägt die Verantwortung

Eines muss klargestellt werden: Wir zeigen nicht mit dem Finger auf Griechenland und die dortige Regierung. All das, was in Griechenland geschieht, geschieht in Europas Namen. Der Schlüssel zur Lösung für eine solidarische Flüchtlingspolitik liegt nicht auf den griechischen Inseln, sondern in den Hauptstädten der großen EU-Mitgliedsstaaten.

Das Elend in Griechenland ist eine gewollte Folge der Politik Europas. Verzweifelt kämpfen unsere griechischen Kolleg*innen von unserer Partnerorganisation *Refugee Support Aegean*, vom griechischen Flüchtlingsrat und viele andere vor Gericht. Oft mit Erfolg. Bisher wurden massenhafte Abschiebungen in die Türkei verhindert. Und weil das Recht Grenzen setzt, soll es geändert werden– in Griechenland, aber auch in der EU. Mit Hochdruck arbeiten die Europäische Kommission und die Staats- und Regierungschefs an einer Aushebelung des Europäischen Flüchtlingsrechts: Um zurückschieben zu können, gibt es schon länger Überlegungen, wie die Türkei und andere Drittstaaten als sicher erklärt werden könnten. Um dies zu erreichen, sollen die Kriterien, ab wann ein Staat als sicher einzustufen ist, gesenkt werden.

Noch ist offen, ob die aktuelle EU-Kommission auf den alten Plänen aufbaut. Auch der neue BMI-Vorstoß lässt vieles im Ungefähren. Fest steht: Die Etablierung eines neuen Europäischen Rechtssystem hat die Verhinderung von Flucht zum Ziel. Die Visegrád-Staaten wollen überhaupt keine Flüchtlinge aufnehmen, die südlichen Staaten drängen zu Recht auf eine Änderung der Dublin-Verordnung. Die zentraleuropäischen Staaten wollen weiterhin die Verantwortung auf die Grenzstaaten abschieben. Wie Europa solidarisch handelt, ist umstritten, einig ist man sich nur in der Abschottung und dem Ausbau der Festung Europa. Die EU will den Zugang zum individuellen Recht auf Asyl versperren.

Es geht um mehr als um das Asylrecht

Bei alldem, was sich vor uns auftut, geht es um mehr als um Flüchtlingsrecht. Es geht letztendlich um die Frage, in welcher Gesellschaft wir leben wollen. Rechtspopulisten und rassistische Parteien setzen die Demokratien unter Druck. Nationalismen und egoistische Kleinstaaterei verspielen die fundamentale Gründungsidee Europas. Menschenrechte müssen uneingeschränkt gelten – für alle Menschen in allen Staaten der EU. Dabei ist dieser menschenrechtliche Kern Europas gerade heute wichtiger denn je: Autokraten und Populisten herrschen in Russland, in der Türkei, in China und den USA – umso wichtiger wäre es, dass Europa als Verfechterin der Menschenrechte ein weltweit hörbares Signal setzt.

Wir müssen immer wieder daran erinnern: Der Kampf um Menschenrechte wurde jahrhundertelang geführt. Sie sind Rechte, die mühsam erkämpft wurden. Nun ist es an uns, sie zu verteidigen. Wir können sie nicht mehr generell als akzeptiertes Recht voraussetzen. Es reicht nicht mehr, sich auf die geltenden Rechte zu berufen. Wir müssen für sie eintreten und erklären, warum diese Rechte zur unveräußerlichen Grundlage unserer Kultur und unserer Gesellschaft gehören.

Aus der Tiefe

Was die Geschichte von Jona und dem Walfisch zum einen mit Ostern und zum anderen mit uns zu tun hat

Heribert Prantl

Das Tier, das man mit Ostern verbindet, ist der Hase; Hase und Nest kommen aber in der Bibel gar nicht vor. Dort gibt es ein anderes Ostertier: Es ist der Fisch, ein großer, gewaltiger Fisch, ein Seeungeheuer, das Martin Luther einen Wal genannt hat. Seitdem kennt man diese Geschichte als die von Jona und dem Wal. Der Prophet Jona also wurde von einem Wal verschlungen; und er überlebt in dessen Eingeweiden, bis ihn der Wal nach drei Tagen wieder am Strand ausspeit; so liest man es im Alten Testament.

Es ist eine Lehrerzählung mit mythologischen Bildern, eine sagenhafte Geschichte über Verderben, Untergang und Rettung in aussichtsloser Lage. Die drei Tage des Jona im Bauch des Fisches deuten die Christen als »Zeichen des Jona«, als Sinnbild für die Auferstehung Jesu von den Toten am dritten Tag, an Ostern. Die Zahl Drei ist hier keine kalendarische Angabe, sie ist eine theologische Ansage:

Die Überwindung des Todes geht durch die vernichtende Hoffnungslosigkeit hindurch. Der erste Tag, der Karfreitag, ist der »Gekreuzigt, gestorben und begraben«. Der zweite Tag ist der Karsamstag, an dem es noch tiefer hinabgeht, in den Abgrund der Verzweiflung: »Hinabgestiegen in das Reich des Todes«. Erst am dritten Tag heißt es »auferstanden von den Toten«. Das ist der Ostersonntag. Die alttestamentliche Lesung für den Karsamstag nimmt die Gläubigen mit in die Unterwelt. Gelesen wird die Klage des Jona im Bauch des Fisches; sie gehört zu den eindringlichsten Gebeten, die es gibt:

»Du warfst mich in die Tiefe, mitten ins Meer. Ich sank hinunter zu der Berge Gründen./ Der Erde Riegel schlossen sich hinter mir ewiglich.«

Jona verzweifelt, er fleht sein objektiv sinnloses Flehen. Aber es ist nicht sinnlos. Er wird gerettet in ein neues Leben. Deswegen findet man den Fisch als Osterzeichen schon auf den Gräbern der ersten christlichen Jahrhunderte, als Symbol für die Auferstehung.

Wer das Flehen des Jona liest, der hört, wenn er sich nicht die Ohren zuhält, die Schreie der Flüchtlinge, die im Mittelmeer ertrinken. Ihnen, diesen Flüchtlingen, widme ich dieses Kapitel der Bibel zu diesem Ostern. »In den letzten Tagen kannten wir uns selbst nicht mehr; entweder beteten die Leute oder sie starben gerade«, berichtet Abu Kurke Kebato, ein junger Mann aus Eritrea, der den Abstieg ins Reich des Todes erlebte. In Libyen hatte er ein Schiff nach Lampedusa bestiegen, zusammen mit 71 anderen Schutzsuchenden, darunter 20 Frauen und zwei Kleinkinder. Auf hoher See wurde es manövrierunfähig, so wie kürzlich das Kreuzfahrtschiff *Viking Sky*; die Welt fieberte hier mit, als 500 Passagiere per Helikopter gerettet wurden.

Abu Kurke Kebato erging es anders: Zwar kam ein Hubschrauber, der warf Wasserflaschen und Kekse ab. Aber das war die erste und letzte Unterstützung, die die Schiffbrüchigen sahen. Tage später wurden sie in die Nähe eines Flugzeugträgers getrieben. Zwei Jets starteten und flogen niedrig über das Schiff. Die verzweifelten Menschen standen an Deck, hielten Benzinkanister und die zwei verhungernden Kinder in die Höhe. Sie blieben ungehört. »Jeden Morgen, wenn wir aufwachten, fanden wir mehr Leichen«, erzählte Abu Kurke Kebato. »Wir behielten sie für 24 Stunden und warfen sie dann über Bord.« Es kam kein rettender Fisch. Warum auch sollte da ein Gott einen Fisch schicken, wenn so viele Menschen am Ort sind, die zu Hilfe kommen könnten? Nach 15 Tagen strandete das Totenschiff an der libyschen Küste und spie die Flüchtlinge dort aus, woher sie geflohen waren. Nur elf Menschen lebten noch. Einer von ihnen starb, da hatten sie gerade das Land erreicht. Ein anderer starb kurz darauf im Gefängnis, in dem sie sogleich festgesetzt wurden. Abu Kurke Kebato überlebte, indem er seinen Urin trank und sich von zwei Tuben Zahnpasta ernährte. Diese Geschichte ereignete sich 2011. Gebessert hat sich nichts. Verschlimmert alles.

Damals erregte dieser Bericht viel Aufsehen; heute gibt es ein Wegsehen; es gibt heute die Veralltäglichung der Hilfsverweigerung. Damals wurden Kommissionen gebildet, um die unterlassene Hilfeleistung zu untersuchen. Dem Europarat zufolge hätten alle Flüchtlinge »gerettet werden können, wenn alle Beteiligten ihren Verpflichtungen nachgekommen wären«. Die europäische Politik hat genau diese Verpflichtungen seitdem allesamt abgeschüttelt. Es soll beim ewigen Abstieg der Flüchtlinge bleiben. Die »Globalisierung der Gleichgültigkeit«, die Papst Franziskus 2013 angeprangert hat, griff weiter um sich. Die Europäer sind froh, dass die libysche Küstenwache, gut bezahlt von Italien und der EU, die Flüchtlingsboote zurückschleppt an die Küste und die Flüchtlinge in Lagern interniert. Was dort mit den Flüchtlingen geschieht, will man lieber nicht wissen.

Fern ist das Jahr 2015, als das Foto der angespülten Leiche des kleinen Aylan Kurdi um die Welt ging. Staatliche Rettungsaktionen gibt es nicht mehr. Private Rettungsaktionen auch kaum noch, weil die Seenotrettung der Hilfsorganisationen von der Politik behindert und verleumdet wird. Und Handelsschiffe, die Flüchtlinge aufnehmen, werden von den Behörden so schikaniert, dass sie das nicht mehr tun.

Die Klage des Jona ist die Klage vieler Tausend Menschen, die das Meer verschlungen hat, weil niemand hilft; weil die Schiffe an den ertrinkenden Flüchtlingen vorbeifahren, weil die Flugzeuge über sie hinwegfliegen; weil Leute wie der italienische Innenminister Salvini der Meinung sind, Menschenopfer müssten sein, um die Flüchtlingswelle zu beruhigen. Christliche Politiker haben nicht widersprochen; sie haben keine »Allianz der Hilfsbereiten« gebildet.

Europa hat die Flüchtlinge verurteilt: zur Internierung in Lagern oder zum Tode durch Ertrinken.

Keine Rettung, keine Auferstehung, kein Ostern. Der »dritte Tag« bleibt aus. Grabesruhe. Am Karsamstag schweigen alle Glocken. Keine Blumen schmücken die Kirche. Alle Kerzen sind verloschen. Die Bibel ist zugeschlagen. Das ändert sich am nächsten Tag. Da beginnt der Osterjubel. Für die Flüchtlinge aber bleibt es beim ewigen Karsamstag. An einigen Kirchtürmen wehen darum in diesen Tagen Rettungswesten.

Unsere Heilige

Ingo Schulze

Ich war Valentina dankbar, dass sie mit in das Taxi stieg, das mich zum Bahnhof bringen sollte, der Abschied von Neapel fiel mir schwer. Als wir aus dem Gewirr der Gassen in die Riviera di Chiaia einbogen, stoppte der Fahrer. Vor dem unscheinbaren Haus Nr. 202, an dessen Balkonbrüstung in der Belle Etage eine Stoffbahn mit der Aufschrift »Goethe-Institut« hing, blockierte eine Menschenmenge die mehrspurige Fahrbahn.

Das harte »Plopp!« der automatischen Türverriegelung verstand ich als Warnung. Stoßstange an Stoßstange folgte unser Fahrer einem silberfarbenen Mercedes des Bestattungsinstituts »Persephone«, der, so schien es, als einziger passieren durfte.

»Ach, das hätte ich wissen müssen«, sagte Valentina, »heut ist ja der Dreizehnte.«

Neben roten, mit Gold bestickten Kirchenfahnen, wie man sie auf Prozessionen findet, hielten Afrikaner – ich sah fast nur Schwarze – mehrere Plakate hoch. Auf allen prangte dasselbe vergrößerte farbige Foto einer hageren weißen Frau Mitte fünfzig, deren tiefliegende Augen und schmale Lippen merkwürdig mit einer blonden lockigen Mähne kontrastierten, weshalb ihr Porträtbild wie eine Fotomontage wirkte.

»Das ist eure Heilige«, sagte Valentina. »Eure Karin, Karin Böttcher! – Nie gehört, wirklich? Hier kennt sie jeder.«

»Karin Böttcher?«

»Sie hat im Goethe-Institut gearbeitet, als Bibliothekarin. Das ist schon eine Weile her.«

Die Menge drückte sich so dicht an den Wagen, dass ein Weiterfahren unmöglich schien. Doch plötzlich beschleunigte der Mercedes vor uns, unser Taxi blieb dran, jemand schlug auf unser Dach

– aber wir hatten es geschafft. Der Leichenwagen blinkte und fuhr langsam an den Straßenrand. Während wir ihn überholten, sah ich noch, dass der Laderaum voller Blumen war – einzelne Blumen, keine Sträuße oder Kränze, alles einzelne Blumen, die in ein paar Stunden welk sein würden.

»Vielleicht war Karin ja die beste Bibliothekarin, die Neapel je hatte«, sagte Valentina. »Aber Karin kannte selbst nach drei Jahren kaum mehr als den Weg von zu Hause ins Institut und wieder zurück. Sie wohnte dort oben, nicht weit vom Hotel Britannique entfernt, da ziehen sie jetzt hin, der ganze Haufen.«

»Du meinst, die pilgern jetzt alle dort hinauf zu ihrer ehemaligen Wohnung?«

»Ja, sicher, und dort geht's erst richtig los, da wird gesungen und getanzt und ordentlich gegessen und getrunken.«

In einem weiten Bogen fuhren wir am amerikanischen Konsulat vorbei und rasten nun auf der Uferstraße in die entgegengesetzte Richtung, rechts das Meer, links der Park mit den Palmen und dem Aquarium.

»Am Wochenende flüchtete sie immer auf eine der Inseln. Vom ersten Tag an hat sie nur darauf gewartet, wieder in eine zivilisierte Stadt geschickt zu werden, wie sie sich ausdrückte. Zivilisiert war ihr Lieblingswort.«

»Und Neapel fand sie unzivilisiert?«

»Sie hasste es. Du hättest sie hören müssen! Deshalb veranstaltete sie fast wöchentlich eine Lesung. Sie wählte aus, was ihr gefiel, ohne Kompromisse. Wünsche wurden überhört. Trotzdem entstand schnell ein fester Kreis – vor allem alte Leute und Studenten. Ein paar Freunde hatte sie wohl, oder besser gesagt, Bekannte. Sie sprach selbst immer nur von Bekannten. Karin kochte ausgezeichnet, Roulade mit Klößen und Rotkraut oder Gulasch mit Klößen. Nach Ostern und vor Weihnachten lud sie uns ein, ein paar Germanisten von der Orientale und ihre Kolleginnen vom Institut; auch Nicola, der Apotheker, war dabei und Raimondo, den du ja kennst. Ihre Wohnung war fast leer, kaum Möbel, selbst an Büchern nur ein paar Gesamtausgaben. Sie liebte das 18. Jahrhundert, das ging bei ihr bis Seume. Seine Einführung in den Plutarch kannte sie auswendig, zumindest las sie die einmal im Jahr vor.«

Wir hielten am Eingang des Tunnels. Eine Straßenbahn war entgleist oder kam aus einem anderen Grund nicht weiter. Valentina kurbelte das Fenster herunter und zündete sich eine Zigarette an.

»Es muss 1994 gewesen sein«, sagte sie und blies den Rauch durch den Spalt nach draußen, »1994 oder früher, das Aquarium war bereits restauriert, da warteten wir vergeblich auf die Weihnachtseinladung. Camilla rief im Institut an und fragte, ob Karin krank sei. Dort waren sie noch ratloser als wir. Man habe aufgehört, Karin mit Fragen zu quälen. Sie sei abgemagert und verschlossen.

Eines Tages – das weiß ich von Carmen – kam sie mit diesem Plunder an, mit diesen kriechenden Spielzeugsoldaten und den falschen Fendi-Taschen und solchem Zeugs. Hatte sie die Händler früher nicht mal eines Blickes gewürdigt, kaufte sie nun jedem etwas ab, Feuerzeuge, Lämpchen, Ventilatoren, Spielzeug, Seifenblasenpistolen – am besten waren noch diese Holzkröten mit dem Klöppel, kennst du die?«

»Tock, tock, tock«, sagte ich, »so eine haben wir auch.«

»Am Anfang war das amüsant. Man versuchte, dem Krimskrams etwas abzugewinnen, der sich bald in der Bibliothek häufte. Als ich diesen Plunder zum ersten Mal inmitten der Bücher sah, dachte ich sogar, das sei Kunst, ein deutscher Künstler mache eine Installation. Karin war erschreckend dünn geworden. Ihre Jeans hielt nur noch der Gürtel.«

Im Tunnel ging es nur langsam voran. Valentina warf die halb gerauchte Zigarette hinaus und kurbelte das Fenster wieder nach oben.

»Ein paar Wochen später stand der erste Schwarze vor dem Institut«, fuhr sie fort. »Er wartete auf Karin. Mit der Zeit wurden es immer mehr, die da draußen Posten bezogen. Nur einmal kamen sie herauf und nahmen das ganze Zeug, das ihnen Karin einmal abgekauft hatte, wieder mit, sofern es noch funktionierte. Einen von ihnen, ich würde sagen, er war der Hässlichste, stellte sie uns später als ihren

Freund vor. Bei dem einen blieb es aber nicht. Sie begann, ihre Freunde wie Hemden zu wechseln, manchmal eskortierten gleich zwei oder drei von ihnen sie zur Arbeit. Ihre Vermieter riefen im Institut an und drohten, die Wohnung zu kündigen, wenn die Sittenlosigkeit nicht sofort aufhöre. Nicht nur das Haus oder die Straße, nein, ein ganzes Viertel stehe auf dem Spiel.«
»Nahm sie Drogen?«
»Nein, sicher nicht. Nichts war für sie schlimmer, als die Kontrolle zu verlieren. Sie hasste Betrunkene.«
Endlich hatten wir den Tunnel hinter uns, rechts lag der Kai für die Passagierschiffe.
»Wir waren zu ihrer Hochzeit mit Abira oder Abjima oder so ähnlich eingeladen. Dort habe ich sie zum ersten Mal tanzen gesehen, mit erhobenen Armen und geschlossenen Augen, sie, die einzige Weiße inmitten einer Schar Schwarzer Männer, von denen – das wussten wir von der Polizei – die Hälfte bei ihr kampierte. Manche sollen in dreckige Geschäfte verwickelt gewesen sein, von einem hieß es sogar, er sei ein Mörder. Nach einem halben Jahr ließ sie sich scheiden und heiratete einen anderen, einen ganz jungen Kerl. Karin hatte Krebs, Metastasen überall. Sie wollte noch einen dritten heiraten, sie hätte sie alle geheiratet und ihnen den Pass verschafft. Mit Bestechung, es muss sie ein Vermögen gekostet haben, gelang ihr die Adoption zweier Mädchen, die bald volljährig werden sollten. Am 13. November 1997 ist Karin gestorben.«
Wir fuhren an Baustellen vorbei durch Nebenstraßen. Ich hoffte, Valentina würde weiterreden, das Erzählte kommentieren, und sei es nur mit einem Satz. Dabei wusste ich, dass es keiner weiteren Erklärungen bedurfte. Ja, ich glaubte, es umso besser zu verstehen, je länger Valentina schwieg. Und doch hörte ich mich plötzlich fragen: »Und warum hat sie das getan?«
Valentina lachte auf, sah mich spöttisch von der Seite an, nickte dann aber und sagte sehr ernst: »Das eigentliche Wunder ist, dass Karin überhaupt so lange gelebt hat, länger, als die optimistischsten

Prognosen sie hatten glauben machen wollen. Und das wird sie sich ja auch gewünscht haben.«

   Den Rest der Fahrt schwiegen wir, und noch lange nach unserem Abschied, als ich im Zug zurück nach Rom saß, war ich – als wäre das eine besondere Erkenntnis – ganz von dem Gedanken erfüllt, dass niemand von uns weiß, wie er dem eigenen Tod entgegengehen wird.

Klimaschutz:
Wir haben keine Zeit mehr zu verlieren

Hans-Otto Pörtner

Als die Schülerbewegung »Fridays for Future« für Freitag, den 20. September 2019, zum dritten globalen Klimastreik aufrief, gingen weltweit Millionen Menschen auf die Straße, um für eine bessere Klimapolitik und die Einhaltung des Pariser Klimaschutzabkommens zu protestieren. Deutschland bildete da keine Ausnahme. Landesweit wurde in mehr als 570 Städten demonstriert. In Hannover kamen rund 30.000 Menschen zusammen, in Hamburg waren es 70.000 Demonstranten, in Berlin schätzungsweise 270.000. Und auch wenn der Anteil von Schülern und Studierenden noch immer hoch war, so wurde an diesem Tag doch auch deutlich, dass sich das Teilnehmerspektrum der Proteste verbreitert hat. Gemeinsam mit der Jugend demonstrierten mittlerweile Menschen aus ganz verschiedenen Gesellschaftsgruppen, darunter Eltern und Großeltern, Umweltschützer, Forschende und Gewerkschaftsmitglieder.

Dieses weltweite Engagement für mehr Klimaschutz macht Hoffnung. Anstatt die Augen vor der Realität zu verschließen, schauen die Klimaaktivisten ganz genau hin und verweisen in ihren Forderungen immer wieder auf die wissenschaftlichen Fakten. Deren Botschaft ist nämlich eindeutig: Das Weltklima verändert sich – und damit die Lebensbedingungen und die Zukunftsaussichten für alle 7,8 Milliarden Menschen.

Im Vergleich zur vorindustriellen Zeit hat sich die mittlere Oberflächentemperatur der Erde bereits durchschnittlich um etwa 1 Grad Celsius erhöht. In Europa war das zurückliegende Jahr 2019 das bislang wärmste Jahr seit Beginn der Wetteraufzeichnungen. Die Temperaturen lagen um bis zu 1,2 Grad Celsius über dem Durchschnitt des Zeitraumes 1981 bis 2010. Klimatische Veränderungen beschränken sich jedoch nicht auf den Anstieg der mittleren Temperatur. Sie führen auch zu neue Wettermustern. Regen und Schnee fallen nicht mehr im gewohnten Maße; Wetterextreme wie Dürren, Hitzewelle und Stürme treten häufiger auf und gewinnen an Intensität. Über den Kontinenten sowie in den Polargebieten liegt das Ausmaß der Erwärmung sogar deutlich über dem globalen Durchschnitt. Die Arktis beispielsweise erwärmt sich doppelt so schnell wie die restliche Welt. Steigende Luft- und Wassertemperaturen beobachten Forschende aber auch in der Antarktis, vor allem entlang der Antarktischen Halbinsel. Am 9. Februar 2020 beispielsweise dokumentierten Wissenschaftler auf der zu den Shetland-Inseln gehörenden Seymour-Insel eine Tageshöchsttemperatur von 20,75 Grad Celsius. Es war das erste Mal seit Beginn der Wetteraufzeichnungen in der Antarktis, dass die 20-Grad-Grenze überschritten wurde.

Der zunehmende Transport von Wärme in die Polargebiete führt dazu, dass die Gletscher und Eisschilde in beiden Regionen verstärkt schmelzen und den Anstieg des globalen Meeresspiegels beschleunigen. Lag dessen Steigerungsrate im Zeitraum von 1901 bis 1990 noch bei durchschnittlich 1,4 Millimeter pro Jahr, so waren es von 2005 bis 2015 bereits 3,6 Millimeter – Tendenz steigend. Selbst wenn es der internationalen Staatengemeinschaft gelingen sollte, die Treibhausgasemissionen bis zum Jahr 2050 auf null zu reduzieren und somit die Erderwärmung wie im Pariser Klimaabkommen beschlossen auf deutlich unter 2 Grad Celsius zu begrenzen, wird der globale Meeresspiegel bis zur nächsten Jahrhundertwende um weitere 30 bis 60 Zentimeter steigen. Sollten die Treibhausgasemissionen allerdings im bisherigen Maße anhalten oder sogar weiter steigen, ist mit einem globalen Meeresspiegelanstieg von 60 bis 110 Zentimetern bis zum Jahr 2100 zu rechnen – sowie mit mehreren Metern bis 2300.

Auch wir Menschen stoßen an unsere Belastungsgrenzen

Der Klimawandel zeigt überall auf der Welt immer gravierendere und vielfältigere Auswirkungen – an Land ebenso wie im Meer. Ein markantes Beispiel für Veränderungen in den Ozeanen ist das fortschreitende Absterben der tropischen Korallen, verursacht durch extrem warme Wassertemperaturen und andere, vom Menschen ausgelöste Stressfaktoren wie etwa der hohe Nährstoffeintrag in die Küstengewässer.

Sind Lebewesen Temperaturen ausgesetzt, die außerhalb ihres normalen Temperaturspektrums liegen, verlassen sie ihre angestammten Lebensräume. Im Klartext heißt das, festsitzende Arten sterben regional aus, während bewegliche Arten abwandern. Sie folgen ihrer bevorzugten Temperatur. Meereslebewesen ziehen in solchen Extremsituationen meistens polwärts oder in größere Tiefen; Landbewohner flüchten ebenfalls polwärts oder wenn möglich in größere Höhe. Solche Wanderungsbewegungen führen zu einer Durchmischung von Ökosystemen und zu einer Abnahme der Artenvielfalt. Zugleich verlieren einige Gebiete an Land ihre Eignung für den Anbau bestimmter Kulturpflanzen. Mit zunehmender globaler Erwärmung dürften daher sowohl die Produktivität der Landwirtschaft abnehmen, also auch die der Fischerei und der Aquakultur und damit die Ernährungssicherung der Menschheit insgesamt.

Derlei grundlegende Zwänge existieren für alle Organismen und damit auch für uns Menschen, selbst wenn wir mittlerweile Technologien entwickeln, die helfen, uns an die zunehmende Wärme anzupassen. Temperaturextreme aber treten immer häufiger auf. Hitzewellen bedrohen Pflanzen, Tiere und uns Menschen in vielen Regionen und führen zu steigenden Sterberaten. Wie allen Lebewesen sind nämlich auch uns Menschen Toleranzgrenzen gesetzt, vor allem was unsere Aktivität bei verschiedenen Temperaturen angeht. Am niedrigsten ist unsere Wärmetoleranz bei hoher Luftfeuchtigkeit, denn diese beeinträchtigt die Fähigkeit unseres Körpers, seine Temperatur zu regulieren. Aus diesem Grund schränkt feuchte Hitze das menschliche Leben vor allen in den tropischen Regionen in zunehmendem Maße ein. Sie macht es stellenweise sogar unmöglich. Die Bewohner dieser Gebiete sind mehr und mehr auf technische Lösungen wie Klimaanlagen angewiesen, um sich Komfortzonen zu schaffen, in denen sie leben und arbeiten können. Von der Natur vor der Haustür aber müssen sie sich notgedrungen isolieren. Außenarbeiten können diese Menschen aufgrund des feuchtheißen Klimas und ihrer physiologischen Grenzen nur noch im kleinen Rahmen durchführen.

Hinzu kommt die steigende Intensität von Stürmen, Dürren oder Überschwemmungen. Solche Extremereignisse stellen nicht nur ein zunehmendes Risiko für unsere eigene Lebensführung und Gesundheit dar; sie gefährden auch die Funktionsfähigkeit der Ökosysteme, von denen wir Menschen abhängen. Besonders hoch ist in solchen Extremsituationen die Gefahr für Kinder und ältere Menschen; aber auch Armut erhöht das Risiko, extremen Umweltverhältnissen schutzlos ausgeliefert zu sein. So steigt die Zahl der hitzebedingten Todesfälle nicht nur in den Entwicklungsländern, sondern auch in den Industrienationen.

Die Gegenwart und Zukunft der Meere: wärmer, saurer, weniger Sauerstoff

Kohlendioxid (CO_2), ein Schlüsselfaktor des Klimawandels, steigt sowohl in der Atmosphäre als auch in den Weltmeeren an. In den Ozeanen durchläuft das Treibhausgas eine chemische Reaktion, die das Wasser ansäuert. Die Versauerung der Weltmeere schreitet mit steigender CO_2-Konzentration in der Atmosphäre voran. Diese Versauerung löst das Kalziumkarbonat auf, welches in den Schalen und Strukturen empfindlicher mariner Kalkbildner wie Muscheln, Stachelhäuter oder Korallen enthalten ist, und beeinträchtigt ihre Fähigkeit, diese zu reparieren oder neue aufzubauen. Das steigende CO_2 dringt aber auch in den Körper der Meereslebewesen ein und kann bei Tieren zu Verhaltensänderungen oder aber zu Störungen lebenserhaltender Prozesse führen. Bei Pflanzen dagegen kann ein höherer Kohlendioxidgehalt durchaus die Photosynthese stimulieren und damit das Wachstum der Pflanzenwelt im Ozean (wie auch an Land) anregen. Sich erwärmende Ozeane werden stärker geschichtet, eine Durchmischung zwischen oberen und unteren Wasserschichten wird dadurch verhindert. In niederen bis mittleren Breiten verursachen Erwärmung und Schichtung zusammen eine Ausdehnung sauerstoffarmer Wasserschichten in mittleren Tiefen. Die Verschärfung des Sauerstoffmangels nimmt regional solche Ausmaße an, dass in diesen Zonen tierisches Leben mehr und mehr verloren geht.

Diese Erkenntnisse veranschaulichen, dass das heutige Leben auf der Erde auf stabile Umgebungstemperaturen bei entsprechend niedrigem Kohlendioxidgehalt in der Atmosphäre angewiesen ist. Im Gegensatz dazu haben Temperaturextreme, Sauerstoffmangel und ein hoher CO_2-Gehalt im Laufe der Erdgeschichte stets zu evolutionären Krisen beigetragen. Die menschliche Zivilisation ist erst in jüngerer Zeit entstanden, gefördert durch die stabilen Klimabedingungen der zurückliegenden fast 10.000 Jahre. Dies ließ den Menschen zur erfolgreichsten Säugetierart werden und ermöglichte ihm eine dichte Besiedlung der meisten Kontinente. Zugleich erfolgte der Aufbau menschlicher Infrastruktur vorwiegend in Küsten- und tiefliegenden Gebieten, was zur Entwicklung von Megastädten mit mehr als 10 Millionen Einwohnern in Küstenbereichen führte, die nun mit dem zunehmenden Anstieg des Meeresspiegels konfrontiert werden.

Die Menschheitsgeschichte lehrt uns auch, inwieweit klimatisch bedingte Ereignisse wie Dürren, Ernteausfälle und Schädlingsbefall zur Abwanderung ganzer Bevölkerungsgruppen sowie zu Konflikten führen können. Prognostizierte klimabedingte Migrationsbewegungen haben womöglich bereits eingesetzt. Die geringere Verfügbarkeit von unbesiedelten Gebieten und damit verbundener Ressourcen könnte zu zunehmenden Konflikten führen und die menschliche Zivilisation darüber hinaus noch anfälliger machen gegenüber klimatischen Veränderungen und damit verbundenen volkswirtschaftlichen Schäden.

Gemeinschaftliches Handeln, jetzt!

In der Menschheitsgeschichte haben naturwissenschaftliche Erkenntnisse die Zivilisation und die Nutzung von Technologien zunehmend und in vielerlei Form geprägt. Auf ähnliche Weise sind allerdings der Klimawandel und seine Auswirkungen allgegenwärtiger Teil unserer Realität geworden. Es ist verwunderlich, dass es immer noch Menschen gibt, unter ihnen auch einige hochrangige politische Entscheidungsträgerinnen und Entscheidungsträger, welche die Augen verschließen und zu glauben scheinen, eindeutige wissenschaftliche Beweise in Bezug auf den Klimawandel und seine Auswirkungen einfach ignorieren zu können.

Nun hat das Ignorieren der Realität in der Menschheitsgeschichte durchaus Vorläufer und fällt vor allem dann leicht, wenn die Konsequenzen des eigenen Handels nicht unmittelbar im privaten Umfeld zu spüren sind. Freigesetztes Kohlendioxid beispielsweise kann man im Alltag weder sehen noch hören noch schmecken – und alle Folgen der Emissionen treten zeitverzögert ein. Doch geben uns vorliegende Erkenntnisse deutlich zu verstehen, dass sich das globale Klimasystem verändert, dass die Erde sich erwärmt und dass der Mensch diese Veränderungen und die mit ihnen verbundenen Auswirkungen durch die Emissionen von Kohlendioxid und anderen Treibhausgasen in die Atmosphäre verursacht. Mit hoher Gewissheit kann demnach festgestellt werden, dass die verfügbaren Messungen, Beobachtungen und Prognosen ein sachliches und realitätsnahes Bild der Gegenwart und der Zukunft zeichnen.

Den Klimawandel zu leugnen, käme daher dem Ignorieren der Realität gleich. So wenig Wählerinnen und Wähler über den Klimawandel abstimmen können, so wenig haben Politikerinnen und Politiker die Wahl, die Realität des Klimawandels und seiner Ursachen anzuerkennen oder zu leugnen. Auch können sie nicht einfach ignorieren, dass im Zuge des Klimawandels menschliche Lebensgrundlagen und Ökosysteme beeinträchtigt werden und sogar bereits Menschenleben verloren gehen. Erforderlich sind hier gemeinsame

Maßnahmen, auch wenn diese von manchen lediglich als präventiv betrachtet werden. Die Zeit, diese noch so rechtzeitig umzusetzen, dass wir die globale Erwärmung bis zum Jahr 2100 auf deutlich unter 2 Grad Celsius begrenzen können, ist jetzt!

Der Sechste Sachstandsbericht des Weltklimarats, der im Jahr 2022 final verabschiedet werden soll, wird unsere wachsende Wissensbasis weiter bewerten und stärken. Eines aber ist schon jetzt ganz deutlich: Wenn – und nur wenn – wir den Klimawandel in engen Grenzen halten, wie 2015 in Paris beschlossen, werden wir imstande sein, eine bessere, blühende und nachhaltige Zukunft für Menschen und Ökosysteme aufzubauen. Die Fridays-for-Future-Bewegung betont zu Recht, dass es bei all dem um nichts Geringeres geht als die Zukunft unserer Kinder und Enkel. Auch wenn es sich so anfühlen mag, als läge die nächste Jahrhundertwende noch in weiter Ferne: Jungen und Mädchen, die in diesem Jahrzehnt das Licht der Welt erblicken, werden im Jahr 2100 maximal ihren 80. Geburtstag gefeiert haben. Die Zukunft ist also zum Greifen nah.

Wir sehen nur das, was wir uns vorstellen können

Alexander Repenning

Die Klimakrise stellt unsere Vorstellungskraft vor Herausforderungen ungekannten Ausmaßes. Wir sind aufgefordert zu imaginieren, was unser Handeln andernorts und zu einer anderen Zeit bewirkt. Obwohl die Zukunft ungewiss ist, sollen wir verstehen, welche Welt wir künftigen Generationen hinterlassen. Kaum jemand hat je einen Eisberg gesehen und doch sollen wir begreifen, dass sein Verschwinden zur größten Bedrohung der Menschheit gehört. Mehr noch: Wir stehen vor der Aufgabe, einen globalen Blick zu entwickeln, ohne die lokalen Realitäten und Kontexte aus dem Blick zu verlieren. Denn die Klimakrise trifft uns alle, aber nicht alle gleichermaßen.

Selbst wenn wir hinschauen, sehen wir meist nur das, was wir trainiert sind zu erkennen. Die kollektiven Vorstellungen lenken unsere Aufmerksamkeit. Was wir nicht denken oder vorstellen können, werden wir nur schwerlich erkennen. Bilder schaffen eine kollektive Referenz, auf die wir uns in Diskussionen beziehen können. Sie helfen uns, das gleiche zu sehen, wenn wir es wagen hinzusehen. Andere Dinge rücken sie aus dem Fokus und machen sie damit unsichtbar. Wir sollten daher wachsam sein, welche Vorstellungen wir verwenden und kultivieren.

Wir sehen die Bilder schmelzender Eisberge, brennender Wälder und ausgetrockneter Flüsse. Die Landwirte vor verdorrten Feldern, das überschwemmte Venedig, das Niedrigwasser im Rhein. Die Hitzesommer, die Klimabewegung und die erhöhte mediale Aufmerksamkeit haben Erfahrungen und Bilder produziert, die uns nun kollektiv für ein Verständnis dieser Krise zur Verfügung stehen. Deshalb sind die Vorstellungen und Geschichten so wichtig: Sie helfen uns zu verstehen. Sie helfen uns hinzuschauen.

In den 1970er- und 1980er-Jahren war es das Bild des »Ozonlochs«, das zum öffentlichen Problembewusstsein der schädlichen Fluorchlorkohlenwasserstoffe (FCKW) und 1986 schließlich zum Montreal-Protokoll beitrug, das ihre Verwendung regulierte. Heute ist es die Ansammlung von Treibhausgasen in der Atmosphäre, die sich als Bild durchsetzt, wenn wir das Problem der globalen Erhitzung beschreiben.

Doch die Ursache für die Klimakrise ist nicht die Konzentration von Kohlendioxid in der Atmosphäre. Die Ursache ist eine Lebensweise, die das globale Klimasystem aus dem Gleichgewicht bringt; eine Lebensweise, die auf dem Raubbau an unserem Planeten und der Verbrennung fossiler Energieträger beruht.

Die Soziologen Ulrich Brand und Markus Wissen sprechen in diesem Zusammenhang von einer »imperialen Lebensweise«. Der Wohlstand der industrialisierten Gesellschaften des globalen Nordens drücke sich, so Brand und Wissen, in einem Leben auf Kosten anderer aus: auf Kosten von Menschen im Globalen Süden, von Menschen in prekären Lebenslagen, auf Kosten anderer Generationen und anderer Lebewesen.

Ja, die Reduktion von Treibhausgasen ist und bleibt eine zentrale Aufgabe dieses Jahrhunderts. Sie bleibt eine zentrale Messgröße für den Erfolg im Umgang mit der Klimakrise. Die eigentliche Herausforderung wird jedoch sein, die zerstörerischen Züge unserer Infrastrukturen, Produktionsweisen und Konsummuster zu verändern.

Es geht also nur vordergründig um die verbleibenden Gigatonnen CO_2, die uns für das 1,5-Grad-Ziel des Paris-Abkommens noch bleiben. Das Bild der Treibhausgase in der Atmosphäre macht es uns allzu leicht, die Lösungen in Rechenspielen mit CO_2-Äquivalenten zu verbringen, bei denen am Ende Netto-Null herauskommt. In der Modellwelt von Klimasimulationen spielt die soziale Dimension nur eine nachgeordnete Rolle. Sie sind essenziell, um die klimatischen Folgen unseres Handelns zu verstehen. Doch sie befreien uns nicht von der Aufgabe, die Klimakrise als Konsequenz unserer Lebensweise zu adressieren.

Es wird nicht reichen, auf die Wirksamkeit von Märkten, Technologien und CO2-Kompensationen zu hoffen. Das haben die letzten Jahrzehnte gezeigt. Solange wir in dem Wunsch verharren, weitermachen zu können wie bisher, nur eben etwas grüner, machen wir uns blind gegenüber den Ungerechtigkeiten, die unsere imperiale Lebensweise hervorbringt – und die durch die Klimakrise verstärkt werden. Sie trifft diejenigen am härtesten, die am wenigsten dazu beigetragen haben: Menschen im Globalen Süden, arme Menschen, junge Menschen, die künftigen Generationen.

Da die Klimakrise ungerecht ist, sollten die Maßnahmen zur Minderung und Anpassung gerecht sein. Es wird dabei immer eine entscheidende Frage bleiben, wen wir für die bevorstehende Transformation in die Pflicht nehmen. Diejenigen, die den größten Teil beigetragen haben oder diejenigen, die sich nicht wehren können? Die »historische Verantwortung« der Industrieländer wie Deutschland, von der unter anderem das Potsdam-Institut für Klimafolgenforschung spricht, beschränkt sich nicht auf den Beitrag an kumulierten Treibhausgasen in der Atmosphäre. Sie erwächst auch aus den Strukturen unserer kolonialen Vergangenheit und den ökonomischen Abhängigkeiten zwischen Ländern des Globalen Südens vom Globalen Norden.

Im Bewusstsein dieser Verantwortung sollte die Maxime der Klimapolitik hierzulande stets sein, bei uns selbst anzufangen. Auf kommunaler, nationaler und europäischer Ebene. In einer Zeit, in der mit großen Worten große Pläne angekündigt, Emissionsziele formuliert und Europa als CO2-neutraler Kontinent bis 2050 imaginiert werden, sollten wir wachsam sein, auf wessen Kosten die Veränderungen gehen. Das gilt besonders, wenn nach Jahrzehnten inexistenter oder ineffektiver Klimapolitik auf einmal alle meinen, das Klima schützen zu wollen.

Der Green Deal der Europäischen Kommission soll bis 2030 eine Billion Euro für grüne Zwecke mobilisieren. Das Weltwirtschaftsforum, die Weltnaturschutzunion und der World Wide Fund for Nature (WWF) kooperieren in einem »New Deal for Nature«, mit dem Plan, mindestens 30 Prozent der Erdoberfläche unter Naturschutz zu stellen.

Was auf den ersten Blick nach einem der vielversprechendsten Vorhaben zum Schutz natürlicher CO2-Senken aussieht, birgt zugleich eine Gefahr für die Vielfalt unseres Menschseins. Denn auch Bilder haben einen historischen Rucksack. Natur ist nicht einfach Natur. Naturschutz, wie er beispielsweise im New Deal for Nature formuliert ist, imaginiert Natur als weitgehend menschenleeren Raum, in dem die Vielfalt an Lebewesen zur Balance des Ökosystems beiträgt und menschliche Aktivität diese Balance gefährdet. Wir sind mit diesen Bildern aufgewachsen. Dokus über wilde Tiere und über die atemberaubende Schönheit von Naturschutzgebieten zeigen uns eine Welt, in denen Menschen keinen Platz haben.

Naturschutz tritt dabei als ein Schutz vor dem zerstörerischen Einfluss des Menschen ins Bild. Doch Menschen sind schon immer Teil der Ökosysteme gewesen und haben diese durch ihre Praktiken mit geprägt. Nicht alle Lebensweisen zerstören ihre eigenen Lebensgrundlagen. Die Gefahr für die Ökosysteme sind nicht die Menschen an sich, sondern Praktiken wie Extraktivismus, Industrialisierung und übermäßiger Konsum. Indigene und lokale Bevölkerungen leben häufig bereits seit Jahrhunderten in den Gebieten, deren außergewöhnliche Natur in Südamerika, Afrika oder Ländern wie Indien nun vor dem scheinbar zerstörerischen Einfluss der Menschen geschützt werden sollen. Nicht selten werden sie im Namen des Naturschutzes vertrieben, ihre Häuser zerstört und ihre kulturellen Praktiken kriminalisiert.

Falls das weit weg klingt: Deutschland gehört zu den weltweit größten Geldgebern von Naturschutzprojekten. Allein das Bundesministerium für wirtschaftliche Zusammenarbeit und Entwicklung finanziert weltweit den Schutz von Gebieten der vierfachen Fläche Deutschlands. Das Geld, das in den Schutz der Biodiversität geht, hat sich zwischen 2007 und 2019 vervierfacht. Der Naturschutz ist ein deutscher Exportschlager. Wir sind daher bereits Teil dieses Systems. Deshalb sollten wir genau hinschauen, bevor wir andernorts das Land von Menschen zu Naturschutzgebieten erklären, um die negativen Folgen unserer Lebensweise abzufedern. Es wäre nicht das erste Mal, das wir andere den Preis unseres Wohlstands zahlen lassen. Auch das sollten wir nie vergessen.

Wie die biologische Vielfalt vor unseren Augen verschwindet – und warum das auch für uns gefährlich wird

Tanja Busse

Selbst wenn man hinsieht, sieht man es nicht. Die meisten von uns haben verlernt zu sehen, wo Pflanzen und Tiere fehlen. Eine Million Arten sind weltweit vom Aussterben bedroht, so hat der Weltbiodiversitätsrat 2019 gewarnt. Auch in Mitteleuropa werden die Roten Listen der gefährdeten Arten immer länger. Unter anderem schwinden auch die Bestände vieler Insekten- und Vogelarten, die vor kurzem noch als Allerweltarten galten. Doch die wenigsten Menschen haben ein Auge für das Sterben um sie herum. Dabei gefährdet es auch unser eigenes Überleben.

Ulrich Eichelmann, der Umweltaktivist und Gründer der Naturschutzorganisation *RiverWatch* erklärt dieses Nicht-Wahrnehmen an den Bächen seiner ostwestfälischen Heimat, für deren Renaturierung er sich seit Jahrzehnten einsetzt. Am kleinen Flüsschen Sauer zum Beispiel, das sich in sanften Bögen durch einen hellen Auenwald schlängelt. Für Spaziergänger mit durchschnittlicher Naturkenntnis ist es ein Idyll, doch Naturschützer sehen eine grüne Kulisse.

»Die Vielfalt ist nicht mehr da«, klagt Eichelmann. »Natürlich hören wir noch Vögel singen, aber das Konzert, was jeden Morgen erklingt, hat nur noch ganz wenige Instrumente. Wir haben längst verlernt, die Vogelstimmen zu erkennen. Es fällt uns gar nicht auf, wenn der Gartenrotschwanz verschwindet. Der Ortolan. Die Lerche, der Kiebitz, das Rebhuhn. Selbst die Turteltauben. Die sind alle weg.«

Grün ist die Landschaft noch, aber es ist eine grüne Monotonie, es ist das Grün von Weizen und Mais und Turbogras, in dem Tausende anderer Grüntöne fehlen, von all den wilden Kräutern und Gräsern, die es früher hier gab. Ebenso fehlen die Farbtupfer der Blüten, Vögel, Käfer und Schmetterlinge, die hier einst lebten, und deren Fehlen jetzt kaum bemerkt wird.

Das Verschwinden nicht zu bemerken, dieses Phänomen gibt es auch unter Wissenschaftlern. Der Meeresbiologe Daniel Pauly hat es als *shifting baseline* bezeichnet. Jeder Fischereiwissenschaftler, schrieb er 1995, nehme eine andere Bestandsgröße und eine andere Artenzusammensetzung als Ausgangspunkt für seine Forschung, nämlich jeweils die, die er zum Beginn seiner Laufbahn vorfindet. Weil die Fischbestände aber seit Jahrzehnten sinken, findet jede neue Forschergeneration viel kleinere und artenärmere Bestände vor. Doch genau diese geschrumpfte Tierwelt ist die neue *baseline* – auch für die Wissenschaft. Das Ergebnis, folgert Pauly, ist ganz offensichtlich eine Gewöhnung an das schleichende Verschwinden der Arten. Und das ist gefährlich, wenn man das wirkliche Ausmaß des Artensterbens verstehen will.

Ich erinnere mich, wie ich als Kind im Gras lag und das Krabbeln der Insekten beobachtete. Ich erinnere mich an *viele* Heuschrecken und an ein dauerndes Zirpen in unserem Garten. Wenn wir nicht schnell handeln, werden unsere Kinder das nicht mehr erleben. Sie werden auf eine andere *baseline* herunterrutschen. In eine Welt, in der Heuschrecken und Schmetterlinge kleine Sensationen sind. Die Kinder heute wachsen in einer anderen, viel ärmeren Umwelt auf, als ich vierzig Jahre zuvor. In einer Welt, in der Heuschrecken, Spatzen und Lerchen so selten sind wie für uns damals vielleicht Tagpfauenaugen und Störche. Aber sie werden nichts vermissen, sie kennen ja nichts anderes. Genauso wenig wie wir Erwachsenen die verlorene Vielfalt vermissen, die unsere Vorfahren für so selbstverständlich gehalten haben, dass sie uns nichts darüber in die Chroniken und Kirchenbücher geschrieben haben. Der Verlust der biologischen Vielfalt – das Verschwinden einzelner seltener Arten und der Rückgang der Anzahl der Individuen der einzelnen Arten – ist viel mehr als ein ästhetischer Verlust. Wissenschaftler sind sich heute einig, dass wir die biologische Vielfalt, die Biodiversität, zum Überleben brauchen. Der schwedische Ressourcenforscher Johan Rockström hat im Jahr 2009 die beunruhigende Studie *A safe operating space for humanity* in *Nature* veröffentlicht, die so etwas wie der Bericht des *Club of Rome* für die Nullerjahre geworden ist. Rockström, der seit 2018 das renommierte Potsdam-Institut für Klimafolgenforschung leitet, hat zusammen mit seinen Kollegen das Konzept der *planetary boundaries* entwickelt, der planetaren Grenzen, die eingehalten werden müssen, wenn die Erde ein sicherer Ort für die Menschheit bleiben soll. Rockström warnt: Werden diese Grenzen überschritten, müssen wir mit unkalkulierbaren Veränderungen und desaströsen Folgen rechnen. Drei dieser Grenzen aber seien schon überschritten, schrieben Rockström und Kollegen 2009, und zwar der Klimawandel, der Eingriff in den Stickstoffkreislauf – und der Verlust der Biodiversität.

Warum aber ist es für uns Menschen so wichtig, ob in einer Landschaft nun viele oder wenige Arten leben? Wo wir doch meistens gar nicht merken, wenn eine Art nicht mehr da ist. Wer weiß schon, ob es in den Feldern in der Nähe seines Wohnortes Feldhamster leben? Und welcher Hamburger hat gemerkt, dass der Schierlings-Wasserfenchel aus dem Mühlenberger Loch bei Hamburg verschwunden ist, seit die Elbe dort zugeschüttet wurde?

Bei der Frage nach der Bedeutung der biologischen Vielfalt geht es weniger um einzelne Pflanzen oder Tiere und ihren Eigenwert, sondern um ihre Funktionen für die jeweiligen Ökosysteme und damit für uns Menschen, um die *ecosystem services* oder Ökosystemleistungen. Springschwänze zersetzen abgefallene Pflanzenteile, Mistkäfer zersetzen Kothaufen und machen sie gemeinsam mit vielen anderen Organismen wieder zu Pflanzennahrung, Insekten bestäuben Blüten, die nur so zu Früchten werden, Blattläuse produzieren Nahrung für andere Insekten, die Singvögeln als Nahrung dienen. Hinter all diesen Dienstleistungen stehen Tausende und Abertausende von Arten, die wir zum Teil gar nicht kennen, wie etwa die vielen winzigen Bodenlebewesen, ohne die wir weder sauberes Wasser noch nährstoffreichen Humus hätten und auch keinen Boden mit Schwammstruktur, der Regengüsse aufsaugt und uns vor Überschwemmungen und Erosion schützt. Diese Ökosystemleistungen scheinen uns so selbstverständlich, so *natürlich* eben, dass wir uns gar nicht klar machen, dass ein ganzes Netz von unterschiedlichen Lebewesen daran beteiligt ist und dass wir gut daran tun, dieses Netz nicht aus Unkenntnis zu zerreißen.

Der Historiker David Blackbourn hat diese Leichtfertigkeit am Beispiel der Vergiftung des Rheins in der frühen Bundesrepublik beschrieben:»Jahrelang hatte man selbstzufrieden angenommen, der Fluss werde schon in der Lage sein, das landwirtschaftliche Sickerwasser, das Abwasser, das von den an seinen Ufern liegenden Industrieanlagen oder aus seinen ebenfalls verschmutzten Nebenflüssen (...) in ihn eingeleitet wurde, ausreichend zu verdünnen«, schreibt er in *Die Eroberung der Natur*. »Diese kühne Hoffnung ließ sich nicht länger aufrechterhalten. Über weite Strecken hinweg stand der Rhein kurz davor, in ein biologisch totes Gewässer umzukippen.« Erst in diesem Moment, kurz vor dem Kollaps, lernten die Menschen am Rhein, dass man einen Fluss nicht als Abwasserkanal missbrauchen darf, wenn man eine Ökosystemleistung, nämlich sauberes Wasser, von ihm erwartet. Die große Bedeutung der Biodiversität aber für die Ökosysteme kam erst später ins Bewusstsein. Heute wissen wir: Hinter jeder Ökosystemleistung stehen Gruppen von Arten – unsere Dienstleister aus der Natur, wenn man so will. Wenn die eine oder andere Art aus dieser Gruppe verschwindet, können andere ihre Arbeit mit übernehmen. Aber bestimmte Arten können auch so wichtig sein, dass ohne sie eine bestimmte Ökosystemleistung nicht mehr erbracht werden kann.

Gäbe es zum Beispiel keine Bestäuber-Insekten mehr, so gäbe es weder Äpfel noch Kirschen noch sonst irgendwelche Früchte von zoophilen Pflanze. Zoophil nennen die Biologen Blüten, die durch Insekten (und nicht durch den Wind oder das Wasser) bestäubt werden. Würden die Honigbienen aussterben, könnten die Wildbienen und viele andere Fluginsekten die Bestäubung dieser Blüten übernehmen. Gegenwärtig aber verschwinden sehr viele Insekten aller Arten – und das heißt, es könnte langfristig eng werden mit der Bestäubung. Und mit den Äpfeln und Kirschen und Sonnenblumen und so weiter. Die Biobauern haben ein gutes Bild gefunden, mit dem sie die Bedeutung auch der scheinbar unwichtigen Arten erklären: »Stellen Sie sich vor, Sie zerlegen eine Landmaschine in ihre Einzelteile! Auf welches Teil können Sie verzichten, wenn Sie sie wieder zusammenbauen wollen?«

Wenn wir Biodiversität weiter zerstören, wird das auch gesundheitliche Folgen für uns haben. Seit einigen Jahren untersuchen Biologen und Mediziner den Zusammenhang von Krankheiten und Biodiversität, und es deutet einiges darauf hin, dass Menschen in Gegenden mit hoher Biodiversität besser vor Krankheiten geschützt sind. Es gibt also Gründe genug, die Augen endlich zu öffnen und sehen zu lernen, was wir mit den Ökosystemen anrichten, auf die wir so dringend angewiesen sind.

Die Ursachen für die Verluste der Biodiversität sind lange bekannt: Die biologische Vielfalt verschwindet, weil wir Menschen die Lebensräume der Pflanzen und Tiere zerstören – durch den exzessiven Konsum und ein globalisiertes Wirtschaftssystem, das sich natürlicher Ressourcen bedient, ohne sie in ihre Kostenrechnungen einzubeziehen und ohne für die angerichteten Schäden aufzukommen. Noch immer werden wertvolle Böden versiegelt – für Straßen, Gewerbegebiete, Einkaufszentren, Parkplätze und Wohngebiete. Noch immer werden Regenwälder abgeholzt – für Soja- und Palmölfelder und als Weideflächen für riesige Rinderherden. Noch immer werden im Ackerbau Pestizide eingesetzt, obwohl die Agrarökologie gezeigt hat, dass Pflanzen auch ohne Chemie gedeihen. Noch immer werden Stoffe produziert, die Boden und Gewässer und Nahrungsketten belasten. Gleichzeitig wird die Klimakatastrophe das große Sterben noch beschleunigen. Nur wenige Arten werden sich rechtzeitig an das veränderte Klima anpassen oder schnell genug in neue Zonen mit den passenden Temperaturen wandern können.

Das alles ist sehr deprimierend, und doch ist Wegsehen keine Lösung. Denn es gibt so viele Möglichkeiten, das Schwinden der Vielfalt zumindest zu bremsen. Allein in Deutschland gibt es Hunderte von Erfolgsgeschichten zum Schutz der biologischen Vielfalt: Landschaftsstationen, Stiftungen, Kommunen, Unternehmen, landwirtschaftliche Betriebe, Gartenbesitzer und viele andere Organisationen schützen und pflegen Refugien der Biodiversität. Außerdem gibt es einen großen Konsens unter Wissenschaftlern und Naturschützern darüber, wie Biodiversität nicht nur an einzelnen Orten, sondern überall zu schützen wäre: Wir müssten aufhören, weitere Flächen zu versiegeln, wir müssen weniger Pestizide verwenden, die Fruchtfolgen erweitern und vielfältige Landschaftsstrukturen fördern. Wir müssten die bestehenden Schutzgebiete stärken und miteinander vernetzen. Wir müssten Moore wieder vernässen und Auen renaturieren.

Es gäbe sogar Geld, das alles zu finanzieren, im Agrarbudget der Europäischen Union nämlich. Es müsste nur anders verteilt werden. Die Agrarförderung muss endlich an ökologischen Belangen ausgerichtet werden, Landwirte müssen mit umweltfreundlicher Landwirtschaft mehr Geld verdienen können als mit der Produktion von Massenware für den Weltmarkt. Auch die politischen Instrumente, die wir zur Umsetzung dieser Forderungen bräuchten, sind längst bekannt, zum Beispiel eine Abgabe auf Pflanzenschutzmittel nach dem Vorbild von Frankreich, Dänemark und Schweden, um Hersteller, Händler und Anwender an den ökologischen und gesundheitlichen Folgekosten zu beteiligen. Noch besser wäre eine Abgabe für sämtliche umweltschädlichen Stoffe - als Anreiz für die Hersteller, bessere Alternativen zu entwickeln. Sinnvoll wäre auch eine Reform des Planungsrechts, um Düngeüberschüsse zu reduzieren und das Grundwasser vor zu viel Nitrat zu schützen: Ställe und Fabriken sollten nur dann gebaut werden dürfen, wenn ökologische Obergrenzen einer bestimmten Region nicht überschritten werden. Sinnvoll wäre auch eine verbindliche Biodiversitäts- oder Nachhaltigkeitsprüfung für sämtliche Gesetze und Subventionen.

Wir wissen genug, um sofort handeln zu können, um Turteltauben, Eisvögel, Rebhühner, Hosenbienen und Segelfalter schützen zu können. Wir haben sogar viele politische Beschlüsse auf allen Ebenen, die uns zu sofortigem Handeln verpflichten. Und wir haben erfolgreiche Volksbegehren, überzeugende Umfrageergebnisse und beginnende Rebellionen, die zeigen, dass sehr viele Menschen wollen, dass gehandelt wird, dass die biologische Vielfalt erhalten bleibt. Das einzige, was fehlt, sind politische Entscheider, die entschlossen sind, endlich zu handeln. Entscheider, die wirkungsvolle Regulierungen nicht für Teufelszeug halten, die die Wirtschaft verschrecken könnten, sondern verstehen, dass sie überlebensnotwendig sind.

Helfen könnte eine Idee, die das Bundesumweltministerium seit einigen Jahren auf seinen Agarkongressen mit einer breiten Öffentlichkeit diskutiert: ein Gesellschaftsvertrag für eine zukunftsfähige Landwirtschaft. Dieser Vertrag soll in regionalen Foren mit allen Verantwortlichen gemeinsam ausgehandelt werden und endlich den traurigen Konflikt zwischen intensiver Landwirtschaft auf der einen und Natur- und Tierschützern auf der anderen Seite lösen. Bei diesen Foren sollte es aber nicht nur um Landwirtschaft gehen, sondern um einen ganzheitlichen Blick auf alles, was damit zusammenhängt: biologische Vielfalt, Klima, Ernährung, Gesundheit und die regionalen Wirtschaftskreisläufe. Würden diese großen gesellschaftlichen und politischen Problemfelder endlich besser miteinander koordiniert, könnten sich große Synergien entwickeln. Krankenkassen, Kinderärzte und Ernährungsmediziner schlagen Alarm, weil immer mehr Menschen immer früher krank werden und vorzeitig sterben, weil sie sich falsch ernähren, zu süß, zu fettig, zu einseitig. Die Mediziner fordern deshalb mehr Vielfalt in der Ernährung, weniger Fertigessen aus der Plastiktüte, weniger Fleisch, dafür mehr frisches Obst und Gemüse. Die Monokultur in den Supermärkten ist das Gegenstück zur Monokultur auf den Äckern, und man darf sich dabei nicht durch die bunte Vielfalt auf den Verpackungen täuschen lassen, auch nicht durch die Vielfalt der Aromen und Farbstoffe. Dahinter verbirgt sich eine Einfalt der Inhaltsstoffe, hauptsächlich Zucker, Mais, Reis und Weizen von wenigen einseitig auf Höchstertrag gezüchteten Sorten, deren Anbau wiederum die Biodiversität mindert. Was für eine wunderbare Win-Win-Situation wäre es, wenn die Landwirte eine große Vielfalt unterschiedlicher Arten und Sorten anbauen würden, um die Menschen in ihrer direkten Umgebung vielfältiger zu ernähren. Die Vielfalt auf den Feldern hätte einen direkten Nutzen für die Biodiversität – und die Vielfalt auf den Tellern hätte einen direkten Nutzen für die Gesundheit der Menschen.

Rufen Sie uns an – auch im Zweifelsfall: Hilfetelefon Sexueller Missbrauch

Tanja von Bodelschwingh

»Mich hat damals niemand wahrgenommen. Oder es wollte mich niemand wahrnehmen. Mein Gefühl war: Alle schauen weg. Auch meine Mutter. Zu wem hätte ich gehen sollen? Wer hätte mir geglaubt? Der Täter – mein Onkel – war sehr angesehen in unserem Ort. In der Schule haben sie gemerkt, dass etwas nicht stimmt. Aber sie haben nichts unternommen. Ich glaube aus Angst. Nachher beschuldigt man noch jemanden zu Unrecht. Das wäre schlimm. Und ich? Ich habe mich geschämt. Und ich hatte Angst. Ich wollte niemanden enttäuschen ... und nichts kaputt machen. Und ich war sicher, dass ich selbst schuld daran bin. Warum sonst sollte er das tun? Als Kind denkst du, du hast etwas falsch gemacht. Oder dass es so gehört. Das ist, was der Täter dir sagt. Als Kind kann man so eine Situation nicht beenden. Ich brauchte dringend Hilfe. Aber die kam nicht.« Anonym.

Laut polizeilicher Kriminalstatistik verzeichnen die deutschen Strafverfolgungsbehörden jährlich rund 12.000 Fälle von sexuellem Missbrauch an Kindern unter 14 Jahren. Hinzu kommen über 7.000 Fälle von Missbrauchsabbildungen an Kindern unter 14 Jahren – häufig bezeichnet als »Kinderpornografie«.

Das sind etwa 50 Fälle pro Tag. Und das ist nur die Spitze des Eisberges – das sogenannte »Hellfeld«. Das »Dunkelfeld« ist sehr viel größer. Lediglich ein kleiner Teil der Taten wird überhaupt angezeigt. Alle anderen sind statistisch gar nicht erfasst.

»Nie wegsehen« – dieser Titel trifft genau das, was wir uns für unseren Arbeitsbereich wünschen: Das »Hilfetelefon Sexueller Missbrauch« ist ein Angebot des Unabhängigen Beauftragten für Fragen des sexuellen Kindesmissbrauchs. Unser Verein N.I.N.A. hat im Jahr 2014 die Trägerschaft und fachliche Verantwortung übernommen. Wir sind eine spezialisierte Fachberatungsstelle und unterstützen Betroffene, Angehörige sowie Menschen aus dem sozialen Umfeld von Kindern und Jugendlichen zu allen Fragen, die das Thema sexueller Missbrauch beziehungsweise sexualisierte Gewalt an Mädchen und Jungen betreffen. Unsere Beratung erfolgt telefonisch und schriftlich – bundesweit, kostenfrei und anonym.

Wir haben in der Beratung Kontakt zu Menschen, die sexuelle Gewalt in der Kindheit oder Jugend erfahren haben. Vor allem aber sprechen wir mit Menschen, die jetzt – ganz aktuell – in Sorge um ein Kind sind.

Viele von ihnen melden sich mit einem »komischen Gefühl«. Sie sind unsicher. Sie haben einen vagen Verdacht. Manchmal haben sie etwas beobachtet, was sie unruhig macht. Manchmal sind es auch mehr oder weniger konkrete Aussagen von Kindern, die sie haben hellhörig werden lassen. Was auch immer die Verunsicherung auslöst: Die meisten Menschen gehen damit weder zur Polizei noch zum Jugendamt oder in eine Beratungsstelle vor Ort. Zu groß ist ihre Sorge, »die Pferde wild zu machen« und damit die gesellschaftliche Existenz eines Menschen zu gefährden.

»Wer im Verdacht steht, ein Kind zu missbrauchen, ist doch erledigt.«

Diesen Satz hören wir immer wieder. Wir können verstehen, dass es Menschen schwer fällt, einem Verdacht auf sexuellen Kindesmissbrauch nachzugehen. Es ist so viel einfacher, den Blick abzuwenden und Gehörtes nicht so genau zu nehmen. Bei sexualisierter Gewalt an Kindern ist es sogar sehr einfach, denn:

Sexueller Missbrauch ist schwer zu erkennen. Nur selten kommt es zu körperlichen Verletzungen oder Spuren, die eindeutig auf sexuellen Missbrauch hinweisen. Nur selten zeigen betroffene Kinder Verhaltensänderungen, die nicht auch anders zu erklären wären. Nur selten finden sexuelle Übergriffe in der Öffentlichkeit oder vor anderen statt. Und nur selten nehmen Erwachsene die Hilferufe von Kindern wahr und erkennen, dass wirklich kein Weg mehr am Handeln vorbei führt.

Kein Kind kann sich alleine vor sexueller Gewalt schützen

Betroffene Kinder brauchen aufmerksame Erwachsene, die bereit sind, an ihrer Seite zu stehen, den Missbrauch aufzudecken und im Idealfall auch zu beenden. Das gelingt nur, wenn sexuelle Gewalt an Kindern und Jugendlichen im Bereich des Vorstellbaren liegt. Das heißt: Jeder und jede Einzelne muss sich grundsätzlich vorstellen können, dass sexueller Missbrauch passiert und dass der Täter oder die Täterin eine bekannte und vielleicht sogar von einem persönlich sehr geschätzte Person ist.

Menschen, die helfen wollen, müssen zudem wissen, wo sie professionelle Unterstützung finden und was dort auf sie zukommt. Ist das nicht der Fall, wagen sie erfahrungsgemäß nicht, ihren Verdacht laut auszusprechen. Und last but not least: Professionelle Unterstützung muss ausreichend und in erreichbarer Nähe vorhanden sein. All das ist sehr häufig nicht gegeben.

Viele Menschen, die bei uns anrufen, haben noch nie von spezialisierten Fachberatungsstellen gehört. Andere haben das sehr wohl, finden dort aber aus Gründen der Auslastung mitunter nicht die Hilfe, die sie dringend benötigen: Viele Fachberatungsstellen leiden unter schlechter Finanzierung durch Kommunen und Länder und können im Ergebnis nicht allen Menschen helfen, die sich mit der Bitte um Unterstützung dorthin wenden. Häufig arbeiten sie über ihre strukturellen und persönlichen Belastungsgrenzen hinaus. Sie machen möglich, was geht, um den betroffenen Kindern und unterstützenden Personen zu helfen. Das ist großartig für die Sache. Es ist aber keine Lösung, die dem Thema und den Menschen auf Dauer angemessen und dienlich ist.

Was jeder Mensch über sexuellen Missbrauch wissen sollte

Sexueller Missbrauch findet überall statt – am häufigsten innerhalb der Familie oder im sozialen Umfeld von Kindern und Jugendlichen. Zu dem sozialen Umfeld gehören beispielsweise Menschen aus der Nachbarschaft sowie Personen aus Einrichtungen oder Vereinen, die die Kinder und Jugendlichen gut kennen.

Fremdtäterinnen und Fremdtäter sind eher die Ausnahme – außer im Internet. Beim sogenannten »Cybergrooming« nähern sich vor allem fremde Personen den Kindern und Jugendlichen. Sie nehmen in Chats oder sozialen Netzwerken Kontakt zu ihnen auf, versuchen eine vertrauensvolle Beziehung herzustellen und bahnen auf diesem Wege sexuelle Übergriffe an. Die Forschung zeigt ganz generell: Täter und Täterinnen gehen sehr strategisch vor.

Sie planen den sexuellen Missbrauch – mitunter auch über eine lange Zeit hinweg. Das nennt man »grooming« beziehungsweise Anbahnung. Zum Anbahnungsprozess gehört, dass sie Vertrauen zu den Mädchen und Jungen aufbauen und ihnen das Gefühl geben, etwas Besonderes oder gar einzigartig zu sein. Sie schaffen es sehr häufig auch, die Kinder von anderen zu isolieren und deren Kontakte zum Beispiel zu Freundinnen und Freunden, Geschwistern, Elternteilen oder anderen Vertrauenspersonen zu beeinträchtigen oder zu zerstören. Damit verhindern sie, dass sich die Kinder jemandem anvertrauen und verstärken das Gefühl, dass niemand helfen wird.

Täter und Täterinnen überschreiten Stück für Stück emotionale und körperliche Grenzen – zunächst kaum als Übergriff wahrnehmbar. Sie signalisieren, dass diese Art des Kontaktes oder diese Art der Berührung normal ist. Sie verschieben die Schuld. Über die Zeit hinweg werden die Übergriffe eindeutiger und massiver. Die Täter*innen üben vermehrt Druck aus. Sie sagen, was alles Schlimmes passieren wird, wenn das Kind mit jemandem spricht. Sie machen dem Kind Angst. Sie drohen. Sie zeigen die Ausweglosigkeit der Situation auf.

Wie können Sie betroffenen Kindern und Jugendlichen dennoch helfen?

»Nie wegsehen« ist auch unsere wichtigste Botschaft – ohne hinter jeder Situation, gleich einem Generalverdacht, einen sexuellen Missbrauch zu vermuten.

Wenn ein Verdacht aufkommt, ist vor allem wichtig Ruhe zu bewahren und sehr bedacht vorzugehen. Viele Menschen haben den nachvollziehbaren Wunsch, die Situation unmittelbar anzusprechen und damit den Missbrauch sofort zu beenden. Vorschnelles Handeln kann jedoch die Situation betroffener Kindes deutlich verschlechtern – zum Beispiel dann, wenn ein Täter oder eine Täterin von dem Verdacht erfährt, ohne dass der Schutz des Kindes zu dem Zeitpunkt bereits sichergestellt ist. Der Druck auf das Kind wird sich in einem solchen Fall aller Wahrscheinlichkeit nach erhöhen. Viele Kinder hören in der Folge auf, über das Erlebte sprechen. Sie nehmen Hinweise und Äußerungen wieder zurück und schützen die Tatperson.

Wenn Sie einen Verdacht haben oder von einem sexuellen Missbrauch erfahren, können Sie dennoch aktiv werden.

Bleiben Sie nicht allein mit Ihrer Sorge, Ihrem Verdacht oder Ihrem Wissen um die Not eines Kindes. Suchen Sie Rat und Unterstützung bei einer auf das Thema spezialisierten Fachberatungsstelle. Dort können Sie in Ruhe und mit ausreichend Zeit über Ihre Beobachtungen und Hinweise sprechen. Die Berater*innen dort sind auf das Thema spezialisiert und kennen die besondere Dynamik, die es mit sich bringt. Gemeinsam können Sie die Situation sortieren und die nächsten Schritte abwägen. Sie erfahren, wie Sie mit dem mutmaßlich betroffenen Kind umgehen sollen, wen Sie zur weiteren Unterstützung »mit ins Boot« holen können, ob Sie zu diesem Zeitpunkt bereits das Jugendamt einschalten sollten und vor allem: ob Ihr Verdacht begründet erscheint. Die Beratung in einer Fachberatungsstelle ist vertraulich und uneingeschränkt auf das Wohl des Kindes und den bestmöglichen Schutz ausgerichtet. Adressen von Fachberatungsstellen in Ihrer Nähe finden Sie über das »Hilfeportal Sexueller Missbrauch« (www.hilfeportal-missbrauch.de).

Sie können auch unser Hilfetelefon anrufen. Dieser Weg ist besonders dann geeignet, wenn der Verdacht noch sehr vage erscheint oder lediglich ein »komisches Gefühl« die Sorge ausmacht. Unsere anonyme und kostenfreie Beratung schafft mehr Distanz, als der direkte Weg in eine Fachberatungsstelle vor Ort. Am Telefon können wir gemeinsam die Situation sortieren, zu einer fachlichen Einschätzung kommen und die notwendigen nächsten Schritte abwägen. Viele Menschen möchten die Verantwortung für den weiteren Verlauf möglichst schnell abgeben. Auch darüber sprechen wir. Niemand kann alleine ein Kind vor sexuellem Missbrauch schützen. Ziel ist immer, weitere unterstützende Personen zu finden und ein Netzwerk zu bilden, um die Situation professionell zu klären und wenn nötig erfolgreich intervenieren zu können.

Zusammenfassend können wir sagen: Kein Verdacht ist zu klein, keine Frage zu banal, um sich Hilfe zu suchen. Auch ein »komisches Gefühl« ist ein guter und mehr als ausreichender Grund, sich an eine spezialisierte Fachberatungsstelle oder an unser Hilfetelefon zu wenden.

Rufen Sie uns an – auch im Zweifelsfall. Informationen finden Sie unter www.hilfetelefon-missbrauch.de.

Wie sieht man die »Unsichtbaren«? Versteckte Not mitten unter uns

Dierk Borstel

Der dunkle Anzug sitzt wie maßgeschneidert, die Frisur ist akkurat geschnitten, er ist frisch rasiert und hat das Gesichtswasser dezent dosiert. Ich lerne Martin[1] in der Dortmunder Einkaufsstraße kennen. Ein Kumpel von ihm hatte den Kontakt ermöglicht. Wären wir uns auf dem Unicampus begegnet, hätte ich auf einen eher konservativen Kollegen vielleicht aus dem Bereich Wirtschaft getippt. Stattdessen ist Martin seit mehreren Jahren arbeits- und obdachlos. Viel erfahre ich nicht von ihm. Er will vor allem eines: nicht erkannt werden, kein (falsches) Mitleid und keine verächtlichen Blicke. Seine Tarnung ist geradezu perfekt. Niemals hätte ich von seinem Äußeren auf seine soziale Lage geschlossen. Mir verrät er nur, dass er mit seinem Geld sparsam umgeht, großen Wert auf Hygiene legt und keinen Alkohol trinkt. Den Anzug hat er sich in einer Altkleidersammlung besorgt und wäscht ihn regelmäßig. Eine Sozialarbeiterin hat ihn eigens für ihn zurückgelegt. Sie wusste, was ihm wichtig war.

Mit geradem Rücken geht Martin an dem etwas trüben Maitag weiter seinen Weg, vorbei an der Shoppingkulisse und lässt mich durchaus staunend zurück. Meinen Vorurteilen gegenüber Wohnungs- und Obdachlosen entsprach Martin nicht. Mein Bild war vor allem geprägt von Männern, oft leicht bis schwer verwahrlost, manchmal übelriechend, meist trinkend, bettelnd oder Zeitungen verkaufend. Konkrete Berührungen gab es meistens nur zufällig, in der Bahn mit Zeitungsverkäufern, auf der Straße mit Bettlern, manchmal auch kurze Gespräche im Vorbeigehen, vorm Supermarkt oder an der Sparkassentür – fast immer in Verbindung mit der Frage: Soll ich Geld geben oder nicht? Meine Antwort fiel flexibel aus.

Martin lernte ich nicht zufällig, sondern im Rahmen eines Aktionsforschungstages kennen. Ein gutes Jahr vorher stürmte ein junger Kollege, Tim Sonnenberg, kurz vorm Feierabend mein Büro. Er berichtete von vorherigen Gesprächen mit mehreren Sozialarbeiterinnen und -arbeitern bei verschiedenen Angeboten der Dortmunder Obdachlosenhilfen. Nahezu alle klagten über ein Problem: Die Anzahl der Klienten schien ihnen deutlich größer zu sein als die offiziell von der Stadtverwaltung verkündete Zahl von ca. 400 Betroffenen in Dortmund. Aus der Sicht dieser Praxis schien die Zahl zu gering zu sein. Auch die darunter liegende Definition machte aus ihrer Sicht wenig Sinn. Behörden und große Teile der Wissenschaft sprechen von zwei klar getrennten Gruppen: Wohnungslose einerseits und Obdachlose andererseits. Obdachlose schlafen demnach draußen und haben keine Unterkunft – vor allem nachts nicht. Wohnungslose haben hingegen noch eine Schlafoption: ein Platz in einer Notunterkunft, die Couch bei einem alten Kumpel für ein paar Nächte, die Garage eines Bekannten, der gerade im Urlaub ist und nichts mitbekommt. Diese fein säuberliche Unterscheidung verkennt jedoch das zentrale Problem: Beide Gruppen verfügen über keine eigene Wohnung und haben keine Übernachtungssicherheiten. In der Praxis mischen sich beide Gruppen auch: Bei Regen findet sich noch mal ein Sofa bei einem Kumpel, die nächste Nacht wird wieder im Park geschlafen. Diese Trennung ist somit künstlich, realitätsfern und wird weder den betroffenen Menschen noch den Hilfestrukturen gerecht.

Schnell kam bei der Schilderung des Problems eine zentrale Frage auf: Wie können Obdach- und Wohnungslose gezählt werden? Und: Wie erkennt man sie überhaupt? Zwar gab es in der Vergangenheit bereits Zählungen in anderen Städten. Sie schienen uns aber unterkomplex zu sein. Zumeist wurden nämlich nur diejenigen gezählt, die Hilfestrukturen aufsuchen. Eine solche Zählung ist einfach: Man zählt schlicht, wie viele Menschen an einem Tag eine Suppenküche oder Notschlafstelle aufsuchen und addiert diese Zahlen. Ein realistisches Bild liefern sie jedoch nicht, wie das Beispiel von Martin zeigt. Tatsächlich gibt es in diesem Bereich ein Hell- und ein Dunkelfeld. Zum Dunkelfeld gehören die Betroffenen, die Hilfestrukturen nicht regelmäßig nutzen, sondern eigene Wege und (Über-) Lebensstrategien gewählt haben. Hilfebedürftig sind sie trotzdem. Doch wie sieht und zählt man diese vermeintlich »Unsichtbaren«?

Eine erste Idee entwickelten wir dann zu dritt – Stephanie Szczepanek, eine erfahrene Sozialarbeiterin aus der Drogenhilfe und Absolventin meiner Hochschule stieß zu uns. Unsere zentralen Gedanken waren: Auch »Unsichtbare« leben mitten unter uns und bleiben niemals für immer alleine. Wir mussten somit lernen, sie zu erkennen. Und: Niemand kennt die Realitäten und Systeme der Obdachlosen besser als die Betroffenen selbst. Sie waren der Schlüssel zum Schloss, der den Blick auf die »Unsichtbaren« ermöglichen könnte. Wichtig war uns, dass wir nicht nur zählen, sondern so gewünscht auch zuhören wollten, um so deren Lebenswelt später besser verstehen zu können.

Entsprechend entwickelten wir eine Idee zur Vorbereitung einer Zählung, Hinseh- und Zuhöraktion. Wir sammelten das Wissen der Hilfestrukturen über Aufenthaltsplätze ein. Über sie bekamen wir jedoch auch erste Kontakte zu Betroffenen selbst, die die Aktion unterstützen wollten. Sie führten uns in der Stadt rum, erklärten typische Tagesstrukturen und berichteten von üblichen Aufenthaltsplätzen. Aus diesem Wissen heraus entstand ein Lageplan mit Hilfestrukturen, Schlaf- und Aufenthaltsplätzen, unterschiedlichen Gruppierungen und zum Teil auch differenzierten Problemlagen. Dieser Lageplan war dann die Grundlage des Aktionsforschungstages. An einem »ganz normalen«, das heißt vorher bewusst nicht angekündigten Tag wollten wir von früh bis spät diese Orte systematisch aufsuchen, den Menschen zuhören und wenn sie bereit dazu sind: sie auch zählen.

Schnell war klar: Zu dritt wird das nicht klappen. Wir brauchten Unterstützung und mobilisierten Studierende der Fachhochschule

Dortmund zur Teilnahme. Zu bieten hatten wir außer Arbeit nichts: kein Geld und keine Credit Points. Entsprechend zurückhaltend waren unsere Erwartungen, die beim ersten Treffen schnell wichen: Über 80 Studierende füllten den Hörsaal zum ersten Kennenlerntreffen. Wir waren überwältigt und die Studierenden blieben in den folgenden Wochen auch dabei, ließen sich in ihrer Freizeit schulen, halfen bei der Konkretisierung des Tages und schwärmten im Mai nach vorheriger Planung mit uns im Stadtgebiet aus.

Unser Konzept ging tatsächlich auf: Schnell sprach sich unter den Obdachlosen am Tag herum, dass es da eine Aktion der Universität gebe. Zu unserer Freude reagierten viele darauf mit großem Entgegenkommen, gaben bereitwillig Auskunft, erzählten von ihrem Leben, erklärten uns ihre Welten und halfen uns bei der Kontaktaufnahme zu den »Unsichtbaren«. Sie waren die Brückenbauer in eine uns unbekannte Welt – mitten unter uns, im Herzen der Stadt. Am Ende des Tages hatten wir 606 Obdachlose gezählt und zusätzlich noch mit 203 Personen gesprochen, die unmittelbar davor waren, dieses Schicksal zu erleiden. Die städtische Zahl war offensichtlich zu gering.

Wichtiger war aber, die Lebenswelt näher verstehen zu können – eine Voraussetzung, um Hilfestrukturen passgenau zu entwickeln und die Voraussetzung dafür waren das Hinsehen und Zuhören. Tatsächlich gibt es den typischen Obdachlosen gar nicht. Es ist auch keine verschworene Gemeinschaft, sondern eher eine Sammlung zum Teil ganz unterschiedlicher Gruppen und Einzelpersonen mit jeweils eigenen Geschichten und Problemen. Folgende Personen stehen dabei stellvertretend für andere:

Ingo spricht mich vor einem Billigbäcker an und bittet um Geld für einen Kaffee. Er ist Mitte 40, seit über fünf Jahren »auf Platte«, wie er es nennt. Die Notübernachtungsstelle für Männer meidet er so oft es geht – er fühlt sich da eingesperrt und nicht respektvoll behandelt. Er hat zwei Kinder im Teenageralter, Kontakt verbietet jedoch seine Exfrau. Einmal hat er dieses Jahr zufällig seinen Sohn gesehen, ihn aber nicht angesprochen. Sein Blick verrät Scham und

Trauer zugleich. Dabei gibt sich Ingo im Gespräch sehr selbstbewusst. Er lebt vor allem vom Betteln. Der Hauptbahnhof ist sein Gebiet. Regelmäßig schmeißt ihn dort der Wachdienst raus. Bereits 13 Klagen liegen gegen ihn vor. Ingo stört das nicht: »Im Knast gibt es einen Arzt, regelmäßiges Essen und ein Dach über den Kopf.« Es klingt wie eine willkommene Auszeit, auf die er sich freut. Wortkarger erklärt er seinen Weg in die Obdachlosigkeit: Die Beziehung zur Exfrau sei kaputt gewesen. Sie hätte ihn rausgeschmissen und er diesen Schritt nicht verkraftet. Nach einigen Nächten bei Freunden habe er dann seine erste Nacht im Freien verbracht und seitdem die Kurve nicht mehr bekommen. Sein Tag hat dabei eine klare Struktur: Frühstück gibt es im »Gasthaus«, Mittag in der »Suppenküche« und das Abendbrot bettelt er sich im Laufe des Tages zusammen. Einfach sei das alles nicht, »und romantisch schon mal gar nicht.« Offen beklagt er eine fehlende Solidarität untereinander. Es würde sich gegenseitig beklaut, wenn man nicht aufpasse – »doch wie soll man im Schlaf aufpassen, dass keiner den Rucksack klaut«? Derweil sitzen wir bei Kaffee und belegten Brötchen im Bäcker. Zu Wort komme ich kaum: Ingo erzählt bereitwillig und ich höre zu. Ganz zum Schluss sagt er einen Satz, den ich nicht vergessen kann: »Ich bin so froh, dass mir mal jemand zuhört, nichts befiehlt, mir nicht sagt, was ich zu tun habe.« Sowas nennt man wohl den Wunsch nach menschlichem Respekt. In den kommenden Monaten treffen wir uns immer wieder zufällig in der Stadt. Immer begrüßt er mich freundlich, erzählt ein, zwei neue Geschichten und geht weiter seines Weges.

Nora ist weniger auskunftsfreudig. Ihr Blick ist scheu und leicht flackernd. Eine Studentin vermittelte den Kontakt. Nora ist keine zwanzig Jahre alt und vertraut kaum noch jemandem – und mir natürlich auch nicht. Ihr Alltag spielt sich auch oft im Bahnhofsumfeld ab. Dort hat sie sich anderen Jugendlichen angeschlossen. Sie betteln zusammen, reden, trinken, konsumieren mir nicht bekannte Drogen. Einen Schulabschluss hat sie nicht, »bin vorher abgehauen – ging nicht mehr.« Es fallen Stichworte von Pflegeeltern,

»die wollten mit mir nur Kohle machen und wehe, ich habe nicht gehorcht.« Ich kann nur ahnen, was dann passierte. »Meine Akte im Jugendamt ist riesig – aber für die war ich auch nie mehr als eine Akte – irgendwie abheften.« Mit der Welt der Erwachsenen scheint sie abgeschlossen zu haben. Es ist offensichtlich, dass ich hier störe. Ein isoliertes Gespräch schafft hier kein neues Vertrauen mehr – zu groß müssen die Verletzungen der Vergangenheit sein.

Karsten hat vor allem einen Gedanken im Kopf: der nächste Kick muss her, möglichst schnell, gerne heftig. Er lebt für diesen Moment – und für anderes ist da kein Platz mehr. Die Briefe seiner Hausverwaltung hat er wohl nie geöffnet, die Räumung aus seiner Wohnung kam dann für ihn überraschend. Das Gespräch dauert keine zwei Minuten. Er muss weiter, wohin ist unklar – aber irgendwohin, wo er diesen kurzen Moment der inneren Wärme und Ruhe bekommt.

Vor einem Hauseingang sitzt ein älterer Herr – er erinnert in seiner Ästhetik an »Dumbledore« in den Harry Potter Filmen, langes, grauweißes Haar und Bart, wacher Blick. Ich spreche ihn an, doch er ist schneller: »Wer bist Du?« Das Stichwort »Professor« elektrisiert ihn. Spontan umarmt er mich und ruft: »Ein Kollege von mir.« Er sei ein bekannter Wissenschaftler gewesen, hätte Jahrzehnte lang geforscht und gelehrt und lebe jetzt auf der Straße. Es folgt ein Redeschwall ungeahnten Ausmaßes. Ich kann inhaltlich nicht ansatzweise folgen, bin überrumpelt von dieser freundlichen und lachenden Überwältigung. Meine studentische Hilfskraft erkennt nach einigen Minuten mein Dilemma und befreit mich sicher und freundlich aus der Umklammerung. Kurz vor der nächsten Straßenecke drehe ich mich noch mal um – meinen Weggang scheint er nicht bemerkt zu haben. Er redet einfach weiter und lebt erkennbar in seiner ganz eigenen Welt.

Von Nural erfahre ich nur aus zweiter Hand einer befreundeten Sozialarbeiterin. Sie kommt aus Rumänien und prostituiert sich in der Dortmunder Bordellstraße. Das Geschäftsmodell setzt dabei auf brutale Ausbeutung: Ihr Zimmer kostet am Tag 120 Euro. Für den Standardsex bekommt sie 30 Euro von den Freiern. Das

Geld der ersten vier Freier am Tag geht somit an den Vermieter. Die nächsten zwei bis drei Freier braucht sie für Steuern und die Dinge des Alltags: Essen, Trinken, Kondome, Seife und was sie sonst zur Arbeit braucht. Früher konnte Nural in dem Bett, in dem sie vorher die Freier bediente, nachts schlafen. Mit der Einführung des neuen Prostitutionsschutzgesetzes ist ihr das gesetzlich untersagt: Arbeits- und Wohnorte sind zu trennen. Mit dem verdienten Geld unterstützt Nural ihre Familie und ein Kind von ihr in der alten Heimat. Niemand ahnt dort, wie sie hier ihr Geld verdienen muss. Vor allem ist das Geld immer knapp. Für ein weiteres Zimmer zum Schlafen und Leben reicht das Budget nicht ansatzweise. Ihre Strategie teilen am Abend der Untersuchung über 50 weitere Frauen: Sie gehen mit dem letzten Freier nach Hause, um dort zu schlafen, sich zu duschen, in der Hoffnung auch auf einen Kaffee am Morgen. Dafür haben sie mit ihm kostenlosen Sex. Nacht für Nacht, immer wieder wechselnd, mit unbekannten Männern – die damit verbundenen Gefahren, Opfer von Gewalttaten, Vergewaltigungen zu werden, sind offensichtlich. Doch die Not und der Druck auf die Frauen sind größer. Durchschnittlich zehn bis fünfzehn Männer pro Tag interessiert dieses Schicksal der Frau nicht, mit der sie intim verkehren.

Peter war früher klassischer Arbeiter, erzählt stolz vom Leben auf dem Bau, harten Schichten in der Kälte, das Leben im Container, mal in dieser, mal in jener Stadt. Bier und Schnaps wurden dabei zunächst unbemerkt seine stetigen Begleiter. »Ich habe jahrelang komplett zu malocht – hat keinen gestört.« Bis es eben körperlich nicht mehr ging. Seine Ehe bestand schon vorher nur auf dem Papier, ein Zuhause hat es eigentlich nie gegeben. Nach Dortmund kam er, weil er hörte, dass es die Stadt gut mit Menschen wie ihm meine. »Hier muss ich nicht hungern und die Leute gehen OK mit mir um.« Er trinkt noch immer. »Das ist mein Leben« und damit auch seine Entscheidung.

Alkohol ist auch bei Mariusz ein stetiger Begleiter. Er lebt gerade in einem alten Campingwagen, kommt aber zum Trinken in die

Stadt. Seit über vier Jahren lebt der Pole in der Stadt. Auffallend sind bei ihm zwei Dinge: Er klagt nicht und betont die Bedeutung von Arbeit. Er will niemandem zur Last fallen, ist bereit, auch harte körperliche Tätigkeiten zu leisten. Eine Ausbildung hat er jedoch nicht. Er hat sich stattdessen eingerichtet, in einer kleinen Community, finanziert sich mit Schwarzarbeit, mal privat, mal für Firmen und investiert sein weniges Geld in das gemeinsame Bier mit den Kumpels.

Am Ende des Tages trafen sich viele Beteiligte noch mal zum Austausch. Die ersten Zahlen wurden grob überschlagen, aber vor allem von den Gesprächen erzählt. Viele Schicksale waren schmerzlich: Immer wieder ging es um Schicksalsschläge, die nicht verkraftet wurden: der Tod der Kinder oder naher Angehöriger, die Trennung von einem geliebtem Menschen, die eigene Krankheit, die Arbeitslosigkeit. Es gab aber auch eine positive Nachricht aus dem Erlebten: die spürbare Dankbarkeit vieler, dass ihnen schlicht jemand mit Interesse zugehört hatte.

Mit Ingo diskutiere ich Wochen später über die Ängste und Unsicherheiten, die wir zunächst an dem Tag hatten. Wie komme ich überhaupt in Kontakt? Ingo gibt mir die beiden entscheidenden Tipps: »Hinsehen und freundlich gucken, das ist der erste Schritt. Folgt ein ebenso freundlicher und einladender Blick: Sprich ihn einfach an. Er wird Dir schon sagen, ob er sich unterhalten möchte oder nicht.« Und wie mache ich das mit dem Betteln? »Das entscheidest Du alleine: Willst Du etwas schenken oder nicht? Wenn Du mir aber etwas schenkst, schreibe mir bitte nicht vor, was ich damit machen soll.«

1 Alle Namen wurden verändert.

Marginalisiert in Leben und Tod – Wohnungslose als Opfer rechter Gewalt

Robert Lüdecke

Nach einer Dokumentation der Bundesarbeitsgemeinschaft Wohnungslosenhilfe e. V. wurden seit 1989 mindestens 555 Obdachlose Opfer eines Tötungsdelikts. 305 der Todesfälle sind die Folge der Gewalt durch ebenfalls wohnungslose Täter, mindestens 250 starben an den Folgen der Gewalt durch Nicht-Wohnungslose. Wie viele davon Opfer neonazistischer Gewalt wurden, lässt sich nur mutmaßen. Denn Obdachlose finden als Opfergruppe rechter Gewalt kaum Beachtung. Selten wird ihrer gedacht, über ihr Leben kaum berichtet.

Wenig ist bekannt über das, was sich in der Nacht zum 23. Oktober 2014 in einer städtischen Unterkunft für Wohnungslose im hessischen Limburg abgespielt hat. In der Gemeinschaftsküche der Einrichtung schlugen und traten drei Täter abwechselnd so lange auf einen Mann aus Ruanda ein, dass dieser wenig später an seinen inneren Blutungen starb. Die Tatverdächtigen, zwischen 22 und 43 Jahren, konnten schnell ermittelt werden. Einer von ihnen beging in Untersuchungshaft Selbstmord. Polizei und Staatsanwaltschaft kommunizierten schon am Anfang der Ermittlungen, dass es klare Anhaltspunkte für eine rassistische Motivation der Täter gebe.

Hitlergrüße vor der Tat

Ob die Täter Kontakte in die organisierte Neonaziszene haben, ist nicht bekannt. Doch schnell sickerte durch, dass zumindest zwei von ihnen am Tag der Tat beim Zeigen des Hitlergrußes fotografiert wurden.

Noch weniger als über den Tathergang weiß die Öffentlichkeit allerdings über das Opfer der Mordtat. Nur sein Alter und seine Nationalität sind bekannt: 55 Jahre alt, aus Ruanda. Über sein Leben und seine Geschichte wird nichts berichtet. Dies ist nichts Neues, wenn Wohnungslose Opfer rechter Gewalt werden. Von einigen obdachlosen Todesopfern existieren bis heute nicht einmal Fotos und komplette Namen.

Säuberung des Volkskörpers

Unter den 208 Todesopfern rechter Gewalt seit 1990, die die Amadeu Antonio Stiftung zählt, finden sich 27 Wohnungslose. Denn Sozialdarwinismus ist ein zentraler Baustein rechtsextremer Ideologie. Die Gewaltbereitschaft gegenüber Wohnungslosen ist sowohl in der rechten Szene als auch in der Gesamtgesellschaft äußerst hoch.

Die sozialdarwinistische Abwertung von Obdachlosen war bereits im Nationalsozialismus ein Teil von Programmen zur »Sozialhygiene«: »Alles Schädliche und Faule, alles was schwach und krank und verdorben ist, muss aus dem gesunden Volkskörper rücksichtslos herausgeschnitten werden«, war die Maxime der Nationalsozialisten. Die Folge: Verfolgung und Internierung von »Asozialen«.

Abwertung von Wohnungslosen – ein deutscher Zustand

Die Ansicht, dass Wohnungslose weniger wert sind, ist in der deutschen Bevölkerung bis heute weit verbreitet. Laut der Studie »Deutsche Zustände« aus dem Jahr 2010 von Prof. Dr. Wilhelm Heitmeyer wünscht sich etwa ein Drittel der Befragten die Vertreibung von Obdachlosen aus Fußgängerzonen, 34 Prozent bezeichnen sie als ihnen »unangenehm«. Die Abwertung von Langzeitobdachlosen ist noch deutlich stärker ausgeprägt. Aus wirtschaftlicher Schwäche wird charakterliches Versagen gedeutet. Und diese Meinung wird massentauglich, wenn etwa Franz Müntefering während seiner Amtszeit als Bundesminister für Arbeit und Soziales verlangt: »Wer nicht arbeitet, soll auch nicht essen!«

»Der hatte es nicht anders verdient« – Vom Wort zur Tat

Die meisten Morde werden von Gruppen verübt, zum überwiegenden Teil sind die Täter männlich und jung. Auffällig ist auch die besondere Brutalität, mit der oft vorgegangen wird. Sie zeugt von einer gezielten Entmenschlichung der Opfer und der Überzeugung der Täter, dass Wohnungslose »unwertes Leben« darstellen:

In der Nacht zum 1. August 2008 legt sich Hans-Joachim Sbrzesny zum Schlafen auf eine Parkbank in der Nähe des Dessauer Hauptbahnhofs. Wegen einer psychischen Erkrankung lebt und schläft Sbrzesny immer wieder im öffentlichen Raum. Gegen 1 Uhr nachts finden ihn dort die beiden Neonazis Sebastian K. (23) und Thomas F. (34). Sie stellen ihre Fahrräder ab und schlagen dem wehrlosen 50-Jährigen mit Fäusten ins Gesicht. Als Sbrzesny am Boden liegt, treten sie ihm auf den Kopf. Sebastian K. schlägt mehrfach mit einem über 5 Kilogramm schweren Metallmülleimer auf den Oberkörper des Opfers ein. Sbrzesny erleidet Quetschungen an Herz und Lunge und verstirbt noch am Tatort. Die Täter werden in derselben Nacht in unmittelbarer Tatortnähe verhaftet. F. ist als Teilnehmer von NPD-Veranstaltungen bekannt und hat sich den Schriftzug »White Power« auf den Körper tätowieren lassen. Im Prozess sagt ein Zeuge aus, Sebastian K. habe ihm während der Untersuchungshaft erzählt, Sbrzesny sei ein »Unterbemittelter« gewesen, der es »nicht anders verdient« habe. In seinem Urteil erkennt das Gericht keine rechte Tatmotivation. Anlass des Mordes sei Sebastian K.'s »schlechte Laune« gewesen.

»Kein Recht, unter der strahlenden Sonne zu leben«

Die Begründungen rechtsradikaler Mörder für ihre Verbrechen an Wohnungslosen gleichen sich: »Penner« passen nicht ins Stadtbild, liegen »dem deutschen Steuerzahler auf der Tasche«, »der Anblick passte nicht in mein Weltbild« oder »So einer hat kein Recht, unter der strahlenden Sonne zu leben«. Trotz der besonderen Brutalität und dieser menschenverachtenden Begründungen erfahren die Mordtaten von Neonazis an Wohnungslosen wenig Aufmerksamkeit.

Dies ist angesichts der weiten Verbreitung sozialdarwinistischer Einstellungen in der Gesellschaft kein Zufall. Denn indem Polizei und Sicherheitspersonal Wohnungslose aus Fußgängerzonen und Bahnhöfen vertreiben oder Kommunen bauliche Maßnahmen ergreifen, um zu verhindern, dass Obdachlose unter Brücken schlafen können, werden Wohnungslose besonders verwundbar für Gewalttaten. Von Orten vertrieben, die durch die Anwesenheit anderer Menschen Sicherheit bieten, und aus Mangel an Unterkünften müssen Wohnungslose immer wieder an Plätzen schlafen, an denen sie nicht »sichtbar« sind. So ist es wenig verwunderlich, dass die Tatorte von neonazistischen Morden an Obdachlosen regelmäßig Parkanlagen und -bänke oder andere behelfsmäßige Schlafplätze sind.

Und auch die Ermittlungsbehörden übersehen besonders häufig Neonazi-Angriffe auf Wohnungslose und andere sozial Benachteiligte. Dafür spricht zumindest ein Vergleich der staatlich erfassten Todesopfer rechter Gewalt mit den von der Amadeu Antonio Stiftung dokumentierten. 55 Prozent der obdachlosen und sozial schwachen Todesopfer rechtsradikaler Gewalt sind in den offiziellen Statistiken nicht erfasst.

Vergessene Tote

109 rechte Morde in Deutschland seit 1990 zählt die Bundesregierung offiziell. Eine große Diskrepanz bleibt also weiter bestehen: Die Amadeu Antonio Stiftung zählt neben 208 Todesopfern rechter Gewalt weitere 13 Verdachtsfälle: Taten, bei denen es nach bisherigem Informationsstand starke Indizien für ein rechtes Motiv gibt. Ihre Recherche basiert auf Zeitungsberichten, Monitoring durch Opferberatungsstellen und Recherchearbeiten von Journalist*innen und Gedenkinitiativen. Nur in Ausnahmefällen hat die Stiftung Zugriff auf Gerichtsurteile, um zu sichten, ob ein rassistisches Motiv die Täter angetrieben hat.

Defizite bei den staatlichen Kriterien

Für die Aufnahme in die Liste der Amadeu Antonio Stiftung sind neben den offiziellen Kriterien des polizeilichen Erfassungssystems »Politisch motivierte Kriminalität-Rechts« (PMK-Rechts) noch weitere Kriterien von Bedeutung. Zwar wurde das staatliche Erfassungssystem 2001 reformiert und ist seitdem deutlich leistungsfähiger. Es weist aber weiterhin eklatante Mängel bei der Erfassung rechter Straftaten auf, was bis heute zu einer Verzerrung der offiziellen Statistik führt.

Einer der größten Kritikpunkte am Meldewesen des PMK-Rechts ist, dass die Opferperspektive beziehungsweise bei Tötungsdelikten die Perspektive der Angehörigen und Zeugen nicht genug für eine realitätsgetreuere Einschätzung der Gesamtlage berücksichtigt wird. Zudem stuft das PMK-Erfassungssystem nur solche Delikte als PMK-Rechts ein, bei denen die rechte Motivation tatauslösend und tatbestimmend nachweisbar ist. Taten, in denen ein sozialdarwinistisches oder rassistisches Motiv mindestens eine tatbegleitende bis tateskalierende Rolle spielt, werden bisher jedoch nicht angemessen in der PMK-Statistik erfasst und damit von staatlicher Seite völlig entpolitisiert.

Hier braucht es eine Möglichkeit, auch solche Fälle abzubilden, um die tödlichen Folgen von rassistischer und menschenverachtender Gewalt in Deutschland nicht länger zu verharmlosen. Denn solche Taten werden nicht ausschließlich vom rechten Rand mit gefestigter Ideologie begangen. Viele gehen auf das Konto von Alltagsrassisten aus der Mitte der Gesellschaft.

Gedenken mit Hindernissen

Durch die Ausgrenzung von Wohnungslosen und sozial schwachen Menschen ist es oft schwer, ihre Biografie und Geschichte in Erfahrung zu bringen und ihnen auf diese Weise ein Gesicht zu verleihen. Diese mangelnde Anerkennung erschwert auch ein angemessenes Gedenken und Erinnern an wohnungslose Opfer rechter Gewalt. Die Marginalisierung von Obdachlosen im Leben schreibt sich auf diese Weise nach dem Tod fort. Nur an wenigen Orten in Deutschland gibt es Gedenksteine oder Veranstaltungen an Todestagen, um ihrer zu gedenken.

Umso wichtiger sind die Recherche zu den Biografien und Lebenswegen der Opfer sowie die Arbeit von Menschen, die sich in lokalen Initiativen für die Rechte Wohnungsloser und für das Gedenken an Todesopfer rechter Gewalt engagieren.

Die Amadeu Antonio Stiftung setzt sich seit 1998 für eine demokratische Zivilgesellschaft ein, die sich konsequent gegen Rechtsextremismus und andere Formen gruppenbezogener Menschenfeindlichkeit wendet. Hierfür fördert die Stiftung Initiativen überall in Deutschland, die sich in Jugendarbeit und Schule, im Opferschutz und der Opferhilfe, in kommunalen Netzwerken und anderen Bereichen engagieren. Zu den mehr als 1.500 unterstützten Vorhaben seit ihrer Gründung gehören auch Projekte zur Prävention und Bekämpfung von Diskriminierung jeglicher Art und zur Unterstützung von Opfern rechter Gewalt.

Nichts sehen wollen ist auch keine Lösung – Über interessengeleitete Ignoranz in der Armutsdebatte

Ulrich Schneider

Wer nichts sehen will, der sieht auch nichts. Und wer Tatsachen leugnen kann, indem er sie einfach nicht zur Kenntnis nimmt, hat es häufig sehr viel einfacher als all jene, die sich den Wirklichkeiten stellen.

Eine dieser Wirklichkeiten heißt Armut. Nach den Daten des Statistischen Bundesamtes sind es über 15 Prozent, über 13 Millionen Menschen, die in Deutschland in Armut leben.[1] Gezählt werden dabei seit Beginn der 1980er-Jahre und einer Konvention der EU folgend Menschen, die weniger als 60 Prozent des mittleren Einkommens in der Bevölkerung haben. Es ist ein relativer Armutsbegriff, der diesen Berechnungen zugrunde gelegt und der Armut immer im Vergleich zur Durchschnittsbevölkerung, zur sogenannten Mitte einer Gesellschaft versteht. Ein ganzer Forschungszweig setzte sich seit Jahrzehnten mit dieser Armut mitten unter uns auseinander. Die Bundesregierung selbst veröffentlicht in regelmäßigen Abständen Armutsberichte. Und dennoch: Reflexartig wird von neoliberaler Seite diese Armut bestritten, verniedlicht oder schöngeredet, kaum dass sie thematisiert wird. Armut gebe es doch nur in Einzelfällen. Von Armut könne man vielleicht reden, wenn Menschen unter Brücken schlafen müssten oder darauf angewiesen seien, Pfandflaschen zu sammeln, aber doch nicht, wenn Menschen lediglich wenig Geld hätten. Im Großen und Ganzen gehe es Deutschland gut, habe Deutschland keine Armen, sondern bestenfalls etwas Ungleichheit in den Einkommen. Unsere sozialen Mindestsicherungssysteme, Hartz IV und Altersgrundsicherung würden dafür sorgen, dass keiner in Deutschland in Armut leben müsse.[2] Wer dennoch von Armut spreche, rede unseren Sozialstaat schlecht, betreibe sachgrundlose Skandalisierung und Alarmismus, wie einst sogar der damalige Generalsekretär des Deutschen Caritasverbandes schimpfte.[3]

Man wird an den bekannten Ausspruch des Arbeiterführers und Gründungsvaters der Sozialdemokratie Ferdinand Lasalle erinnert: »Alle politische Kleingeisterei besteht in dem Verschweigen und Bemänteln dessen, was ist.«

Nur tiefe Unkenntnis, borniert Unberührtheit, Oberflächlichkeit oder aber eigeninteressierte Absicht machen solche Aussagen möglich. Selbstverständlich lässt sich theoretisch der Standpunkt einnehmen, dass man von Armut in Deutschland erst sprechen dürfe, wenn Menschen nicht einmal mehr das Lebensnotwendige besitzen, wenn nicht einmal mehr Wohnen, Nahrung und Kleidung sichergestellt sind. Wenn jemand kein Problem damit hat, dass alte Menschen, die von Altersgrundsicherung leben müssen – 425 Euro im Monat und Wohnkosten – sich wirklich nichts mehr leisten können, dass der Besuch eines Kinos oder eines Theaters für sie völlig außer Reichweite liegt, genauso wie ein kleiner Ausflug oder der Besuch eines Restaurants, dann gibt es für diese Menschen keine Armut. Wenn jemand kein Problem damit hat, wenn Alleinerziehende, die von Hartz IV leben, mit den geringen Regelsätzen nicht wissen, wie sie über den Monat kommen sollen, dass sie häufig noch Schulden haben, dass ihre Kinder einfach nicht dabei sein können, wenn alle anderen mit dem Sportverein wegfahren oder auch nur zum Bowling gehen, und nicht einmal wissen, wie sie die ganzen zusätzlichen Kosten für die Schule stemmen sollen, dann gibt es schlicht keine Armut.

Armut muss man sehen, erkennen und sich von ihr berühren lassen. Dann lernt man schnell: Armut ist nicht erst dann gegeben, wenn Menschen in ihrer Existenz bedroht sind. Armut in diesem reichen Deutschland liegt bereits dann vor, wenn so wenig Einkommen da ist, dass man einfach nicht mehr mithalten kann, dass man zurückbleibt, dass man nicht mehr dazugehört und sich irgendwann ausgegrenzt sieht.

Es bedarf eines gewissen Maßes an Sensibilität, um Armut inmitten unter uns zu erkennen. Es sind die unauffälligen Anzeichen und Begebenheiten: Wenn immer die gleichen Kinder angeblich krank werden oder die Großeltern angeblich zu Besuch kommen ausgerechnet dann, wenn ein gemeinsamer Ausflug geplant ist, wenn Kinder nie zu Geburtstagsfeiern kommen, weil sie kein Geschenk mitbringen können und deshalb auch nie selber einladen, wenn Menschen plötzlich aus Vereinen fern bleiben oder auch nur vom Kegelabend, weil sie ihren Arbeitsplatz verloren haben und es finanziell nun nicht mehr reicht, wenn die Schuhe der Kinder vorne schon viel zu ausgebeult sind und die Jacke des Vaters schon viel zu zerschlissen ist ...

Armut ist vielfach versteckt. Wer arm ist, zieht sich häufig zurück, sei es, weil er praktisch gar keine andere Wahl hat, oder sei es, weil er sich schämt ob seiner Armut.

Doch lässt es sich lernen, Armut zu sehen und zu erkennen. Voraussetzung ist, dass man den Mut dazu hat.

Mut braucht es für den, der nicht arm ist, sich der Armut zu stellen. Denn Armut ist immer auch eine Anklage, ist immer auch ein Imperativ. Armut ist in unserem Kulturkreis per se nicht hinnehmbar, Armut ist für eine Gemeinschaft nicht akzeptabel. Das Vorhandensein von Armut wendet sich als Vorwurf immer auch gegen die, die nicht arm sind und die es in der Hand hätten, die Armut der anderen zu beseitigen. Dieser Umstand dürfte es in den meisten Fällen sein, der die Auseinandersetzung um Armut so ungeheuer schwierig macht. Dieser Umstand dürfte es sein, der letztlich dazu verleitet, wegzusehen und Armut zu leugnen. Wer Armut sieht und sie nicht bekämpft, macht sich schuldig. Dies ist allen klar, auch den Leugnern.

Dies dürfte mit ein Grund dafür sein, dass die Auseinandersetzung um die Armut in Deutschland sehr schnell recht aggressiv wird. Und jene, die auf sie hinweisen, sich zum Teil recht persönlichen Angriffen und Diskreditierungen ausgesetzt sehen. Es ist die Angst, teilen zu müssen, die jene zusammenschweißt, die besitzen, aber nicht abgeben wollen. Es ist die Angst davor, dass das politische Zugeständnis der Armut dazu führen könnte, dass Verteilungspositionen in dieser Gesellschaft hinterfragt werden und die eklatante Ungleichverteilung von Einkommen und Vermögen in diesem Lande einer moralischen Bewertung unterzogen wird. Recht unverhohlen fand diese Motivation des Leugnens in zahlreichen Kommentaren nach der Vorlage des Paritätischen Armutsberichtes im Jahre 2015 seinen Ausdruck. So trage die »kleine Gruppe (der Reichen) ... schon jetzt einen großen Beitrag zur Finanzierung des Sozialstaates bei«, hieß es in der Tageszeitung *Die Welt*. Das jetzige Maß an Umverteilung sei »mindestens ausreichend«.[4] Laut der *Frankfurter Allgemeinen Zeitung* ginge es gar nicht um Armut, sondern um Einkommensunterschiede. »Problematisch ist es aber«, so das Blatt, »wenn daraus ein Auftrag an die Politik formuliert wird, wie es der Wohlfahrtsverband mit seiner Forderung nach einem höheren Mindestlohn, langfristig aus der Staatskasse geförderten Arbeitsplätzen und mehr Umverteilung zwischen den Bundesländern tut.«[5] Der Berliner Politikwissenschaftler Schröder ließ sich in der Wirtschaftswoche mit der These vernehmen, dass Armutsberichte geschrieben würden, um »politische Ziele nach mehr Umverteilung zu untermauern«[6] und gleich noch sehr viel rustikaler ging *Focus Online* ans Werk: Beim Armutsbericht ging es einer »Umverteilungslobby« doch nur darum, »die ›Reichen‹ zugunsten der Benachteiligten zu schröpfen.«[7]

Armut ist der Stachel im Fleisch einer Wohlstandgesellschaft, in der es doch angeblich den Menschen noch nie so gut gegangen sei wie heute.[8] In der Tat nimmt der Reichtum Deutschlands von Jahr zu Jahr fast ungebrochen zu. Nur wird er nicht dazu genutzt, Armut zu bekämpfen, auseinander driftender Einkommensungleichheit gegenzusteuern und unsere Gesellschaft damit zusammenzuhalten. Stattdessen werden im wesentlichen überkommene Einkommenspositionen bedient mit dem Ergebnis, dass auf der einen Seite zwar über 15 Prozent unter uns in Armut abgehängt sind, auf der anderen Seite jedoch das Geldvermögen der deutschen Privathaushalte mit über 6,3 Billionen Euro mittlerweile einen absoluten Rekordstand erreicht hat.[9] Das will nicht zusammenpassen, zumindest nicht in einem Staat, der sich als demokratischer Sozialstaat versteht und in einer Gesellschaft, die für sich Grundsätze der Humanität und der Solidarität in Anspruch nimmt. Um Armut politisch und in ihren Ursachen zu bekämpfen, braucht es der gesellschafts- und verteilungspolitischen Umkehr, nichts weniger.[10]

Lassen wir noch einmal Lasalle sprechen: »Alle große politische Action besteht in dem Aussprechen dessen, was ist.« Voraussetzung dazu ist jedoch zu sehen, was ist. Deshalb: Nie wegsehen!

1 Vgl. Paritätischer Wohlfahrtsverband – Gesamtverband (Hg.): 30 Jahre Mauerfall – Ein viergeteiltes Deutschland. Der Paritätische Armutsbericht 2019, Berlin 2019.
2 Vgl. hierzu ausführlich Ulrich Schneider: Armut kann man nicht skandalisieren. Armut ist der Skandal, in: Ulrich Schneider (Hg.): Kampf um die Armut. Von echten Nöten und neoliberalen Mythen, Frankfurt a. M. 2015, S. 12 ff.
3 Vgl. Georg Cremer: »Die tief zerklüftete Republik« in: FAZ v. 24.2.2015 und die Repliken dazu von Christoph Butterwegge: Armut – sozialpolitischer Kampfbegriff oder ideologisches Minenfeld? Verdrängungsmechanismen, Beschönigungsversuche, Entsorgungstechniken, in: Ulrich Schneider 2015, a. a. O., S. 63 ff.
4 Die Welt vom 4.4.2015, »14,7 Prozent aller Deutschen sind arm.«
5 FAZ vom 21.2.2015, »Arm auf dem Papier«.
6 WiWo Internet-Eintrag vom 27.4.2015, »Wächst die Armut in Deutschland wirklich?«
7 Focus Online vom 2.4.2015, »Reiche verteufeln, Bedürftige erfinden. Warum die Armutslobbyisten nur noch nerven.«

8 Vgl. ausführlich Joachim Rock: Störfaktor Armut. Ausgrenzung und Ungleichheit im neuen Sozialstaat, Hamburg 2017.
9 Bundesbank: »Geldvermögensbildung und Außenfinanzierung in Deutschland im zweiten Quartal 2019. Sektorale Ergebnisse der gesamtwirtschaftlichen Finanzierungsrechnung« Pressemeldung vom 11.10.2019, ‹https://www.bundesbank.de/de/presse/pressenotizen/geldvermoegensbildung-und-aussenfinanzierung-in-deutschland-im-zweiten-quartal-2019-810608› [Abruf 21.8.2020].
10 Vgl. hierzu ausführlich Ulrich Schneider: Kein Wohlstand für alle!? – Wie sich Deutschland selber zerlegt und was wir dagegen tun können, Frankfurt a. M. 2017.

Augen auf!

Ulrich Lilie

Ortstermin Moers-Mattheck, in der Nähe von Duisburg. Eine ehemalige Bergarbeitersiedlung, in der heute Menschen aus rund sechzig Nationen leben. Mehrgeschossige Wohnhäuser aus den 1960er-Jahren, die bis heute von der Stadt verwaltet werden, neben Mehrfamilienhäusern, die in den 1970er-Jahren durch die Neue Heimat gebaut wurden. Inzwischen haben die Wohnungsbaugesellschaften und Besitzer häufig gewechselt. Ich bin mit einigen langjährigen Bewohnern aus einem sehr aktiven Mieterrat der Sechzigerjahre-Wohnblöcke verabredet. Längst pensionierte Bergleute, Facharbeiter und Handwerker, auch alte SPDler. Sie wirken erschöpft, enttäuscht, verunsichert. Auch wegen der Probleme mit der neuen, sich so schnell verändernden Nachbarschaft. Angst ist in ihrer Verunsicherung auch spürbar. Zwei erzählen von ihren Flüchtlingspatenschaften und der Freude über die Integrationserfolge der Familien, die sie begleiten. Nein, selbstverständlich hat man hier nichts gegen Migranten. Mensch ist Mensch. Und doch wächst unter den alten Bewohnern ein Gefühl, das geliebte Zuhause an Fremde mit fremden Verhaltensweisen zu verlieren und diesen Verlust wehrlos hinnehmen zu müssen. Wegziehen ist für die meisten keine Option. Einer formuliert: »Die Politik hat hier einfach die Augen zugemacht.« Später wird der langjährige Bundestagsabgeordnete des Wahlbezirks, der SPD-Mann Siegfried Ehrmann, der hier in der Region erfolgreich für den Strukturwandel gearbeitet hat, selbstkritisch feststellen: »Wir haben diese Leute alleingelassen.«

Die Mattheck in Moers ist kein Einzelfall. Bei meinen Reisen durch die Republik bin ich vielen Menschen begegnet, die den Eindruck haben, dass sie die Veränderungen, die die politische Großwetterlage auch in ihrem Heimatort verursacht, nicht mitgestalten können. Viele fühlen sich verlassen, ausgeliefert und wehrlos.

Und der Frust, der hier entsteht, die Sorgen, denen nicht begegnet und die zu oft unter Verweis auf die guten statistischen Rahmendaten einfach weggewischt werden, untergraben das Vertrauen in die Versprechen von Demokratie und Sozialer Marktwirtschaft. Denn: Das unmittelbare Lebensumfeld, die Gemeinde oder die Kommune, ist der eigentliche Ernstfall der Demokratie. Das hat Johannes Rau, noch als Ministerpräsident in NRW, bereits vor vielen Jahren scharfsinnig bemerkt.[1]

Vor Ort, in der Kommune wirkt sich all das aus: die zunehmende soziale Spaltung der Gesellschaft, die Fehler bei der Integrationspolitik, die Vielfalt der Lebensformen, die Überalterung der Gesellschaft, die technischen und sozialen Umwälzungen der Digitalisierung, die Infrastrukturprobleme und der Klimawandel. Alle diese Themen beinhalten konkrete Fragen, die vor Ort beantwortet und verantwortet werden müssen, nicht am Konferenztisch.

Diese großen Fragen übersetzen sich mit konkreten Folgen in die schwierige Wirklichkeit von Schulen und Krankenhäusern, Wohnquartieren und Nachbarschaften und tangieren oder durchkreuzen die Privatleben der Bürgerinnen und Bürger an ihrem Heimatort, den sie nicht verlassen können oder wollen. »Mich kriegt hier keiner weg!«, sagt einer für alle meine Gesprächspartner in der Mattheck.

Die Sorgen und Ängste der Menschen nicht wahr- und ernst zu nehmen, heißt Demokratie gefährden. Den tiefgreifenden Wandel nicht wahrhaben zu wollen, in dem sich unser Land befindet, auch. Es führt kein Weg zurück in scheinbar goldene Zeiten, in denen »die Mitte« noch stabil und die Welt angeblich noch in Ordnung war. Auch wenn es laute Stimmen in der Politik gibt, die das zu suggerieren versuchen und manche das als »Alternative« anpreisen. Sie führen die Menschen auf verantwortungslose Weise in die Irre.

Ja, wir leben in unruhigen Zeiten. Der Soziologe Andreas Reckwitz[2] etwa spricht von einem Epochenbruch, ähnlich den mit der Industrialisierung verbundenen sozialen und kulturellen Umbrüchen im 19. Jahrhundert. Er identifiziert auch eine neue Art der kulturellen Klassengesellschaft, in der Menschen, die wie die Bürger in Wohnbezirken wie der Mattheck zuhause sind, zu Verlierern werden. Noch vor 30 Jahren gehörten sie mit Stolz zu einem Maß und Mitte definierenden Mittelstand, heute müssen sie erleben, wie sie in einer Gesellschaft, die auf Singularität und Einzigartigkeit setzt, zum Mittelmaß degradiert werden. Ganze Biografien werden entwertet; der einst sicher geglaubte alte Status ist nicht mehr sicher.

Zugleich verändert sich die Gesellschaft zudem in einem sehr viel höheren Tempo als im 19. Jahrhundert. Vier Aspekte der grundlegenden Veränderung sollen genügen, um die Herausforderungen zu charakterisieren, die unsere Gegenwart bestimmen: Deutschland wird nun mit großer Geschwindigkeit und unumkehrbar kulturell, ethnisch und religiös heterogener. Das heißt, die Vorstellungen davon, was gutes Leben ausmacht, vervielfältigen sich.

Zugleich wird Deutschland älter und sozial ungleicher: Boom-Towns und abgehängte Regionen liegen oft in direkter Nachbarschaft. Es ist heute biografieentscheidend, wo ein Mensch in Deutschland aufwächst oder lebt. In Düsseldorf lebt es sich anders als in Duisburg, in Jena anders als in Märkisch Oderland.

Und: Deutschland wird digitaler: Was bedeutet Arbeit in Zukunft? Wie finanzieren wir den Sozialstaat? Wie sorgen wir jetzt dafür, dass Menschen, die heute schon zu den Bildungsverlierern gehören, morgen nicht vollkommen den Anschluss verlieren werden? Wie organisiert sich lebenslanges Lernen in dieser sich rasant ändernden Welt?

All das ereignet sich vor dem Hintergrund eines Klimawandels, der »im Zeitalter der Nebenfolgen« (Ulrich Beck) den ganzen Planeten verändert.

Wegsehen oder Schönreden sind unter diesen Umständen keine wirksamen Optionen. Die politische Aufgabe besteht vielmehr darin, sich gemeinsam diesen gigantischen Herausforderungen zu stellen und unsere Gesellschaft so umzubauen, dass die Städte, Dörfer und Gemeinden lebenswerte Orte für alle bleiben oder werden können: für alle, Alteingesessene und Neuzugezogene.

Das erfordert: genau hinzuschauen und zuhören. Wenn das vernachlässigt wird, hat auch das – siehe oben – ernste demokratiepolitische Folgen. Denn die »unsichtbaren«, unerhörten Menschen fühlen sich als Heimatlose im eigenen Land – ob mit oder ohne Migrationshintergrund. Es gibt zu viele, die um ihre Heimat bangen. Für sie alle gilt: Wenn sie zu lange keine Selbstwirksamkeit bei der Gestaltung ihres Lebensraums erleben, birgt das Zündstoff für die Gesellschaft, in der sie leben. Wenn die Unerhörten sich dann laut, aggressiv, auch radikal zu Wort melden, ist das verstörend. Aber vielleicht auch verständlich?

Auch die soziale Entfernung vieler Männer und Frauen, die in Politik oder Wirtschaft Verantwortung tragen, von den Problemen der anderen ist ein Hindernis: »Wir haben diese Leute vergessen«, sagte Siegfried Ehrmann. Und tatsächlich führen fast alle Politikerinnen und Politiker noch den Spruch von den »Menschen draußen im Lande« im Repertoire. Zu häufig klingt es, als sprächen sie von einer fremden Lebensform.

Bereits im Frühjahr 2017 thematisierte Die Zeit in einem mehrseitigen Artikel die Krise der Demokratie: »Viele Menschen, die heute Anhänger der Rechtspopulisten sind, haben sich schon vor Jahren von der Demokratie abgewandt. Der Anteil der Nichtwähler stieg und stieg. Die Demokratie hat es nur nicht so richtig gemerkt, jede Wahl hatte ja trotzdem einen Sieger. Einen Präsidenten, der seinen zahlreichen Unterstützern dankte. Einen Premierminister, der sich als Mann des Volkes fühlte. Eine Bundeskanzlerin, die sich in dem Glauben bestätigt sah, die Stimmung im Land zu erspüren. (...) In Wahrheit aber war die scheinbar so kräftige Flamme der Demokratie in den Arbeiter- und Plattenbauvierteln, den stillgelegten Fabriken und leeren Dörfern schon lange erloschen. Es war, als wären die Menschen weggezogen, in ein anderes Land. Jetzt sind sie wieder da. Und wählen Trump, den Front National, die AfD. Früher saßen im Deutschen Bundestag zahlreiche Abgeordnete, die bloß die Volksschule besucht hatten. Sie waren Werkzeugmacher, Handwerker, einfache Leute. Heute sind die meisten Abgeordneten studierte Juristen. Auch viele Politologen sind dabei, außerdem Lehrer, Ökonomen, Bankkaufleute, Ärzte. Es sind Akademiker, deren Eltern schon Akademiker waren.«[3]

Vielleicht sind das Nichtwählen, aber auch die Erfolge der AfD als notwendige Korrekturen eines Repräsentationsproblems zu verstehen, als Reaktion auf die Erfahrung nicht gehört und nicht gesehen zu werden. Sie sind nicht nur einfach reaktionär, sondern auch ein Symptom: »Im Ruf nach einfachen Antworten spiegelt sich oft eine Sehnsucht nach anderen Fragen.«[4] So hat es der amerikanische Philosoph Michel Sandel treffend formuliert.

Ein starker Satz, der die Arroganz und die Angst in die Schranken weist. Was geschähe, wenn es uns gelingen könnte, die Vereinfacherinnen und Vereinfacher, die das politische Klima in unserem Land so aufzuheizen verstehen, nicht allein als Gegner, sondern auch als unfreiwillige Wegweiser zu sehen? Was, wenn es lohnen könnte, sich auch die besorgten Bürgerinnen und Bürgern viel genauer anzusehen, ihnen besser zuzuhören? Was, wenn sie uns helfen könnten, die besseren Fragen zu stellen? Und mit diesen Menschen bessere Antworten zu finden?

Es sind ja auch Menschen wie die in der Mattheck in Moers, die die rasanten Veränderungen, die unsere Gesellschaft durchmacht, vor allem als Krise erleben. Die die jahrzehntelangen Versäumnisse der Integrations- und Wohnungsbaupolitik, die Härten von Harz IV in der eigenen Nachbarschaft erleben und die Vorteile von Demokratie und sozialer Marktwirtschaft für sich dort nicht mehr entdecken können.

Diese Entfremdungsprozesse aus der Demokratie können uns nicht egal sein. Ich sehe vor allem zwei Aufgaben: Wir sollten unsere demokratischen Gemeinwesen gemeinsam mit den Menschen dort gestalten, wo diese Menschen zuhause sind. Vor Ort ernten sie die alltäglichen Früchte ihrer Mitverantwortung für das Zusammenleben. Im Stadtviertel oder im Dorf müssen die unterschiedlichen Vorstellungen vom guten Leben moderiert werden und Platz haben.

Dafür braucht es geeignete öffentliche Orte, gute politische Rahmenbedingungen, aber auch unser aller Engagement. Und das gelingt nicht von selbst: Bürgerinnen und Bürger, Politik – in Bund und Land –, Wirtschaft und Gewerkschaft, Religionsgemeinschaften und Sportvereine, Wohltätigkeitsverbände, Arbeitgeber in der Schwerindustrie oder die Player der Wohnungswirtschaft, alle sind dabei gefragt. Wenn das Zusammenspiel der Unterschiedlichen in gegenseitigem Respekt und mit der Bereitschaft, sich aufeinander einzulassen, gelingt, besteht eine Chance, dass wir aus der gewaltigen Transformation, in der wir stecken, gestärkt hinauskommen.

Auch auf diesem Weg ist »Augen auf!« die erste Bürgerpflicht. Wer sind die Partnerinnen und Partner, mit denen sich Allianzen für Menschlichkeit vor Ort schmieden lassen? Ja, wir alle, wir gemeinsam, sind das Volk. Auf alle kommt es an. Mit unseren unterschiedlichen Weltanschauungen, unterschiedlichen Fähigkeiten und Erfahrungen, mit und ohne Migrationshintergrund, mit und ohne Behinderung, mit oder ohne Humor.

Nützen wir unsere Unterschiedlichkeit.

Das 21. Jahrhundert sollte nicht wieder ein Jahrhundert der furchtbaren Vereinfacher werden. Weder Populisten noch Nationalisten werden es zu einem lebenswerten Jahrhundert der geteilten Verantwortung und Zusammenarbeit für alle machen!

Wir können aber in unserer Unterschiedlichkeit durchaus voneinander und miteinander lernen. Die neuen Fragen stellen und gemeinsame tragende Antworten entwickeln. So werden wir den umwälzenden Herausforderungen, den komplexen Problemen gerecht und dem gefahrvollen und chancenreichen Abenteuer Zukunft konstruktiv beggnen können. Frei nach der demokratischen Devise: Lasst Euch öfter sagen, was Ihr nicht hören wollt und achtet aufeinander. Gemeinsam und nur gemeinsam werden wir uns neu erfinden können!

1 »Die Gemeinde ist der Ernstfall der Demokratie – nicht die Konferenz«, ‹https://www.zeit.de/1987/25/knappe-kassen-in-den-kommunen/seite-3›, [Abruf 13.12.2019].
2 Andreas Reckwitz: Die Gesellschaft der Singularitäten, Berlin 2017.
3 Bastian Berbner, Tanja Stelzer, Wolfgang Uchatius: Zur Wahl steht: Die Demokratie, in: Die Zeit, Nr. 04/2017, online ‹https://www.zeit.de/2017/04/rechtspopulismus-demokratie-wahlen-buergerversammlungen-politisches-system-griechenland› [Abruf 13.12.2019].
4 ‹https://www.zeit.de/2018/44/michael-sandel-demokratie-gemeinwohl-philosophie› [Abruf 13.12.2019].

Über die Autor*innen

Doğan Akhanlı, 1957 in der Türkei geboren, hat zahlreiche Romane und ein Theaterstück verfasst. *Die Tage ohne Vater* (dt. 2016) und *Madonnas letzter Traum* (dt. 2019) wurden zu den wichtigsten Romanveröffentlichungen der Türkei gewählt. 2018 erhielt er den Europäischen Toleranzpreis in Österreich, sowie 2019 die Goethe-Medaille.

Mo Asumang, geb. 1963 in Kassel, wurde Deutschlands erste Afrodeutsche TV-Moderatorin. Seitdem ist sie als Regisseurin, Produzentin, Moderatorin, Schauspielerin und Dozentin tätig und setzt sich in allen Berufsfeldern gegen Rassismus und Fremdenfeindlichkeit ein. 2014 erschien ihr Dokumentarfilm *Die Arier*, für den sie u. a. den World Cinema Publikums Preis und den Deutschen Regiepreis »Metropolis« erhielt. Sie ist Autorin des Bestsellers *Mo und die Arier* (2016).

Prof. Dr. Aleida Assmann Literatur- und Kulturwissenschaftlerin; Professur in Konstanz und zahlreiche Gastprofessuren im In- und Ausland. Forschungsschwerpunkt: kulturwissenschaftliche Gedächtnisforschung. Balzan Preis 2017 und Friedenspreis des Deutschen Buchhandels 2018 zusammen mit Jan Assmann. Zuletzt erschienen: *Formen des Vergessens* (2016), *Menschenrechte und Menschenpflichten. Schlüsselbegriffe für eine humane Gesellschaft* (2018), *Der europäische Traum. Vier Lehren aus der Geschichte* (2018).

Lukas Bärfuss, Schriftsteller in Zürich und seit 2015 Mitglied der Deutschen Akademie für Sprache und Dichtung. Seine Werke wurden u. a. mit dem Berliner Literaturpreis 2013 und dem Büchner Preis 2019 ausgezeichnet. Er schreibt Romane, u. a. *Hundert Tage* (2008); *Koala* (2014) sowie Theaterstücke, u. a. *Die sexuellen Neurosen unserer Eltern* (2003). 2015 und 2018 erschienen die Essaybände *Stil und Moral* und *Krieg und Liebe*. Sein neuestes Werk, *Rot und Schwarz* wurde im Januar 2020 am Theater Basel uraufgeführt.

Prof. Dr. Heinrich Bedford-Strohm, geb. 1960, Promotion und Habilitation an der Universität Heidelberg. Nach einer Gastprofessur in New York und einer Lehrstuhlvertretung an der Universität Gießen bis 2004 Gemeindepfarrer in Coburg. Dann Inhaber des Lehrstuhls für Systematische Theologie und Theologische Gegenwartsfragen sowie Leiter der Dietrich-Bonhoeffer-Forschungsstelle für Öffentliche Theologie an der Otto-Friedrich-Universität Bamberg. Seit 2011 ist er bayerischer Landesbischofs und seit 2014 Ratsvorsitzender der EKD.

Prof. Dr. Frank Biess ist Professor für deutsche und europäische Geschichte an der University of California, San Diego. Seine Forschungsgebiete liegen in der deutschen Geschichte nach 1945 und der transnationalen Geschichte der Zwischenkriegszeit. Sein Buch *Republik der Angst. Eine andere Geschichte der Bundesrepublik* erschien 2019 und war für den Preis der Leipziger Buchmesse nominiert.

Dr. Michael Blume publiziert und bloggt als Religionswissenschaftler regelmäßig zu unterschiedlichen Themen in den Bereichen von Religion und Politik. Seit 2003 arbeitet er im Staatsministerium Baden-Württemberg und wurde 2018 zum Beauftragten des Landes gegen Antisemitismus berufen. In seinem Podcast »Verschwörungsfragen« klärt er über unterschiedliche antisemitische Mythen auf.

Prof. Dr. Angela Borgstedt, geb. 1964, apl. Professorin am Historischen Institut der Universität Mannheim und Geschäftsführerin der »Forschungsstelle Widerstand«.

Borgstedt, Angela u. a. (Hg.): *Mut bewiesen. Widerstandsbiographien aus dem Südwesten*. Stuttgart 2017.

Dies.: *Die kompromittierte Gesellschaft. Entnazifizierung und Integration*. In: Reichel, Peter u. a. (Hg.): Der Nationalsozialismus. Die zweite Geschichte. Überwindung, Deutung, Erinnerung. München 2009, S. 85-104.

Prof. Dr. Dierk Borstel ist Professor für praxisorientierte Politikwissenschaften an der Fachhochschule Dortmund. Seine Schwerpunktthemen sind Rechtsextremismus und -populismus,

Lokalstudien zur Demokratieentwicklung und Forschungen zur gesellschaftlichen Integration und Desintegration.

Prof. Dr. Karl Braun, Studium der Empirischen Kulturwissenschaft, Germanistik, Religionswissenschaft, Völkerkunde in Tübingen. Lehre an der Universidad de Extremadura, Cáceres und der Karls-Universität Prag; seit 2002 Professor für Europäische Ethnologie/ Kulturwissenschaft in Marburg. Forschungsschwerpunkte: Spanische Kulturanthropologie, Sexualitätsgeschichte, Jugendbewegung, Genozid am europäischen Judentum: Focus KZ Theresienstadt, deutscher Nationalismus.

Prof. Dr. Micha Brumlik, geb. 1947, wurde 2013 als Professor für Allgemeine Erziehungswissenschaft der Goethe-Universität Frankfurt emeritiert und ist seither Senior Professor am »Selma Stern Zentrum für Jüdische Studien Berlin-Brandenburg. Jüngste Publikationen: *Preußisch, konservativ, jüdisch: Hans-Joachim Schoeps' Leben und Werk*, Köln 2019; *Hegels Juden*, Berlin 2019; *Antisemitismus*, Stuttgart 2020.

Günter Burkhardt studierte Evangelische Theologie, Mathematik und Pädagogik, war 1986 Gründungsmitglied der Menschenrechtsorganisation PRO ASYL und 2002 Mitbegründer der Stiftung PRO ASYL, deren geschäftsführender Vorstand er ist. PRO ASYL hat zum Ziel, Flüchtlings- und Menschenrechte zu fördern und Flüchtlingen und Asylsuchenden die notwendige Unterstützung zukommen zu lassen.

Dr. Tanja Busse studierte Journalistik und Philosophie. Volontariat beim WDR, Doktorarbeit zum Weltuntergang in den Massenmedien. Sie schreibt vor allem für den WDR und den Freitag und moderiert Konferenzen und Diskussionen zu Nachhaltigkeitsthemen. 2019 erschien von ihr *Das Sterben der anderen. Wie wir die biologische Vielfalt noch retten können*.

Prof. Dr. Michael Butter ist Professor für Amerikanistik an der Universität Tübingen und Autor von *Nichts ist, wie es scheint: Über Verschwörungstheorien* (Suhrkamp, 2018). Er leitet ein vom europäischen Forschugsrat gefördertes Projekt zum Zusammenhang von Verschwörungstheorien und Populismus.

Dr. Svenja Flaßpöhler ist Chefredakteurin des Philosophie Magazin. Seit 2013 ist die promovierte Philosophin außerdem Mitglied der Programmleitung der phil.cologne. Ihre Streitschrift *Die potente Frau* (Ullstein 2018) wurde ein Bestseller. Zuletzt erschien: *Zur Welt kommen* (Blessing 2019; gemeinsam mit Florian Werner).

Prof. Dr. Norbert Frei, Lehrstuhlinhaber für Neuere und Neueste Geschichte an der Friedrich-Schiller-Universität Jena und Leiter des Jena Center Geschichte des 20. Jahrhunderts. Zahlreiche Buchveröffentlichungen, u. a. *Der Führerstaat. Nationalsozialistische Herrschaft 1933 bis 1945*. 1987, 2013; *1945 und wir. Das Dritte Reich im Bewußtsein der Deutschen*. München 2005, 2009; zuletzt erschien (zusammen mit F. Maubach, C. Morina, M. Tändler) *Zur rechten Zeit. Wider die Rückkehr des Nationalismus*. Berlin 2019.

Lena Gorelik, geb. 1981 in Sankt Petersburg, kam 1992 zusammen mit ihrer russisch-jüdischen Familie als »Kontingentflüchtling« nach Deutschland. Nach ihrer Ausbildung an der Deutschen Journalistenschule in München studierte sie »Osteuropastudien«. Sie wurde mit dem Bayerischen Kunstförderpreis, dem Ernst-Hoferichter-Preis und dem Förderpreis Friedrich-Hölderlin-Preis ausgezeichnet. Auswahl: *Meine weißen Nächte* (2004), *Sie können aber gut Deutsch* (2012), *Die Listensammlerin* (2014).

Matthias Heine ist Journalist und Autor mehrerer Bücher zur Sprachgeschichte, darunter *Verbannte Wörter. Wo wir noch reden wie die Nazis und wo nicht* (2019) und *Das ABC der Menschheit. Eine Weltgeschichte des Alphabets* (2020).

Prof. Dr. Heidrun Deborah Kämper, wissenschaftliche Mitarbeiterin am Leibniz-Institut für Deutsche Sprache, Leiterin des Arbeitsbereichs »Sprachliche Umbrüche des 20. Jahrhunderts«. Forschungsschwerpunkte sind Sprache und Politik, Diskurslinguistik, Lexikologie und Lexikografie. Publikationen (Auswahl): *Der Schulddiskurs in der frühen Nachkriegszeit* (2005), *Die Sprache der Re-*

volution 1918/19 (2019), *Sprachliche Sozialgeschichte 1933 bis 1945 – ein Projektkonzept* (2019).

Ulrich Lilie ist seit 2014 Präsident der Diakonie Deutschland, seit 1. Juli 2020 stellvertretender Vorstandsvorsitzender des Evangelischen Werkes für Diakonie und Entwicklung und seit 2018 Vizepräsident der Bundesarbeitsgemeinschaft der Freien Wohlfahrtspflege (BAGFW). Lilie studierte evangelische Theologie an den Universitäten Bonn, Göttingen und Hamburg und wurde 1989 zum Pfarrer ordiniert.

Robert Lüdecke ist Literatur- und Religionswissenschaftler und seit vielen Jahren im Themenfeld Rechtsextremismus tätig. Er arbeitet seit 2011 bei der Amadeu Antonio Stiftung und verantwortet dort die Presse- und Öffentlichkeitsarbeit.

Dr. Michael Parak ist seit 2009 Geschäftsführer des bundesweiten Vereins Gegen Vergessen – Für Demokratie e. V. Zuvor war der Historiker am Schlesischen Museum zu Görlitz und an der Universität Leipzig tätig. Zuletzt publiziert: *Demokratiegeschichte als Beitrag zur Demokratiestärkung*, Berlin 2018, zs. mit Ruth Wunnicke, *Vereinnahmung von Demokratiegeschichte durch Rechtspopulismus*, Berlin 2019.

Prof. Dr. Hans-Otto Pörtner studierte Biologie in Münster und Düsseldorf und habilitierte 1990 im Teilbereich Zoologie. Er ist Ko-Vorsitzender der Arbeitsgruppe II (Folgen des Klimawandels, Verwundbarkeit und Anpassung) des Weltklimarats (IPCC) und koordiniert im Rahmen des 6. Weltklima-Assessments die Erstellung des Teilberichtes *Klimawandel 2021 – Folgen, Anpassung, Verwundbarkeit*. Er ist Leiter der Sektion »Integrative Ökophysiologie« am Alfred-Wegener-Institut, Bremerhaven.

Prof. Dr. Heribert Prantl, geb. 1953 in Nittenau/Oberpfalz, hat Jura, Geschichte und Philosophie studiert, war Richter und Staatsanwalt, wurde dann Journalist. Er war 25 Jahre Chef der Redaktionen Innenpolitik und Meinung der Süddeutschen Zeitung sowie neun Jahre Mitglied der Chefredaktion. Heute ständiger Autor der SZ. Letzte Buchveröffentlichungen: *Was ein Einzelner vermag*

(2016); *Vom großen und kleinen Widerstand* (2018); *Ausser man tut es* (2019).

Dr. Matthias Quent ist Soziologe und profilierter Rechtsextremismusforscher. Er ist Direktor des Instituts für Demokratie und Zivilgesellschaft der Amadeu Antonio Stiftung in Jena. Als Konsequenz aus dem NSU-Komplex werden dort Ursachen und Erscheinungsformen von Diskriminierung, Hass, politischer Gewalt und Demokratiefeindlichkeit erforscht. Sein Buch *Deutschland rechts außen* wurde mit dem Preis »Das politische Buch« der Friedrich-Ebert-Stiftung ausgezeichnet.

Alexander Repenning ist Politökonom, Autor und Aktivist. Er engagiert sich für Klimagerechtigkeit, politische Partizipation und globales Lernen und schrieb u. a. für attac und den B*log Postwachstum.* 2019 erschien das Buch *Vom Ende der Klimakrise. Eine Geschichte unserer Zukunft*, das er zusammen mit der Klimaaktivistin Luisa Neubauer verfasste. Für die Right Livelihood Foundation, den Alternativen Nobelpreis, arbeitet er daran, Aktivismus und akademische Welt stärker zusammenzubringen.

Romani Rose ist Vorsitzender des Zentralrats Deutscher Sinti und Roma und repräsentiert die nationale Minderheit der deutschen Sinti und Roma gegenüber der Bundesregierung sowie in internationalen und nationalen Gremien.

Publikationen u. a. als Hg.: »*Den Rauch hatten wir täglich vor Augen...«: Der nationalsozialistische Völkermord an den Sinti und Roma*. Heidelberg: Wunderhorn 1999; *Bürgerrechte für Sinti und Roma – Das Buch zum Rassismus in Deutschland*, Heidelberg 1987.

Harald Roth, geb. 1950, bis 2013 Lehrer an einer Realschule. Diverse Publikationen zur NS-Zeit u. a. *Victor Klemperer, Das Tagebuch 1933–1945, Eine Auswahl für junge Leser*. Zuletzt W*as hat der Holocaust mit mir zu tun?* Er ist Mitglied von Gegen Vergessen – Für Demokratie e. V. und Mitinitiator der KZ-Gedenkstätte Hailfingen/Tailfingen.

Dr. Florian Roth ist Politikwissenschaftler und arbeitet an der Eidgenössischen Technischen Hochschule ETH in Zürich sowie am Fraunhofer-Institut für System- und Innovationsforschung in Karlsruhe. In seiner Forschung beschäftigt er sich schwerpunktmäßig mit der Frage, wie die Resilienz und Anpassungsfähigkeit komplexer sozio-technischer Systeme im Umgang mit globalen Herausforderungen gefördert werden können.

Dr. Ulrich Schneider, geb. 1958, erst als Referent und Beauftragter im Paritätischen Wohlfahrtsverband tätig und seit 1999 Hauptgeschäftsführer des Paritätischen Gesamtverbandes. Studium der Erziehungswissenschaft an den Universitäten Bonn und Münster. Promotion an der Universität Münster. Leitung eines Gemeinwesen-Arbeitsprojektes mit Schwerpunkt Familienhilfe und Kinder- und Jugendarbeit in Münster.

Prof. Dr. Tanjev Schultz ist Professor für Journalismus an der Universität Mainz. Zuvor arbeitete er als Redakteur für die Süddeutsche Zeitung. Er befasst sich mit der Qualität und Ethik des Journalismus, zudem hat er zum Rechtsextremismus recherchiert. Zuletzt veröffentlichte er einen Band über die Meinungsfreiheit (*Was darf man sagen?*, Kohlhammer 2020) und eine Monografie über den NSU (*Der Terror von rechts und das Versagen des Staates*, Droemer 2018).

Ingo Schulze, geb. 1962 in Dresden, lebt in Berlin. 1995 erschien sein Debüt *33 Augenblicke des Glücks*, es folgten mehrere Romane und Erzählbände, *Simple Storys* (1998), *Neue Leben* (2005), *Adam und Evelyn* (2008), *Orangen und Engel* (2010), *Peter Holtz* (2017) und zuletzt *Die rechtschaffenen Mörder* (2020). Seine Bücher wurden in 30 Sprachen übersetzt, verfilmt und vielfach ausgezeichnet.

Walter Sittler, der gebürtige Amerikaner mit deutscher Staatsbürgerschaft besuchte nach dem Abitur und dem Wehrdienst ab 1978 die Otto-Falckenberg-Schule in München und ist seit der Bühnenreifeprüfung 1981 als Schauspieler, Sprecher und seit 1995 auch als Produzent tätig. Neben Engagements in Mannheim und Stuttgart spielte er in vielen TV Filmen, zwei Serien und einer Comedy mit. Regelmäßig bereist er mit diversen Bühnenprogrammen den deutschsprachigen Raum.

Prof. Dr. Peter Steinbach studierte Geschichte, Philosophie, Politikwissenschaft in Marburg, seit 1983 wissenschaftlicher Leiter der ständigen Ausstellung »Widerstand gegen den Nationalsozialismus« in Berlin, seit 1989 wiss. Leiter der Gedenkstätte Deutscher Widerstand Berlin, 1992-2001 Leiter der Forschungsstelle Widerstandsgeschichte an der FU Berlin, seit dem Wintersemester 2001 ord. Professor für Neuere und Neueste Geschichte an der Universität Karlsruhe (TH).

Sibylle Thelen, geb. 1962, ist Co-Direktorin der Landeszentrale für politische Bildung Baden-Württemberg. Sie studierte Politikwissenschaft, Turkologie und Kommunikationswissenschaft und absolvierte die Deutsche Journalistenschule in München. Als Autorin und Herausgeberin hat sie sich an zahlreichen Veröffentlichungen zur Erinnerungskultur und historischen Aufarbeitung beteiligt. Auswahl: *Mutig gehandelt* (2017), *Erinnern* (2017), *Die Armenierfrage in der Türkei* (2010).

Tanja von Bodelschwingh arbeitet als Beraterin und wissenschaftliche Referentin bei N.I.N.A. e. V. Dazu gehören das »Hilfetelefon Sexueller Missbrauch«, die Online-Beratungsstelle »save-me-online« und das »berta-Telefon« für Betroffene organisierter sexualisierter und ritueller Gewalt (www.nina-info.de). Sie ist Sozialpädagogin und zertifizierte Fachfrau für leicht verständliche Sprache.

Konstantin Wecker ist ein deutscher Musiker, Liedermacher, Komponist, Schauspieler und Autor. Er gilt als einer der bedeutendsten deutschen Liedermacher. Neben vielen Auszeichnungen für sein musikalisches Schaffen wurde er mehrmals für sein politisches Engagement und seine Zivilcourage ausgezeichnet. Zuletzt 2019 mit der Albert-Schweitzer-Medaille.

Rechte

Aus der Tiefe. Heribert Prantl – Nachdruck aus der Süddeutschen Zeitung vom 20. April 2019.

Corona Tagebuch. Svenja Flaßpöhler – Der Text basiert auf der Produktion *Corona-Tagebuch mit Svenja Flaßpöhler*, 3Sat Kultur.

Das Leid anderer betrachten. Susan Sontag – Textauszug entnommen aus der Taschenbuchausgabe *Das Leid anderer betrachten* (2005), S. 115-119, Lizenzausgabe mit freundlicher Genehmigung des Carl Hanser Verlag, München / Wien. Alle Rechte der deutschen Ausgabe Carl Hanser Verlag 2003 (Amerikanische Originalausgabe *Regarding the pain of others*, New York 2003).

Flucht vor der Wirklichkeit – Leugnung von Tatsachen. Hannah Arendt – Kapitel entnommen aus Hannah Arendt: *Besuch in Deutschland*, Berlin 1993 (Rotbuch Verlag), deutsche Fassung © 1986 Rotbuch Verlag, S. 24-26, 29-35 f. Aus dem Amerikanischen von Elke Geisel (Amerikanische Originalausgabe *The Aftermath of Nazi Rule – Report from Germany*, 1950 © American Jewish Comitee).

Immer noch? Norbert Frei – Aktualisierter Nachdruck aus der Süddeutschen Zeitung vom 2./3. Februar 2019.

Mit wachen Sinnen und empfindsamen Herzen. Lukas Bärfuss – Erstmals erschienen unter dem Originaltitel *Es ist zwischen uns – Rede zum Georg-Büchner-Preis 2019*, © 2019 Wallstein Verlag, Göttingen.

Natürlich, sie mussten uns sehen / Sag du bist 15. Walter Sittler – Autobiografische Texte aus dem Archiv der KZ-Gedenkstätte Hailfingen/Tailfingen.

Unsere Heilige. Ingo Schulze – Kapitel entnommen aus Ingo Schulze: *Orangen und Engel. Italienische Skizzen. Mit Fotografien von Matthias Hoch*, © 2010 Berlin Verlag in der Piper Verlag GmbH, Berlin.

Willy. Konstantin Wecker – Komposition & Text: Konstantin Wecker, © 1977 Sturm & Klang Musikverlag GmbH / Chrysalis Music Holdings GmbH / Alisa Wessel Musikverlag.